中国方言民俗图典系列·第一辑

编委会

国家出版基金项目
NATIONAL PUBLICATION FOUNDATION

“十二五”国家重点图书出版规划项目

中国方言民俗图典系列·第一辑

主编 侯精一 李守业 曹志耘

南京方言民俗图典

顾黔 著

语文出版社
·北京·

图书在版编目（CIP）数据

南京方言民俗图典 / 顾黔著. -- 北京 ： 语文出版社，2014.12
（中国方言民俗图典系列. 第1辑）
ISBN 978-7-80241-710-6

Ⅰ. ①南… Ⅱ. ①顾… Ⅲ. ①官话－介绍－南京市②风俗习惯－介绍－南京市 Ⅳ. ①H173②K892.453.1

中国版本图书馆CIP数据核字(2014)第118653号

策划编辑 慈 舒 傅雪梅
责任编辑 金春梅
装帧设计 奇文云海・设计顾问
出　　版 语文出版社
地　　址 北京市东城区朝阳门内南小街51号 100010
电子信箱 ywcbsywp@163.com
排　　版 奇文云海・设计顾问
印刷装订 北京顺诚彩色印刷有限公司
发　　行 语文出版社 新华书店经销
规　　格 787mm×1092mm
开　　本 1/16
印　　张 19.75
字　　数 372千字
版　　次 2014年12月第1版
印　　次 2014年12月第1次印刷
印　　数 1-1,500
定　　价 98.00元

010-65253954(咨询) 010-65251033(购书) 010-65250075(印装质量)

〔总序〕

现代方言民俗文化是中华民族文化的延续、依托。它作为传统文化渗透、蔓延于当今社会生活的多个层面。现代方言民俗文化又是重要的非物质文化遗产资源。随着社会的快速发展，不少方言民俗已经消失或面临消失。因此，调查和挖掘这些非物质文化遗产资源，意义重大，时不我待。

“中国方言民俗图典系列”（第一辑）是2010年度国家出版基金资助项目，2011年列入“十二五”国家重点图书出版规划。第一辑共计十卷，涉及官话、晋语、吴语、徽语、粤语、平话、闽语、客家话等八个方言区。各卷内容主要包括房舍建筑、日常用具、服饰穿戴、饮食起居、农工百艺、婚育丧葬、岁时节令、游戏娱乐、宗教信仰等。

“百里不同风，千里不同俗，户异政，人殊服。”（《汉书·王吉传》）方言民俗是地域文化的重要内容，具有明显的地方性。以民居文化为例，各地多有不同，如北京的四合院，平遥的窑儿、四合头院、二（三）进院，汤溪的屋、老屋，梅州的围龙屋、碉楼，揭阳的四点金、下山虎。“中国方言民俗图典系列”融合现代方言与各地民俗文化，采用方言词语加注国际音标并配以图片的方法，反映和保存现代方言与其所承载的地方民风与民俗，是方言研究与民俗文化研究相结合的有益尝试。

城镇化的发展，势必带来传统村落的消亡，以及与此伴随的民俗文化的消失。“中国方言民俗图典系列”（第一辑）的出版，正是对濒临消失的“一种传统”“一种民族符号”以至“一种语音”的有效保存，无疑具有重要的历史意义与人文价值。以下略举数例：

在《平遥方言民俗图典》中收有“墙围子”“炕围子”两个条目及相关的文字说明和图片。

墙围子 [tɕyə^{13}uei^{31}tsʌʔ^{13}]　房间内墙壁上用油漆制作的装饰性彩色围墙。制作方法是，先以麻纸贴墙，绘画打底，再刷以油漆。其位置在第十八层墙砖之上，高约50厘米。（当地称作“十八层缠腰”）边框多以回纹组成，寓意“富贵不断头”。所绘内容多为山川景致、花卉人物及神话传说，如二十四孝图等。内涵丰富，寓意深厚。

炕围子 [kʰuə^{35}uei^{53}tsʌʔ^{31}]　沿炕用油漆制作的彩色围墙图画，既美观且实用，极具装饰性。制作方法及所绘内容与“墙围子”同。

“墙围子”“炕围子”又称作“民间墙围画”。墙围画始于宋代，发展于明清之交，至今流传于山西、陕西、内蒙古等地区。晋北原平县的墙围画素负盛名，中国美术馆曾予以收藏、展出。

从《平遥方言民俗图典》收录的条目与图片中还可看到平遥保存的以“卐”为标识的吉祥文化。如正月初八祭星蜡烛摆成的“卐”字、出殡时曾孙包头上的“卐”字等。“卐”，音wàn，梵文，意为吉祥万德之所集。（见《辞源》《辞海》）“卐”崇拜现象作为传统地域文化的缩影在今平遥随处可见。（冯良珍、陈晨《平遥民俗中的卐崇拜现象探析》，《中原文化研究》2014–2）

《汤溪方言民俗图典》有关于“五道太婆”的记载：“在笔者的家族中，也流传着一个‘五道太婆’[ŋ^{11}də^{11}tʰɑ^{24}bɤ^{0}]的传说，相传她是蛇精所化的神，擅搬运之术。”山西平遥方言有“五道爷”[uʌʔ^{53}tɔ^{35}iɛ^{13}]、“五道娘”[uʌʔ^{53}tɔ^{35}ȵiɑ^{13}]（传说中的神灵）。北京有五道庙，在西城区铁树斜街与樱桃斜街之间的路口处。五道神早在汉魏典籍中就有记载，唐宋以后对该神的信仰已深入民间，到明清时则更为普遍。（薛文礼、郭永平《晋北部落村的五道神：民间信仰的“冷热”反思》，《民族文学研究》2011–3）各地方言民俗有关五道神的不同说法，是宗教文化的历史积淀在不同地域文化中的显现。

“中国方言民俗图典系列”（第一辑）各卷的作者对当地方言文化素有研究，为做好本项目，于紧张的教学之余，多次下去进行调查、拍摄图片，几易其稿，备尝辛苦。限于篇幅，每卷只能选用一定数量的条目及相应的照片，其余只好割爱。我们期待这套书的出版，能引起社会对保存方言及方言民俗文化的关注，尽可能为后人留下一些珍贵的历史文化资料。

侯精一　李守业　曹志耘

于 2014 年初春

目录

〔引 言〕

一 本地概况

南京，简称“宁”，别称石城、石头城、秣陵、金陵、建业（邺）、建康、应天、天京等，是中国四大古都之一。南京曾为三国时东吴、东晋和南朝宋、齐、梁、陈的都城，故称为“六朝古都”。此后，南唐、明、太平天国、民国政府也曾以南京为首都，因此又有“十朝都会”之称。

南京现为江苏省省会，有11个市辖区：鼓楼、玄武、秦淮、建邺、雨花台、栖霞、浦口、六合、溧水、高淳、江宁。其中前六个为中心城区。

南京文化积淀深厚，自然景观丰富，葱茏毓秀，素有“龙盘虎踞”之称，自古为兵家必争之地。孙中山先生评价道：“南京为中国古都，在北京之前。其位置乃在一美善之地区。其地有高山，有深水，有平原。此三种天工，钟毓一处，在世界中之大都市诚难觅如此佳境也。”（《建国方略》）朱偰先生在比较了长安、洛阳、金陵、燕京四大古都后，认为：“此四都之中，文学之昌盛，人物之俊彦，山川之灵秀，气象之宏伟，以及与民族患难相共、休戚相关之密切，尤以金陵为最。”（《金陵古迹名胜影集》）

二　历史

春秋战国时期，南京地处“吴头楚尾”，地理位置优越，故吴国置冶城于此。公元前472 年，越王勾践灭吴，命范蠡在今南京中华门外建筑越城。这是南京历史上第一个有确切年代可考的城防系统，是南京城堡的最早记录。公元前333年，楚威王灭越，在石头山（今南京清凉山）筑“金陵邑（石首城）”，“金陵”之名由此而来。

公元229年，孙权建都金陵，称“建业”，取其“建立帝业”之意。这是南京第一次作为首都，距今有1700多年。此后，东晋及南朝宋、齐、梁、陈相继在此建都，故南京有“六朝古都”之称。六朝时期的南京经济发达，文化繁盛，涌现了一大批杰出文人，如谢灵运、谢朓、沈约等。

隋唐时期，南京不再是首都。杨广占领南京后，将六朝皇城拆毁一空，改“建康”为“江宁”，统于蒋州，南京兴盛的历史文化逐渐没落，六朝“白日丽飞甍，参差皆可见”（谢朓《晚登三山还望京邑》）的盛景不再，“六朝如梦鸟空啼”（韦庄《金陵图》）。

五代十国时期，南京先后成为吴国和南唐的都城。公元937年，徐知诰立齐国，建都金陵府（后改称为江宁府），以府治为宫，以城为都，939 年，复姓李，更名李昪，改国号为“唐”，史称“南唐”。

公元 1356 年，朱元璋攻占集庆（今南京），改名“应天府”。1368 年，以应天府为都城，曰“南京”。“南京”之名始于此。1378 年，南京改称“京师”。1420 年底，明成祖朱棣迁都北京，南京作为明朝首都的历史到此结束。

太平天国时期，以南京为首都，称“天京”。此后，清政府把南京作为统治东南地区的中心。鸦片战争时期，英军攻占南京，1842年8月29日，中、英签订中国近代史上第一个不平等条约——《南京条约》，中国从此进入半殖民地半封建社会。

1911年，辛亥革命爆发，清政府被推翻。1912年，南京为中华民国临时首都。1927年，蒋介石在南京成立国民政府。

1949年，南京为中央直辖市。1952年国家恢复江苏省，南京成为江苏省省会至今。

三　地理与人口

南京位于北纬31°14'~32°36'，东经118°22'~119°14'，地处长江下游，全市总面积6600平方公里。东接富饶的长江三角洲，南靠宁镇丘陵，西倚皖赣山区，北连江淮平原，山环水绕，长江穿城而过，自然风貌独特，地理位置优越。

南京地处北亚热带，兼备山丘、河湖，气候温和，四季分明，冬夏长而春秋短，四时各有特色，有“春游牛首烟岚，夏赏钟阜晴云，秋登栖霞胜境，冬观石城霁雪”之说。

南京市共有51个民族，汉族人口占总人口的98.56%。1999年少数民族77,394人，其中回族64,823人，占少数民族人口的83.76%，其次为满族2311人，壮族533人。南京少数民族以建邺区为最多，共有13,692人，占全区人口的9.13%。

根据我国2010年11月1日零时为标准时点进行的第六次全国人口普查，南京计生委公布了快速汇总的主要数据：南京全市常住人口为8,004,680人。南京十三个区县中，人口排在前三位的分别是江宁区（1,145,628人）、六合区（915,845人）、鼓楼区（826,074人）。

四　方言与民俗

（一）方言

东晋以前南京方言本为吴语，由于多次北人南下（特别是4世纪永嘉之乱），充实江淮间，又多次作为首都，南京方言渐次改变其吴语性质，演变为江淮官话。详见附录南京方言音系。

（二）民俗

南京钟灵毓秀，山环水绕，有“江南佳丽地，金陵帝王州”之美誉，文化底蕴深厚。

南京建筑融合南北，贯通古今。日常用具精美华贵，具有很高的审美和收藏价值，体现出南京作为“十朝都会”的气度和辉煌。服饰历经变革，中山装、旗袍、靸板儿等独具特色，鲜明生动地传达了南京人的生活风貌。饮食种类繁多，颇负盛名，被誉为“金陵天厨”。饮食文化内涵丰富，“菜佣酒保也有六朝烟水气”（《儒林外史》第二十九回）。南京菜被称为“京苏大菜”，厨师则自称“京苏帮”。南京的工艺制品以云锦、江宁金箔、金陵折扇、木雕等最为出名。

南京婚育丧葬习俗新旧并存。婚礼既有传统结婚程序，如“六礼”（纳彩、问名、纳吉、纳征、请期、亲迎），又有新式环节。旧时南京重视丧葬，丧葬祭品丰富，程序繁多，有家奠、报丧、穿老衣、挂祭幛、哭丧等近二十个环节。岁时节令是南京人生活的重要组成部分，体现出崇祥和、重礼仪、避浮华的民风，除春节、端午、中秋等传统节日外，人胜节、“送穷”日等亦仍保留。休闲娱乐丰富多彩，如撕撕咬咬、捉瞎猫、竹蜻蜓、打天子等。

南京有佛教、道教、伊斯兰教、天主教、基督教五大宗教，宗教文化繁荣发达，活动频繁。宗教节日如佛成道节、浴佛节、宰牲节、开斋节、中元节等风格多样，多在鸡鸣寺、天妃宫、净觉寺、石鼓路堂、莫愁路堂等举行。

壹·房舍建筑

图1－1 河房

南京为六朝古都，历史悠久，处处可见历朝建筑遗迹。从建康城邑、明朝殿宇到南京长江大桥，都曾引领建筑界一代风骚。

住宅建筑融南北风格，体现江南特色，有三合院、四合院、对照房和曲尺房等。旧时住宅以门厅、轿厅、大厅、花厅、正房为序，成多进穿堂式厅房；或左、中、右三路五进按中轴布局，成方正整饬、等级分明的合院。此外还有独具南方水乡特色的河房、河厅等。现存历史民居除个别建于明代外，多建于清代。

园林建筑大气雅致，布局结构自然。皇家花园占地广袤，豪华精美，布景材料皆为名木、奇卉、异石。私人宅园因主人财富、气质、修养与爱好不同而各有差别，简朴素雅者居多，形成江南山水园林流派，体现了江南士大夫文化。

南京殿式建筑多为明清皇家建筑样式，寺庙为宫殿、园林和民居艺术的混合。自六朝始，许多君王、将领、名士之墓建于南京，如孙权、朱元璋、郑和、徐达、孙中山、陶行知等，其陵墓建筑风格亦各有特点，是南京建筑文化的重要组成部分。

一　住宅

房子 [fã^{11}tsɿ^{0}]

也称“屋子”[uʔ^{5}tsɿ^{0}]或“房屋”[fã^{11}uʔ^{5}]。旧时，南京房子以木结构建筑为主，现在以钢筋混凝土建筑为主。旧时南京以“平房”[p^{h}in^{24}fã^{24}]和“茅草房”[mɔ^{24}ts^{h}ɔ^{11}fã^{24}]居多，现在多为楼房，有“小高层”[ɕiɔ^{11}kɔ^{31}ts^{h}ən^{24}]（7到10层）和“高层”[kɔ^{31}ts^{h}ən^{24}]（11层以上）。南京人选房子讲究“前低后高、坐北朝南、光线充足”，最好有山有水，寓意智慧、富裕；忌正对马路，称“对冲”[tuəi^{44}ts^{h}oŋ^{44}]，认为这样会影响家人运势。

图1-2 平房

图1-3 新式茅草房

图1-4 二层楼房

图1-5 小高层

瓦房 [uɑ^{11}fã^{24}]

指以砖木建造、屋顶覆以瓦片的房屋。旧时南京瓦房多为穿堂式建筑，以甘熙故居（现改建为南京民俗博物馆）、杨柳村古建筑群为代表。

图1－6 瓦房

甘熙故居为五进穿堂式建筑，俗称“九十九间半”[tɕiəɯ^{11}ʂʅʔ^{5}tɕiəɯ^{11}tɕiɛ̃^{31}pã^{44}]，是南京现有面积最大，保存最完整的私人宅地。故居“前堂后寝”，“内外分明”，设门厅、轿厅、大厅、主人房、佣人房等。以中轴建筑为中心，大门居中。一进门厅，与过厅、门房、账房并列。二进轿厅，供主客上轿、落轿。三进大厅，供接待宾客、婚丧大典之用，为住宅主体。四、五进为内厅，有两层，上层为卧室，下层为日常生活、家务劳作之所。家中年龄最小的女性住第五进，称“绣楼”[ɕiəɯ^{44}ləɯ^{24}]。各院落间有宽一米左右的备弄，又称“甬道”[ioŋ^{11}tɔ^{44}]，供仆人、女人行走，通向厨房及其他用房。甘熙故居既非徽派建筑，亦非苏式建筑，它融合了南北建筑风格，简朴大方，具有明清时期南京独特的民居风貌，反映出金陵士绅阶层的文化品位和伦理观念。

图1－7 大厅

图1－8 主人房

图1－9 绣楼

图1－10 备弄

图1－11 古杨柳村

图1－12 杨柳村建筑群

杨柳村古建筑群建于清康乾年间，位于南京江宁区，有“小九十九间半”[ɕiɔ^{24}tɕiəɯ^{11} ʂʅʔ^{5}tɕiəɯ^{11}tɕiẽ^{31}pã^{44}]之称。建筑群坐北朝南，背依马场山，前临杨柳湖。原有36个宅院，现存17个，共37进、366间房屋。宅与宅、院与院均有门或青石板路相通，绕村一周可以脚不沾泥、鞋不湿水。

建筑群结构周密严谨，均为多进穿堂式高墙深院，进数最多的“翼善堂”有七进。每座宅院均有一门楼，门额上镌刻楷书砖雕，每门四字，如“旋马遗规”“遵循韦训”等。每宅正堂皆有名称，如“翼圣堂”“礼和堂”等。宅院格局大体保持明清江南民居风格，在中轴线上建门厅、轿厅及住房，左右有客厅、书房、次要住房和厨房杂室等，后部住房多为二层建筑。梁架上多有雕刻，不施彩绘，素雅明净。室内门有隔扇、屏门，窗棂造型较多。

图1－13 礼和堂

图1－14 “旋马遗规”门额

河房 [xo^{24}fã^{24}]

指建在秦淮河两岸临水的房屋。兴起于明代，至清代成型。有的河房因河岸不牢固，须加固河岸，即“驳岸”[poʔ^{5}ã^{44}]；有的河房有露台，须将露台的桩打到河里，房屋一部分在岸上，一部分在河上。以糖坊廊河房、钞库街河房、钓鱼台河房为代表。

糖坊廊 61 号的陶氏河房是南京市唯一的“菱形”建筑。从房屋构造到青石地板、木头的接合处等房屋部件均为菱形。糖坊廊河房非常考究细节，门窗隔扇从上到下花纹无一雷同。

钞库街河房又称袁道台河房，位于秦淮河来燕桥南岸，始建于晚清。后重建两次，现为“李香君故居”，对外开放。现存三进两院，最后一进为河厅，设秦淮八艳史料陈列室和李香君卧室、书房、客厅与琴房等。

钓鱼台河房位于秦淮河南岸，现存西院前后两进和东院后进，沿河均为河厅，临河建有四角攒尖顶亭。

秦淮河河房为“青砖小瓦马头墙，回廊挂落花格窗”的建筑风格，与南京建筑风格一致，多为清水砖墙，用料考究，工艺精湛，大方优美。文人墨客常撰文夸赞其美。明张岱《陶庵梦忆·秦淮河房》盛赞道：“秦淮河房，便寓、便交际、便淫冶，房值甚贵而寓之者无虚日。画船箫鼓，去去来来，周折其间。”河房的建筑考究及其繁华由此可见一斑。

披子 [pʰi^{31}tsɿ^{0}]

利用围墙或其他房子的墙壁盖起的只有一面斜顶的屋子，常用于堆放杂物。

房顶 [fã^{24}tin^{11}]

房屋的顶部。有平屋顶、坡屋顶、拱屋顶、折板屋顶、薄壳屋顶、悬索屋顶等。南京住房多采用平屋顶和坡屋顶。平屋顶节约材料，屋面利用空间大，可设屋顶花园、屋顶游泳池等。有的还加建水泥墩，用以放置太阳能热水器。旧时南京建筑考虑景观和建筑风格，多采用坡屋顶。

图1－15 披子

图1－16 平屋顶

图1－17 坡屋顶

图1－18 屋脊

图1－19 向上翘起的房檐

屋脊 [uʔ^{5}tɕiʔ^{5}]

屋顶相对的斜坡或相对的两边之间顶端的交汇线。旧时宅院屋脊常有龙、凤、马、龟等雕刻。现在的屋脊造型简单大方，多为直线型。

房檐 [fã^{24}iẽ^{24}]

房顶伸出墙外的部分。旧时南京住宅房檐一般向上翘起，能吸收更多阳光，且增加房顶的承重力。现代住房多为楼房，少有房檐。

瓦 [uɑ^{11}]

屋顶的建筑材料，也叫“瓦片”[uɑ^{11}p^{h}iɛ̃^{44}]，一般用泥土烧成，也有用水泥等材料制成的。有小青瓦、琉璃瓦、水泥彩瓦等。形状有拱形的、平的或半个圆筒形的等。

小青瓦呈弧形，青灰色，间歇窑中手工烧成。一般长200至250毫米，宽150至200毫米，南京农村房屋多使用此类瓦。历史上南京多次为国都，帝王宫殿常用琉璃瓦，为皇室专属用品，须经两座窑炉煅烧方可制成。色泽艳丽，防水性和稳定性强。因制作工序繁琐，现已极少使用。水泥彩瓦是现在住房常用的材料，造型简洁新颖、防水性强，多用于坡面屋顶。

图1－20 小青瓦

图1－21 琉璃瓦

图1－22 水泥彩瓦

瓦头 [uɑ¹¹tʰəɯ²⁴]

即瓦当，用于防水、排水，保护木结构房屋的屋架部分。多为圆形或半圆形，上刻图案或文字。图案有“朱雀”“玄武”“青龙”“白虎”四方之神，也有翼虎、鸟兽、昆虫、植物、云纹等。文字有一至十二字不等，刻“长乐未央”“长生未央”“与天无极”等吉祥语，或刻建筑物名称与用途。南京夫子庙等地区的仿古建筑多使用瓦头。

图1－23 瓦头

图1－24 红色砖墙

图1－25 青砖墙

图1－26 白色围墙

图1－27 场院围墙

围墙 [uəi^{24}tɕ^{h}iã^{24}]

环绕房屋、园林、场院等拦挡用的墙。有木材、石材、砖、混凝土、金属材料、高分子材料等材质。南京房屋围墙多为砖墙。有实心混凝土、新型空心砌块等。砖块体积小，抗压强度好。砖墙砌筑不能有上下“通缝”，须“内外搭接、上下错缝”，以保证砖墙坚固。

图1－28 人字形山墙

图1－29 波浪形山墙

山墙 [sã^{31}tɕ^{h}iã^{24}]

中式房屋两侧的墙壁，顶部的形状像山，与相邻住宅隔开，以便防火。山墙有人字形、锅耳形、波浪形三种形制。人字形山墙简洁实用，修建成本低，民间住宅多采用此形制。锅耳形山墙又称“镬耳墙”[xo^{31}er^{11}tɕ^{h}iã^{24}]，仿照古代官帽形状修建，取意前程远大，线条优美，祠堂、庙宇的山墙多用此形制。波浪形山墙起伏有致，讲究对称，多用于旧时官府。

封火墙 [fən^{31}xo^{11}tɕ^{h}iã^{24}]

用来防止火灾蔓延的砖墙。多建于宅院相邻处，或加高围墙，或在房屋一侧建比房顶更高的墙。南京的封火墙多为徽派风格的“马头墙”[mɑ^{11}t^{h}əɯ^{24}tɕ^{h}iã^{24}]（因形状似马头而得名）。

图1－30 马头墙

影壁 [in^{11}piʔ^{5}]

即照壁。大门外对着大门作屏蔽或装饰用的墙壁，有砖雕、石制、木制等。旧时南京建宅讲究风水，气不能直冲厅堂或卧室，故在宅院门前置影壁，既保持“气畅”，又不直冲屋内。南京住宅的影壁多为砖雕影壁，上绘吉祥图案，如“松鹤延年”“喜鹊登梅”“麒麟送子”等。

图1－31 影壁

图1－32 门楼

门楼 [mən^{24}ləɯ^{24}]

旧式宅院建在大门上牌楼式的顶。常为挑檐式建筑，双面砖雕，饰以花卉和蝙蝠、蝴蝶等图案。富裕人家常在门楼下置一对石狮子或一对石鼓，驱邪祟，保平安。

门场 [mən^{24}tsʰã^{24}]

农户家门口用来脱粒、晒粮食的平整坚硬的地面。旧时为泥地，须用石磙子压实，保持地面结实、平整。现南京农户的门场多为水泥浇筑而成。

图1－33 门场

图1－34 天井

图1－35 院子

天井 [$t^{h}i\tilde{\varepsilon}^{31}tɕin^{11}$]

宅院中房子和房子或房子和围墙所围成的露天空地。旧时南京平房多为五进，大厅、内厅与两边厢房相接，中间空地用青砖嵌铺，面积小，光线暗，状如深井，因而得名。南京院子也称“天井”。

堂屋 [$t^{h}\tilde{a}^{11}uʔ^{5}$]

即客厅。现代客厅有简约、中式、欧式等风格。客厅使用频繁，为房屋中心，故南京住宅客厅设在家的最前方，进门即见。

图1－36 堂屋

图1－37 现代客厅

厨房 [$ts^hu^{24}f\tilde{a}^{24}$]

旧时在砖砌的灶台上烹饪，故厨房又称“灶间”[$tsɔ^{44}tɕi\tilde{ɛ}^{31}$]，现多用煤气灶、天然气炉等烹饪。装修厨房禁忌颇多：电器不能多，否则住家易头痛、胃痛；煤气灶不能正对冰箱，否则住家易身体不适；煤气灶不能正对卧室门，否则住家易夫妻失和等。现在遵循这些禁忌的已经很少，有些人家甚至不知道这些禁忌。

南京家庭的厨房多为传统封闭式厨房，有门隔开，以防油烟外溢。但也有不少家庭采用西方开放式厨房，简洁明亮，宽敞大方。

图1－38 灶间

图1－39 封闭式厨房

图1－40 开放式厨房

图1－41 主卧

图1－42 次卧

卧室 [oʔ^{5}ʂʅʔ^{5}]

睡觉休息的房间，分为主卧和次卧。卧室一般朝阳，床头不宜正对卧室门。现在，南京家庭常将卫浴空间安排在卧室内，方便实用。

书房 [su^{31}fã^{24}]

放置书桌书柜、读书写作的房间，旧时常设在客厅边上。南京家庭的书房从色调到材质，多以雅静为主。有些家庭会在书房内放置山水小景，衬托书房的清幽。

图1－43 书房

晒台 [$s\varepsilon^{44}t^{h}\varepsilon^{24}$]

即阳台。供居住者室外活动、晾晒衣物等。一般有悬挑式、嵌入式、转角式三类。悬挑式阳台即外阳台，三面与室外环境接触；嵌入式阳台即内阳台，只有一个方向可接触到室外环境；转角式阳台能同时接受两个朝向的采光和自然通风，但不适用于高层建筑。南京现代建筑多采用嵌入式阳台，遮尘、隔音、保暖、安全，但影响室内采光，空气流通受阻。

图1－44 悬挑式阳台

露台 [$lu^{44}t^{h}\varepsilon^{24}$]

指住宅的屋顶平台，因无屋顶，称“露台”。除花架等装饰物外，无其他建筑物，有别于阳台。南京现代家庭通常把露台设计为屋顶花园，聚会聚餐，纳凉避暑。露台比室内更适合养花栽草，为都市生活增添不少野趣。

图1－45 嵌入式阳台

图1－46 露台

图1－47 屋顶花园

图1－48 阁楼顶部

阁楼 [koʔ^{5}ləɯ^{24}]

也称“楼阁子”[ləɯ^{11}koʔ^{5}tsɿ^{0}]，在房子的尖顶下隔出来的小房间，中间稍高，两边近屋檐处较矮，人不能站直，用来堆放杂物或作卧室等。

茅厕 [mɔ^{24}sɿ^{31}]

旧时在正屋旁边或后面建一个茅草房，用作厕所，故称“茅厕”，亦称“粪坑”[fən^{44}k^{h}ən^{31}]。现代家庭厕所在房屋内部，称“厕所”[ts^{h}εʔ^{5}so^{11}]或“洗手间”[ɕi^{24}səɯ^{11}tɕiɛ̃^{31}]。南京厕所讲究环保节能，有生态厕所、循环水冲洗厕所、太阳能厕所等。

图1－49 新式茅厕

图1－50 现代厕所

长廊 [ts^{h}ã^{24}lã^{24}]

旧式宅院通向花园的走道。南京的走廊曲折回环，层次分明，增加宅院的空间纵深感。廊檐雕刻镂空图案、精美花纹，兼具南方建筑之精巧和北方建筑之大气。

图1－51 长廊

图1－52 过道

图1－53 正在拆除的火巷

过道 [ko^{44}tɔ^{44}]

连接院落或房子内各个部分的走道，比长廊短。旧时装修条件有限，房屋过道狭长封闭，光线不足。现代家庭过道装修常在顶部装设筒灯、射灯或壁灯，让过道显得宽敞明亮。有的家庭在过道墙面通过材质的凹凸变化、图案的丰富多彩增加过道的动感。

火巷 [xo^{11}ɕiã^{44}]

老式宅院的条形通道。出口在大门边上，直着向内延伸，巷内有门通院内各进，是除大门之外进出宅院的另一途径，有火警时便于众人撤离，故得名“火巷”。

柱子 [tsu^{44}tsɿ^{0}]

屋里支撑梁的直条构件，是房舍建筑的重要组成部分，分“中柱”[tsoŋ^{31}tsu^{44}]和“角柱”[koʔ^{5}tsu^{44}]。中柱是与“排山”（墙的上部用来支撑顶的三角形木结构）顶部相接的柱子，位于房屋中间，四个方向有梁；角柱是位于房子四角、在一面墙与另一面墙连接处的柱子。

柱顶石 [tsu^{44}tin^{11}ʂʅʔ^{5}]

亦称“柱础”[tsu^{44}ts^{h}u^{11}]或“磉颗”[sã^{11}k^{h}o^{31}]。石制，顶端凿有洞，称“海眼”[xɛ^{24}iɛ̃^{11}]，与木柱下端的榫配合，固定柱子。柱顶石有鼓状、莲花状等，常刻十二生肖或梅、兰、竹、菊等图案。

梁 [liã^{24}]

即房屋的檩，分“中梁”[tsoŋ^{31}liã^{24}]、“二梁”[ər^{44}liã^{24}]和“三梁”[sã^{31}liã^{24}]。中梁是房屋的脊檩，位于屋脊下；二梁是离中梁最近的两边的檩；三梁是从中梁往两边数的第三根檩，位于二梁斜下方。

图1－54 梁

桁条 [xən^{24}t^{h}iɔ^{24}]

架在屋架或山墙上用以支承椽子或屋面板的横木。

图1－55 桁条

椽子 [ts^{h}uã^{11}tsʅ^{0}]

屋面最底层的构件，垂直置于梁上。现代房屋多用水泥瓦，椽子已不用。

望砖 [uã^{44}tsuã^{31}]

铺在椽子和瓦片之间的一种薄砖，用以承受瓦片重量、阻隔瓦缝漏下的雨水，防止房屋透风落尘，保持室内顶部平整美观。

图1－57 望砖

图1－56 椽子

吊顶 [tiɔ^{44}tin^{11}]

也称“天花板”[tʰiɛ̃^{44}xuɑ^{31}pã^{11}]，指建筑物室内顶部，讲究的有雕刻或彩绘。天花板常用于安装吊灯吊扇、开天窗、装空调等，改变室内照明及空气流通。房间作用不同，吊顶装修也不同。厨房的吊顶须防潮、易清理，故多采用塑胶扣板吊顶或塑钢板吊顶。许多家庭在客厅的天花板与墙壁连接处饰以石膏线条，简单、美观、大方。南京家庭吊顶的装修不喜重色调，以轻快明亮为主，避免繁复、压抑。

图1－58 厨房塑钢板吊顶

图1－59 吊顶与墙壁连接处的石膏线条

图1－60 吊灯

望板 [uã^{44}pã^{11}]

铺在屋顶下部，用于隔热的木板。旧式南京房屋多为木结构建筑，屋顶下部须铺望板以承托屋顶重量，并起隔热作用。现在房屋多为砖结构，不用望板了。

图1－61 望板

楼梯 [ləɯ^{24}t^{h}i^{31}]

南京城区住宅多为楼房，必备楼梯。有室内楼梯与室外楼梯之分。室内楼梯多以实木楼梯为主，丰富房屋空间层次，美观实用。室外楼梯以钢筋混凝土楼梯、石制楼梯最为常见，有直线楼梯、曲折楼梯等。

图1－62 实木楼梯

图1－63 钢筋混凝土楼梯

图1－64 石制楼梯

图1－65 台坡

台坡 [tʰɛ^{24}pʰo^{31}]

也叫“台坡子”[tʰɛ^{24}pʰo^{31}tsɿ^{0}]，指门前或坡道上的台阶，材质多为砖、石、混凝土等。台坡铺设有具体标准：宽度不小于30厘米，踏步高度不大于15厘米，且不小于10厘米，须防滑。

大门 [tɑ^{44}mən^{24}]

即户外门、家装门。旧时大户人家大门气派豪华，均为对开门，或称双开门。现代家庭为了防盗，一般装两道门，外层为防盗门（多为铁制），内层为木门。夏天为防蚊虫，会装一道纱门，通风透气。

图1－66 对开门

图1－67 防盗门

图1－68 纱门

门槛 [mən^{24}kʰã^{11}]

门框下端的横木条、石条等。旧时南京富裕人家多设门槛，认为能阻挡外面不吉利的东西，并防止财气外漏。现代家庭少有门槛，但庙宇等建筑仍保留。

图1－69 门槛

图1－70 门栓

门栓 [mən^{24}suã^{31}]

也作门闩。关上门后，插在门内使门推不开的木棍或铁棍。

图1－71 门杠子

门杠子 [mən^{24}kã^{44}tsɿ^{0}]

固定双开门的工具，使人无法把门推开，多为较粗的方形木条。关门时两端插入门框边的墙内。旧式宅院的门多为双开门，无锁，只能以门杠子固定门，使之不能从外面打开。现在家庭多装防盗门，很少使用门杠子。

门撑子 [mən^{24}ts^{h}ən^{31}tsɿ^{0}]

在门内撑住对开门，使人推不开的用具，多为较粗的木棍。关门时一端抵住两扇门的中间，一端抵住地面上的一个专用缺口，与门缝成一斜角。

门垫 [mən^{24}tiɛ̃^{44}]

南京人常在家门外放置门垫，进门前在上面踏一踏，去除鞋底污垢，以保持室内地面整洁。门垫须弹性柔软、脚感舒适，一般为椰纤、橡胶、锦纶、丙纶、涤纶等材质。

图1－72 门垫

图1－73 木窗

窗 [ts^{h}uã^{31}]

也叫“窗户”[ts^{h}uã^{31}xu^{0}]或“窗子”[ts^{h}uã^{31}tsɿ^{0}]。旧时窗户多为推窗，木制窗框，玻璃窗面。现在，南京人多用铝合金、塑钢等制成的推拉窗。塑钢窗重量轻，隔热性能好，价格低，使用年限长，常用于办公楼等。铝合金窗坚固、耐撞击，南京家庭多使用铝合金窗。

图1－74 铝合金窗

图1－75 塑钢窗

天窗 [t^{h}iɛ̃^{44}ts^{h}uã^{31}]

房屋顶部开的窗，分金属天窗、木质天窗、复合天窗、断桥铝天窗等。天窗采光效果好，重量轻。不少家庭在屋顶设天窗，增加房屋的采光率。

图1－76 天窗

图1－77 窗台

图1－78 窗户棂子

窗台 [tsʰuã^{31}tʰɛ^{24}]

托着窗框的平面部分。南京平房多在窗框下砌窗台，或放置花草，或晾晒鞋袜，美观实用。

搭扣 [taʔ^{5}kʰəɯ^{44}]

用来固定窗扇的金属装置。一端装在窗台上，另一端为钩子，钩住窗扇下部的金属环孔，使窗扇不能随风晃动。

窗户棂子 [tsʰuã^{31}xu^{0}lin^{11}tsɿ^{0}]

旧式窗户上的木格子。

雨搭子 [y^{11}taʔ^{5}tsɿ^{0}]

门窗外装的防雨顶棚。有塑料、水泥、玻璃等材质。

房牙子 [fã^{24}ia^{11}tsɿ^{0}]

旧时称房屋中介为“房牙子”。清吴敬梓《儒林外史》第三十三回：“当下走过淮清桥，迟衡山路熟，找着房牙子，一路看了几处河房，多不中意，一直看到东水关。这年是乡试年，河房最贵，这房子每月要八两银子的租钱……当下房牙子同房主跟到仓巷

图1－79 塑料雨搭子

图1－80 水泥雨搭子

图1－81 玻璃雨搭子

卢家写定租约，付了十六两银子。”“鲍廷玺次日同王羽秋商议，叫了房牙子来，要当房子。”清康熙年间，南京城南有许多房牙子，帮人换房、买房、借房、租房。

图1－82 巷当

二　其他建筑

巷当 [ɕiã^{44}tã^{31}]

即巷子。旧时南京巷当很多，现多存于南京城南地区。不同于北京的胡同，亦不同于上海的弄堂，南京的巷当融南北特色，有其独特风格。每条巷当的名字都有自己的故事，如乌衣巷[u^{44}i^{31}ɕiã^{44}]、饮马巷[in^{24}mɑ^{11}ɕiã^{44}]等。

乌衣巷位于夫子庙西南角，原为东晋名相王导、谢安的宅院所在地。唐刘禹锡作《乌衣巷》:“朱雀桥边野草花，乌衣巷口夕阳斜。旧时王谢堂前燕，飞入寻常百姓家。”1997 年，秦淮区重建乌衣巷，建造仿古建筑群“王导谢安纪念馆”。王谢故居形制优美、古朴典雅，具有“青砖小瓦马头墙，回廊挂落花格窗”的徽派格调。

图1－83 乌衣巷口

图1－84 乌衣巷

图1－85 王导谢安纪念馆

饮马巷位于南京中华门镇淮桥西。南宋金兀术攻进建康，康王率众沿小道南逃，至南门时，康王的马渴了，须饮水，在小巷中找到水井却无水桶提水，只得在百姓淘米的水缸中让马饮足水后逃出南门。从此，此巷称为“饮马巷”。

图1－86 饮马巷

图1－87 饮马巷民居

图1－88 大百花巷

图1－89 小百花巷

老南京人常给孩子们说大、小百花巷的故事。大、小百花巷原为明代的花卉集市，名“采花市”[tsʰɛ^{11}xuɑ^{31}ʂʅ^{44}]。巷内有一王府，王爷给两个女儿取名“大百花”“小百花”。清兵入关时，姐妹俩先后投井，以示反抗。后人为纪念她们，遂称这两条小巷为“大百花巷”[tɑ^{44}pɛʔ^{5}xuɑ^{31}ɕiã^{44}]和“小百花巷”[ɕiɔ^{11}pɛʔ^{5}xuɑ^{31}ɕiã^{44}]。

大、小百花巷闹中取静，曲折深幽，路面由青石砖铺成，两旁是低矮的青砖小瓦民居。小百花巷内有一口古井。至今，附近住户仍可从中取水，非常方便。

图1－90 小百花巷内的古井

明故宫 [min^{24}ku^{44}koŋ^{31}]

图1－91 午朝门公园

位于南京中山东路，始建于元至正二十六年（1366），朱元璋定都南京后扩建，至明成祖朱棣迁都北京，明故宫为洪武、建文、永乐三代皇宫，共54年。明朝覆灭后，明故宫屡遭毁坏，清咸丰三年（1853），全部毁于兵火。1949年后，经过多次修葺，现为午朝门公园，供参观游览。

明故宫南北长约2.5公里，东西宽约2公里，周长超过9公里。坐北向南，前朝后寝，分宫城和皇城。建筑高大雄伟，花园主次分明，砖石雕刻精美，空间轮廓变化丰富，营造出金碧辉煌、恢弘雄伟的氛围。明故宫是南京历代帝王宫殿中规模最大的一座，亦为北京故宫的建造蓝本。

明城墙 [min^{24}ts^{h}ən^{24}tɕ^{h}iã^{24}]

建于1366年至1393年，历时28年，由明太祖朱元璋征调全国百万余众兴建而成，为世界第一大城垣。明城墙在南唐都城城墙基础上拓宽加高，向东、西延伸，依山傍水，转而合拢，全长35.267公里。从内到外由宫城、皇城、京城、外郭四重城墙构成，现仅存京城城墙。明城墙高度和厚度因地制宜，尺寸不一：高度一般在14到18米之间，总体是城南较高，城北较低；顶宽7至12米，底宽10至18米，整个墙身呈梯形，上窄下宽。

图1－92 明城墙

图1－93 挹江门

图1－94 仪凤门

城墙大部分以花岗岩或石灰岩条石为基础，再用大砖垒砌内外两壁和顶部，内外壁之间用碎砖、砾石和黄土层层夯实。城墙顶部和内外两壁的砖缝里，浇灌夹浆。夹浆由石灰、糯米汁（或高粱汁）加桐油掺和而成，凝固后黏着力强，城墙因此经久不坏。城墙顶部用砖铺砌成“雉堞”（指城墙顶部靠外一侧的锯齿状矮墙），有石制泄水槽排水。城基部分每隔一定距离设有排水洞，将城墙内侧的积水排出城外。

南京明城墙耗费数亿块城砖。城砖一般长40厘米，宽20厘米，厚10厘米，每块砖重10至20公斤。砖分瓷土砖和黄土砖两种，后者居多。明朝廷为确保砖的质

图1－95 中华门

图1－96 登城坡道

图1－97 明城墙顶

图1－98 明城墙城垛

图1－99 泄水槽

图1－100 城砖

图1－101 城砖铭文

量，大多数城砖烧有铭文，少则一字（或一个符号、记号），多则70余字，包括烧制城砖的府、州、县、总甲、甲首、小甲、制砖人夫、窑匠等五至六级责任人的名字。若城砖出现质量问题，立即可以追查到责任人。

江南水师学堂 [tɕiã^{31}lã^{24}suəi^{11}ʂʅ^{31}ɕyɛʔ^{5}tʰã^{24}]

位于中山北路346号，建于光绪十六年（1890），由曾国荃创办，主要为南洋水师输送人才。学生主要修习天文、海道、御风、布阵、修造、汽机、演放水雷等专业知识。此外，中国传统军事名著《战国策》《孙子兵法》《读史兵略》等，亦为必修科目，以积累军事战略思想。

学堂旧址占地29,386平方米，建筑风格中西合璧。整体建筑坐北朝南，多为普通青瓦平房，东南角建有一座西式小楼。1982年被拆毁。江南水师学堂现存一门壁，建于19世纪末，砖混结构，平面呈圆弧形。正面立有十根装饰门柱，中部高耸，两边渐低，下部为一拱门。门壁为仿西方古典式建筑，巴洛克风格，为江南水师学堂的代表建筑。

图1－102 江南水师学堂门壁

总统府 [tsoŋ^{24}tʰoŋ^{24}fu^{11}]

位于南京长江路 292 号。最初为明汉王府，后规模不断扩大，至民国十七年（1928）形成总统府建筑群。建筑群为中国古典建筑与西式建筑的混合体。正门为砖砌结构，三拱券门楼，西方古典式巴洛克建筑风格，上书“总统府”三字。

总统府大厅为五开间，砖木结构，红柱、抬梁、木椽、蝴蝶瓦，为典型的清代衙门式建筑。礼堂原为花厅，后改建为礼堂。礼堂后方为总统府花园，称“熙园”。熙园西侧为临时大总统办公处，砖木结构，单层，共七间。总统府内部呈中式建筑风格，青砖小瓦，精雕细刻，布局精巧。

图1－103 总统府旧址

图1－104 礼堂

图1－105 临时大总统办公处

国民大会堂 [kuɛʔ^{5}min^{24}tɑ^{44}xuəi^{44}tʰã^{24}]

图1－106 国民大会堂旧址

即南京人民大会堂。位于长江路264号，是民国时期规模最大、设施最先进的会堂。大会堂坐北朝南，左右对称，主体建筑地上四层，地下一层，分前厅、剧场、表演台三部分。大会堂为西方近代剧院风格，立面采用铁制玻璃窗，墙面划分简洁大方。前厅为砖混结构，平顶屋面，设有井楼，一楼两侧设有办公室、衣帽间，二楼为休息室，顶楼设放映室。各层均有卫生间、贮藏室。剧场设在建筑物的中央，为钢筋混凝土柱网结构，楼上、楼下共有一千五百多个观众席。檐口、门厅、雨棚等用额枋图案装饰，富丽堂皇，赏心悦目。

国民政府考试院 [kuɛʔ^{5}min^{24}tsən^{44}fu^{11}kʰɔ^{11}tʂʅ^{44}yɛ̃^{44}]

位于鸡笼山东麓、玄武湖南岸，现为南京市委、南京市人民政府、南京市政协、南京市人大所在地。考试院始建于1930年，按东、西两条平行的轴线排列。东部为泮池、大门、武庙大殿（即武德楼）、宁远楼、华林馆、图书馆书库、宝章阁等。西部是大门、孔子问礼图碑亭、明志楼、衡鉴楼、公明堂等。

图1－107 武庙

图1－108 国民政府考试院旧址

图1－109 南京长江大桥

图1－110 桥头堡

南京长江大桥 [lã^{24}tɕin^{31}tsʰã^{24}tɕiã^{31}tɑ^{44}tɕʰiɔ^{24}]

位于南京市宝塔桥东街，是长江上第一座由我国自行设计建造的双层式铁路、公路两用桥梁，为金陵四十八景之一（“天堑飞虹”）。上层为公路桥，由引桥和正桥两部分组成，正桥长 1577 米，引桥长 3012 米，宽 19.5 米，可供四辆大车同时并行；下层为铁路桥，全长 6772 米，宽 14 米，铺设双轨，两列火车可同时对开。两端接地部分建有 22 个富有鲜明民族特色的桥孔。桥的南北各有一对桥头堡，高 70米。每个桥头堡上均有三面红旗，桥头堡堡身刻有“全世界人民大团结万岁”等浮雕。每个桥头堡前还各有一座高 10余米的工农兵等五人雕塑。大桥两侧整齐排列 150对白玉兰花灯，为大桥的标志性建筑。

图1－111 五人雕塑

图1－112 白玉兰灯

大华大戏院 [tɑ^{44}xuɑ^{24}tɑ^{44}ɕi^{44}yẽ^{44}]

图1－113 大华大戏院门厅

位于南京中山南路 67 号，建于民国二十四年（1935）。该戏院中西合璧，高两层，由 12 根大红圆柱支撑，柱上绘金粉金画；天花板配有旋花彩绘；门窗边框雕刻花牙子、雀替；墙上安装宫廷式组合壁灯，墙面装饰具有中国传统风格。门厅内设左、中、右三座楼梯通向二楼，既典雅脱俗，又富丽堂皇。

大华大戏院与当时的世界大戏院（后改称延安剧场）、首都大戏院（后改称解放电影院）、新都大戏院（后改称胜利电影院）并称“民国南京四大影院”。

音乐台 [in^{31}yɛʔ^{5}t^{h}ɛ^{24}]

位于中山陵广场东南侧，建于民国二十一年（1932）。音乐台呈扇形，圆心处设弧形乐坛，边缘建半圈环状坐席，中部为巨大草坪。乐坛两侧台阶与回廊衔接，背面为照壁，用于汇集音响。乐坛正前方有弯月状水池，池内种莲养鱼，池水终年不涸，可以增强乐坛的音响效果。

瞻园 [tsã^{31}yẽ^{24}]

位于南京瞻园路 128 号，至今已有六百余年历史。瞻园是南京仅存的一组保存完好的明代古典园林建筑群，与无锡寄畅园、苏州拙政园和留园并称“江南四大名园”。

瞻园原系明中山王徐达府邸之西圃，清顺治二年（1645）成为江南行省左布政使署，乾隆帝巡视江南时御题“瞻园”匾额。太平天国时，瞻园先后为东王杨秀清府、夏官副丞相赖汉英衙署和幼西王萧友和府。后毁于战火，两度重修。民国时，江苏省长公署等政府机关曾设于园内。

图1－114 岁寒亭

瞻园布局保留明清园林风格，汲取南北造园艺术精华，兼容并蓄。园内古建筑有一览阁、花篮厅、致爽轩、迎翠轩等。这些建筑和曲折环绕的回廊把瞻园分成五个小庭院和一个主园。瞻园以山石取胜，假

图1－115 一览阁

图1－116 瞻园假山

山为全园主景，有南、北、西三座假山。西部土堆假山为制高点，岁寒亭、扇面亭掩映在香樟、女贞等常绿乔木中。南假山土、石并用，由绝壁、主峰、洞龛、山谷、水洞、瀑布、步石、石径等组合而成，表现出“一卷代山，一勺代水”（李渔《闲情偶寄》）的艺术效果，达到雄壮、峭拔、幽深、自然的意境。山前池畔、溪涧多植花草、灌木、藤萝。山后黑松成林，红枫、银杏点缀其间。

煦园 [çi³¹yẽ²⁴]

位于南京总统府内，原为清代两江总督衙署西花园，是南京园林建筑的代表。熙园面积较小，仅 1.4 公顷，但园中建筑精巧，层次分明，具有明清古典建筑风格。

园中有一艘用青石砌成、长 14.5 米的仿木石舫，为煦园标志，清乾隆帝题“不系舟”匾额。石舫分前后两舱，屋顶为黄色琉璃瓦，舫前有石制跳板，舫身两侧镶嵌青砖雕花栏板，色彩鲜艳，雕刻精细，极富江南特色。

图1－117 石舫

图1－118 鸳鸯亭远观

图1－119 鸳鸯亭近观

煦园有一座假山，为十二生肖石叠合而成。山中“六角亭”形似两亭重叠，远看好似双亭并立，近看却是方胜连环，浑然一体，不可分离，因此又名“鸳鸯亭”。

桐音馆是院中最大的建筑，以桐木建成，原为清两江总督衙署花厅。门前屋后有大梧桐数株，雨打梧桐，声趣雅然。桐音馆后有北假山，山中有洞，洞洞相连，宛若迷宫。出洞后，旁有道光皇帝御笔所书的“印心石室”石碑。

图1－120 桐音阁

中山陵 [tsoŋ^{44}sã^{31}lin^{24}]

中山陵坐北朝南，主要建筑有牌坊、墓道、祭堂和墓室等，排列在一条中轴线上。中山陵依山而筑，岗峦前列，屏障后峙。孙中山先生的灵柩于 1929 年 6 月 1 日奉安于此。

陵墓入口处的花岗石牌坊上，为孙中山手书的“博爱”两个金字。牌坊后是通向祭堂的墓道，共有石阶 392 级，平台 8 个，用苏州花岗石砌成。沿墓道前行为陵门，以青色琉璃瓦为顶，门额上有孙中山手书“天下为公”四字。再往里走为碑亭，近似方形。

中山陵的主体建筑是祭堂。祭堂融中西建筑风格于一体，高 29 米，长 30米，宽 25 米，南面三座拱门为镂花紫铜双扉，门额上分别刻着“民族、民权、民生”，中门上嵌有孙中山手书的“天地正气”匾额。祭堂中央供奉中山先生大理石坐像，东西护壁刻着中山先生手书的遗著《建国大纲》。堂后有两重独扇铜制墓门，门上镌刻“孙中山先生之墓”。进门为圆形墓室，直径 18 米，高11米。中央为长形墓穴，上面是孙中山先生汉白玉卧像，下面安葬着孙中山先生遗体。墓穴深 5 米，外用钢筋混凝土密封。此外，陵墓周围还有中山书院、藏经楼、光化亭、流徽榭、仰止亭、行健亭、永丰社等纪念性建筑。

图1－121 中山陵

三 建筑活动

相地 [ɕiã^{44}ti^{44}]

旧时，南京人建房前一般请风水先生摆八卦，择宅基地，确定住宅朝向，称为“相地”。一般讲究坐北朝南、负阴抱阳、光照充足，前有塘、后有丘、左流水、右长道，为最佳风水宝地。

择日 [tsɛʔ^{5}ʐʅʔ^{5}]

选定建宅地址后，须请风水先生择“黄道吉日”动工，称为择日，一般多选双日。

立柱 [liʔ^{5}tsu^{44}]

亦称“竖柱”[su^{44}tsu^{44}]，在打好房基、制好梁柱构件后，选择吉日立柱，届时杀猪请客。立柱通常于夜间进行，禁止妇女观看。立柱时，特别注重立中柱。中柱为房屋结构的主柱，一般为八根，立柱时先立中柱，落成后也要先祭中柱。中柱是老人去世时，靠着穿衣服的地方，平时不许触动和依靠，也不得在上面挂东西。

上梁 [sã^{44}liã^{24}]

大梁是所有梁檩中最重要的构件，关系到新屋安危和子孙祸福，因此在建房过程中，上梁仪式最为隆重。

上梁须选良辰吉日，多为“月圆”“潮涌”之时，取阖家团圆、钱如潮涌之意。主人在堂屋设供桌，摆上鲤鱼、猪头、欢喜团子等，焚香燃烛，祈求家业兴旺、步步高升。大梁置于屋脊下，先“挂红”[kuɑ^{44}xoŋ^{24}]（在梁上系红布或贴红纸，书“吉星高照”“上梁大吉”等吉语），再在梁下立柱上贴对联，如“上梁恰逢黄道日，立柱巧遇紫微星”“三阳日照平安宅，五福星临集庆门”等。

上梁的每一环节工匠都要说成套喜话，以示吉祥。上梁时辰一到，瓦匠、木匠爬上两边栋柱，将绳索套在正梁两端，徐徐抬起大梁，起梁时亦有唱词。大梁架上屋脊后，木匠手拿酒壶，边洒酒浇梁，边唱浇梁歌。大梁架稳后，木匠从房脊上下来，头顶木盘，内盛铜钱、兴隆馒头、定升糕和欢喜团子等，登梯而上，口念唱词。主家在堂屋中张开红锦，木匠再念唱词，将木盘内的铜钱等物抛向众人，寓意“人丁兴旺”。众人以抢到钱币、团子等为交上好运，此时燃放鞭炮。

上梁仪式结束后，顶椽子，盖瓦片。当天中午或晚上，主家摆“上梁席”[$\mathrm{s\tilde{a}^{44}li\tilde{a}^{11}\text{ɕ}i\text{ʔ}^{5}}$]，共饮“上梁酒”[$\mathrm{s\tilde{a}^{44}li\tilde{a}^{24}\text{ɕ}i\text{ə}\text{ɯ}^{11}}$]。新屋落成后，主家邀请道士诵经，感谢土地神保佑建房平安无事，俗称“谢土”[$\mathrm{\text{ɕ}ie^{44}t^{h}u^{11}}$]。现在这些仪式已经很少见了。

贰·日常用具

图2－1 老式架子床

南京日常用具主要包括炊具、卧具、桌椅板凳和交通工具等。

炊具是烧饭做菜时使用的工具，主要有铁锅、铝锅、砂锅、高压锅、砧板、菜刀、刨子、铲、勺、淘米箩、擀面杖、米缸、水缸、瓶钵坛罐等。

卧具主要有架子床、棕绷床、高低床、钢丝床等。床面有木板、竹片、席梦思等。床上用品主要有枕头、枕巾、被子（被胎一般为棉胎，也有鸭绒胎、锦纶胎；被面一般为布面，讲究的为缎面）、毯子、褥单、垫被、席子、蚊帐（旧时多为青花布帐，民国年间出现棉纱帐，今多为尼龙帐）等。

老式桌椅板凳多以松、杉、柳等木材制成，高级的则用柏木、红木、黄花梨、紫檀等名贵木材，配以黑漆戗金、镶嵌螺钿，具有艺术价值。由于比较结实，往往代代相传。现代桌椅板凳融入西方风格，款式亦有变化。

南京人称外出为“出门”。旧时交通不便，特别是 1908 年火车开通以前，人们视出远门为畏途，非不得已，不远行。因此有所谓“在家千日好，出门一时难”。只要出了南京城，无论路途远近、时间长短，均要选择好日子，尤其要选“黄道吉日”，按“建满平收黑，除危定执黄，成开皆可用，闭破不相当”的规矩选择出门日期：出远门一定要选“黄”日，短途“成”日、“开”日也可以。若逢“黑”日，尤其是“闭”日、“破”日，即使早出晚归也不行。不会查黄历的人，则按“出门三六九，回家二五八”的俗规行事。

近几十年来，中国交通发展迅速，南京水、陆、空立体交通体系日渐完善，昔日的轿子、推车、马车、舟楫等传统交通工具已不见踪影。不断出现的新式交通工具，如私家车、高铁、飞机等，给人们带来极大便利，人们的行旅观念和生活习俗也发生巨大变化。出门旅游已经成为南京人非常喜爱的休闲娱乐方式。

一　炊具

图2－2 灶台

灶台 $[tsɔ^{44}t^{h}ɛ^{24}]$

烧火做饭的厨房被称为“灶间”$[tsɔ^{44}tɕiɛ̃^{31}]$，灶台在灶间内。灶台一般成扇形或长方形，一边靠墙，烟囱依墙而砌，通向屋外。通常灶面上并排两个灶洞，一大一小，放置两口铁锅；两个灶膛之间装上可抽卸的隔板，只有一个灶膛烧火时，装上隔板，可防热能损失。南京人的饮食以米饭为主，因而大锅烧饭（俗云“大锅饭”$[tɑ^{44}ko^{31}fã^{44}]$），小锅炒菜。在两个灶洞和烟囱之间，一般有一个小灶洞，上面放一只水罐，利用烧火时窜向烟突的余热烧水，炒菜做饭时，取水也很方便。灶台的后沿砌一面半人高的灶墙，墙上砌有小平台，放置各种调味料。灶台的后面是两个灶门。灶墙高处、烟突的前面常砌一个方孔神龛，用于供奉灶王爷。至今，中国一些农村地区仍使用这种“大锅灶”。不过城镇居民多使用燃气灶，取代了老式灶台。

20世纪中叶，南京居民烧饭多使用煤炉，七八十年代开始使用带有液化气瓶的煤气灶。现在多统一铺设天然气管道，现代化的燃气灶已取代老式灶台。

图2－3 生火

缸缸灶 [kã^{44}kã^{31}tsɔ^{44}]

缸缸灶形状如小缸，下部有一个添柴火的梯形门洞，上面架锅，多用黄泥烧制而成。与一般灶台相比，缸缸灶是非常简陋的灶具，不过它便于移动。

钢中锅 [kã^{44}tsoŋ^{31}ko^{44}]

铝锅。钢中，铝的俗称，多指生活用具中的铝材料。

水量子 [suəi^{11}liã^{44}tsɿ^{0}]

勺状舀水工具，口略呈喇叭状，没有提梁，有一个微弯的把儿，用来舀水、洗菜。城市居民家中不常见，一般在郊区使用。

砂锅 [sɑ^{44}ko^{31}]

用陶土和砂烧成的锅，一般把较深的叫“砂包”[sɑ^{44}pɔ^{31}]，较浅的叫“砂钵子”[sɑ^{31}poʔ^{5}tsɿ^{0}]。

图2－4 钢中锅

图2－5 钢中锅内部

图2－6 水量子

图2－7 砂包

焖钵 [mən³¹poʔ⁵]

小而矮的带盖砂锅，用于焖菜。

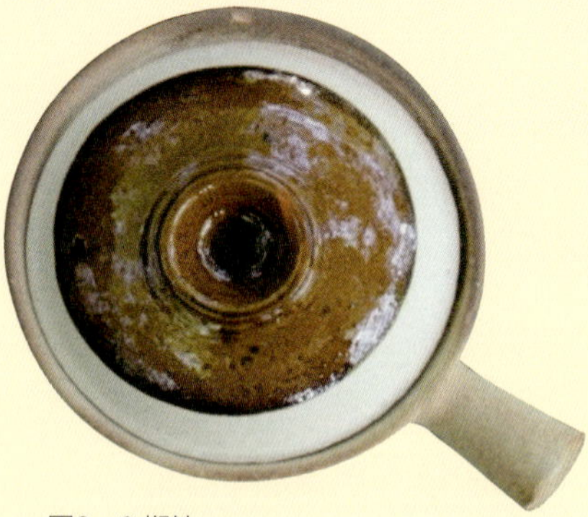

图2－8 焖钵

砧板儿 [tsən³¹per²⁴]

也叫“切菜板儿”[tɕʰiɛʔ⁵tsʰɛ⁴⁴pər²⁴]，是切菜时垫在下面的板。有塑料、木质、竹质、钢化玻璃等。南京家庭使用的多为木质或竹质，密度高，韧性强，天然安全。

图2－9 木质砧板儿

图2－10 竹质砧板儿

图2－11 旧式热水瓶

热水瓶 [zɛʔ⁵suəi¹¹pʰin²⁴]

存热水的保温瓶，口很小，用木塞塞住，简称“水瓶”[suəi¹¹pʰin²⁴]。

茶杯儿 [tsʰɑ²⁴pər³¹]

南京人喝水、喝茶用具。有陶瓷、玻璃、塑料、不锈钢等材质。也可分带把儿和不带把儿两种。塑料茶杯因造型多变、色泽艳丽、价格低廉受到许多人特别是儿童、青少年的喜爱。

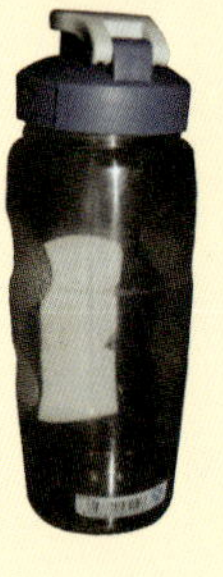

图2－12 塑料茶杯儿

图2－13 陶瓷带把儿茶杯儿

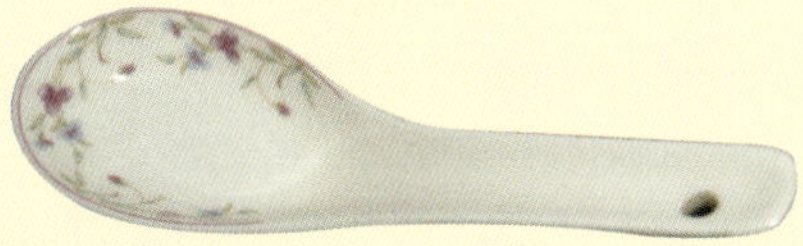

图2－14 陶瓷调羹

图2－15 不锈钢勺子

调羹 [tʰiɔ^{24}kən^{31}]

小勺子，用于喝汤。多为陶瓷的，也有不锈钢或木制的。

勺子 [soʔ^{5}tsɿ^{0}]

盛饭、盛汤的工具，比调羹大。有塑料、木质、不锈钢、陶瓷等材质。

藕擦子 [əɯ^{11}tsʰɑʔ^{5}tsɿ^{0}]

将果蔬（如萝卜、瓜、藕）擦成丝状的手工器具，主要部分是一块带许多小孔的金属片，小孔边缘向金属片的一面突起，使果蔬摩擦通过时被刮下并穿过小孔成丝状。

图2－16 藕擦子

暖锅 [luã^{11}ko^{31}]

又称“火锅”[xo^{11}ko^{31}]，餐桌上边烧边吃的锅具，锅中央突起的小炭炉可使汤水保持高温或沸腾。

图2－17 暖锅

图2－18 暖锅涮肉

淘米箩 [t^{h}ɔ^{24}mi^{11}lo^{24}]

也叫“淘米筛子”[t^{h}ɔ^{24}mi^{11}sɛ^{31}tsʅ^{0}]，淘米用的竹箩。

春盒 [ts^{h}uən^{31}xoʔ^{5}]

也叫“提篮”[t^{h}i^{24}lã^{24}]，有提梁、有盖、分多层的食品盒。春天踏青或上坟时常用来带酒菜、果蔬等食品，故又称“春盒”。

图2－19 圆形春盒

图2－20 方形春盒

图2－21 桌盒

图2－22 捧盘

桌盒 [tsuɛʔ^{5}xoʔ^{5}]

放在桌上盛干果、炒货、蜜饯等零食的圆盒或方盒，盒内分多格，中间为一个小圆（方）格，四周再分若干格。

捧盘 [p^{h}ən^{11}p^{h}ã^{24}]

一种浅口大底盘，用木头或陶瓷等制成，有圆、正方、长方等多种形状，盘内可放置多个杯盘碗碟，酒席送茶、送菜时常用。

二　卧具

板床 [pã^{11}ts^{h}uã^{24}]

板床即木板卧床。由条状木板拼成，其中一块稍狭，称“几块半”[tɕi^{11}k^{h}uɛ^{44}pã^{44}]。“半”为“伴”的谐音，寓意夫妇偕老。

老式架子床 [lɔ^{11}ʂʅ^{44}tɕiɑ^{44}tsɿ^{0}ts^{h}uã^{24}]

旧式四角有雕花的木制卧具。有的床前还有两三道出檐，称为“飘檐床”[p^{h}iɔ^{31}iã^{24}ts^{h}uã^{24}]。

图2－23 板床

图2－24 飘檐床

图2－25 绷子床

图2－26 绷子

绷子床 [pən^{31}tsɿ^{0}ts^{h}uã^{24}]

垫着棕绷，又叫“棕绷床”[tsoŋ^{44}pən^{31}ts^{h}uã^{24}]，以木框为架，串编棕绳为床面。软硬适中，防潮通气，睡卧舒适，一张棕绷可供几代人使用，是南京居民较为普遍的寝具，现已不常见了。

凉床 [liã^{24}ts^{h}uã^{24}]

夏天乘凉用的卧具，一般为木制或竹制。

图2－27 竹制凉床

图2－28 木制凉床

图2－29 棉花胎展开

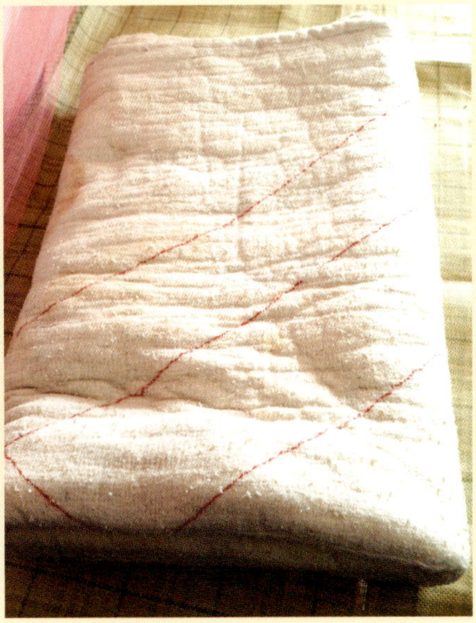

图2－30 棉花胎叠起

棉花胎 [miẽ^{11}xuɑ^{0}t^{h}ɛ^{31}]

又叫棉絮，即棉被的芯。棉花胎松软、保暖，南京家庭的被子多使用棉花胎。现在除棉被外，还有羊毛被、蚕丝被和羽绒被。

凉席 [liã^{11}ɕiʔ^{5}]

南京夏季炎热，有“火炉”之称。本地居民常在床上垫张凉席，清凉舒爽。一般为藤子、芦苇、蒲草或竹条编织而成。现在亚麻席逐渐取代了传统凉席。亚麻席相较传统凉席，更温和、舒服，因此受到人们欢迎。

图2－31 亚麻席

图2－32 亚麻席纹路

图2－33 摇桶

摇窝子 [iɔ²⁴o³¹tsɿ⁰]

又叫“摇桶”[iɔ²⁴tʰoŋ¹¹]或“摇篮”[iɔ²⁴lã²⁴]，婴儿卧具，旧时家中必备之物。木制或竹制，分为桶身和摇架两部分。摇架的底部为两根弧形木头，桶身卡在摇架之上，轻轻一碰，就摇晃起来。过去制作的摇桶坚固耐用，能供几代人使用。现在，传统的摇桶已被现代婴儿床取代。

三　桌椅板凳

八仙桌 [paʔ^{5}ɕiɛ̃^{31}tʂoʔ^{5}]

可供八人围坐的大方桌。

图2－34 客厅八仙桌

椅子 [i^{11}tsɿ^{0}]

有靠背的坐具，主要用木头、竹子、藤条等制成。

图2－36 红木椅子

条凳 [tʰiɔ^{24}tən^{44}]

条状木凳。

图2－35 饭厅八仙桌

图2－37 椅子

图2－38 条凳

条桌 [tʰiɔ^{11}tsuɛʔ^{5}]

桌面狭长的桌子，多放在老式客厅中正对门的靠墙处。

图2－39 条桌

机子桌 [uʔ^{5}tsɿ^{0}tsuɛʔ^{5}]

一种老式桌子，比书桌狭长，比条桌短，一般靠墙摆放，正面有两个抽屉。

机凳 [uʔ^{5}tən^{44}]

方形或短长方形的凳子。现在也有圆形的。

梅花桌 [məi^{24}xuɑ^{31}tsuɛʔ^{5}]/**梅花凳** [məi^{24}xuɑ^{31}tən^{31}]

梅花桌、梅花凳因呈梅花形而得名。梅花桌、凳有五个脚，造型典雅，做工精致考究，颇具特色。梅花桌、凳款式多样，鼓腿彭牙（家具的腿牙向外凸出）、带有托泥（承托的横木或木框）的最为精美。多置于未出嫁女子闺房。

图2－40 机子桌

图2－41 方形机凳

图2－42 现代圆形机凳

图2－43 梅花桌和梅花凳

四　其他用具

牙杯儿 [iɑ^{24}per^{31}]

即漱口杯。旧时有陶瓷的、搪瓷的，现多为塑料制成。

图2－44 塑料牙杯儿

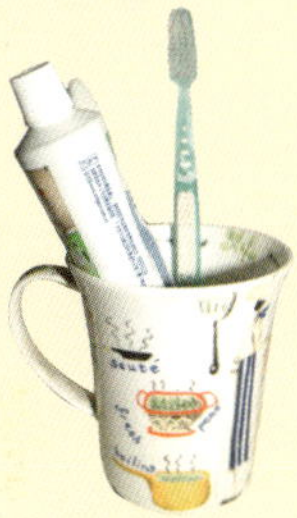

图2－45 陶瓷牙杯儿

图2－46 一家三口的牙杯儿

梳妆台 [su^{44}tsuã^{31}t^{h}ɛ^{24}]

女人梳妆打扮用的家具，台面上装有镜子，镜子两边有小抽屉，台面下的两边各有一个带门的小柜子。

梳妆盒 [su^{44}tsuã^{31}xoʔ^{5}]

盛放首饰的木盒。

图2－47 梳妆台

图2－48 梳妆盒

针线箩 [tsən^{31}ɕiɛ̃^{44}lo^{24}]

盛放针线的匾子。

图2－49 针线箩

针线板儿 [tsən^{31}ɕiɛ̃^{44}per^{24}]

绕线用的小木板。

图2－50 针线板儿

火筷 [xo^{11}k^{h}uɛ^{44}]

夹炉中煤炭用的铁制工具，形状像筷子，一端由铁链相连。

图2－51 火筷

火钳 [xo^{11}tɕ^{h}iɛ̃^{24}]

夹炉灶中柴火、煤球等物的铁制工具，形状像剪子但比剪子长。

图2－52 火钳

火盆 [xo^{11}p^{h}ən^{24}]

盛炭火的盆，用来取暖或烘干衣物。初为泥制，后有铁制、铜制等。火盆形状以圆形为主，大小不一，直径50至60厘米。有的火盆在盆沿刻吉祥图案。火盆传热慢，保暖性能好，旧时南京地区广为使用。现在红白喜事仍有“跨火盆”的习俗。

图2－53 火盆

饭焐子 [fã^{44}u^{44}tsɿ^{0}]

又叫“焐饭包”[u^{44}fã^{44}pɔ^{31}]，给饭锅等物保暖的器具，一般用稻草编成，桶形，有盖。

图2－54 猫叹气

猫叹气 [mɔ^{31}tʰã^{44}tɕʰi^{44}]

带盖的提篮，可盖紧。竹篮底部一般有高柱脚，可远离地面保持清洁。南京民房多有房梁，房梁上有钩子，饭菜放在提篮里挂上去，猫和老鼠够不着，蝇蚊也进不去。猫无法偷食，急得抓耳挠腮也吃不着里面的食物，只得对着篮子叹气，因此得名。

甘蔗凳 [kã^{31}tsɑʔ^{5}tən^{44}]

甘蔗凳是手工榨制甘蔗汁的工具，用硬木制成，外形似板凳，面板向前端倾斜，并开圆槽与流口相通，以便甘蔗汁顺槽流入放在前端下的容器。有的架顶横杆做成元宝状，饰以龙头、竹子、蔓草等图案，寓意招财进宝。龙寓意吉祥，翠竹表达生活节节向上的美好愿望，蔓草则是长寿的象征。甘蔗凳还被制成模型作为新娘的陪嫁与婚礼吉祥物，放在洞房中祝愿新人生活甜蜜。

图2－55 站窝子

站窝子 [tsã^{44} o^{31}tsɿ^{0}]

给一岁左右孩童站立的器具，一般为木制或竹制，有筒形和方形两种。高一米左右，上小下大，底部中空，中间有一站板，结构稳定，孩子在桶中活动时不致倾倒。桶的顶部有圆形开口，下部有隔板，隔板下冬天可放火盆取暖。孩子站在桶内可以锻炼腿脚，大人也可以放心做事。

图2－56 拴孩石

图2－57 双门站橱

拴孩石 [suã^{31}xɛ^{11}ʂʅʔ^{5}]

大人外出劳作时，无暇照顾小孩，便打制拴孩石，与娃娃拴在一起，既保证安全，又起到辟邪的作用。拴孩石一般由爷爷或外公打制、赠与。

站橱 [tsã^{44}tsʰu^{24}]

较高的衣橱，以双门居多，也有三门的。

南京本钟 [lã^{24}tɕin^{31}pən^{11}tsoŋ^{31}]

南京本钟起源于南京，为了跟“洋钟”区别开来，便称为“本钟”，苏南称“插屏钟”。明末，南京就已成为我国的制钟基地，钟表制作极为精致，铜针大都为纯手工敲制，表盘烧瓷镀字。

南京本钟造型大都为方匣子或插牌式，很实用，光绪到民国年间最受大众欢迎。南京本钟有鲜明的东方文化特色，符合中国人的审美情趣，民族色彩浓厚，是中国钟表制造产业化、国际化的先驱。1915年美国旧金山举行“太平洋万国巴拿马博览会”，南京本钟获得金奖，这是中国钟表史上的第一个国际性奖项。

在制作工艺上，南京本钟与洋钟最大的区别在于：洋钟用“杠杆式擒纵器”，而南京本钟用“收割式擒纵器”。收割式擒纵器使用宽四五毫米、长一米多的链条，每上一次弦，能够走十五天。起初，南京本钟分为两部分，上面是长方形的机箱，下面是花式底座，可灵活拆装，俗称“两托”。光绪年间，一些工匠仿造传统的插屏模样，把机箱上部改造为屏芯，中间是插屏座，下部是茶几形的弯腿底座，俗称“三托”，整个造型像是一只古插屏，因而又称“插屏钟”。南京本钟的造型至此确定。本钟的座架上有各种装饰，如浮雕、透雕、螺钿镶嵌、象牙镶嵌、玻璃镜镶嵌等。在材料选用上，红木是制造南京本钟外壳最常用的材料。

南京本钟共有八种尺寸，但没有统一标准。特大号钟屏宽33厘米以上，最小的是七号钟，屏宽10厘米以下。屏宽22至26厘米的三号钟产量最多，约占到总产量的半数。

南京本钟的鎏金板颇具特色。鎏金板用传统鎏金术将超薄的金箔烧结上去，表面闪亮，久不褪色，百年如新。图案多为寓意吉祥、长寿的“五蝠捧寿”“八仙庆寿”等，也有少量特制的情调风雅的“渔樵耕读”等。

辛亥革命时期南京本钟盛极一时，但每个月只手工生产一台。抗战时期，南京本钟停产。现在南京本钟存世数量稀少，非常珍贵。因其深厚的文化底蕴，收藏价值逐年上升。

南京本钟精湛的工艺、名贵的材质、雍容的外观体现了南京“十朝都会”的风范。

图2－58 南京本钟

图2－59 陶瓷汤壶

图2－60 铜质汤壶

汤壶 [t^{h}ã^{31}xu^{24}]

盛热水后放在被窝中取暖用的壶，略呈扁球形，用铜或陶瓷等制成。

脚炉 [tɕyoʔ^{5}lu^{24}]

冬天烘脚用的小铜炉，状圆而稍扁，盖上有许多透气小孔。

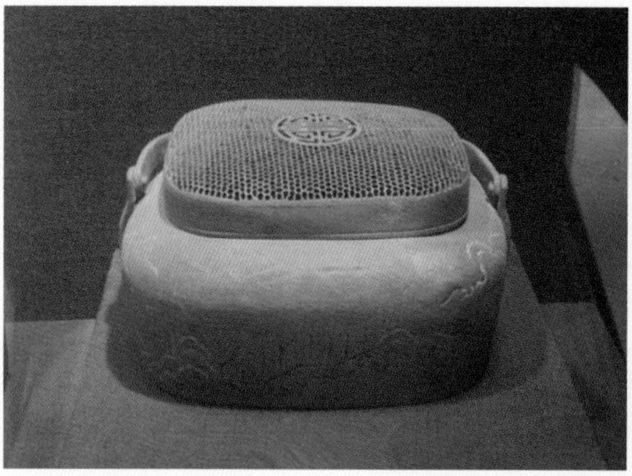

图2－61 錾花长方形脚炉

图2－62 圆形脚炉

手炉 [səɯ^{11}lu^{24}]

冬天暖手用的小炉，多为铜制，是中国宫廷和民间普遍使用的一种取暖工具，与脚炉相对而言，又名“捧炉”[p^{h}ən^{11}lu^{24}]。手炉有八角形、圆形、方形、腰形、花篮形、南瓜形等，大多由紫铜、黄铜、白铜制成，也有少量瓷器制品。手炉的炉盖颇具特色，镂空雕刻，可以散热，雕饰的花纹纷繁、精美，有五蝠捧寿、梅兰竹菊、喜鹊绕梅等，跟炉身的福禄寿喜、花鸟虫鱼、人物山水等花纹相得益彰，从一个侧面反映了南京民俗文化的博大精深。

图2－63 梅花形铜手炉

老虎灶 [lɔ^{24}xu^{11}tsɔ^{44}]

又称“茶炉子”[ts^{h}ɑ^{24}lu^{11}tsɿ^{0}]或“熟水店”[suʔ^{5}suəi^{11}tiɛ̃^{44}]。因其炉膛口开在正前方，如一只张开大嘴的老虎，灶尾有一根高高竖起的烟囱，像老虎翘起的尾巴，因此人们形象地称之为“老虎灶”。

在煤气普及之前，南京人多用煤炉取火。因煤量较少，人多不够用，人们常去街头的老虎灶买水。老虎灶用土砖砌成，比一般的灶台大，上面架着二三口烧水的大铁锅，锅下面的灶膛里烧稻草或木柴；大锅周围还砌有几个小汤罐。大锅水烧开后，舀到小罐里，有人来买水，就从小罐里舀水冲入水瓶，既保温又节省时间。因其方便、实惠，深受百姓欢迎。到老虎灶买水的，多是附近居民和卖茶水的小贩，茶炉子从早上五六点营业到晚上十一二点。

旧时，南京城北热河路、城中鼓楼、城南夫子庙和马道街一带，老虎灶非常集中。每天清早上班前和傍晚下班后，一些人习惯去老虎灶打开水。老虎灶是南京人生活中不可或缺的一部分，居民喝茶、用热水全靠老虎灶。许多铺子除供应开水外，还设几张桌子，供喝茶聊天或谈生意。不少澡堂子也以经营老虎灶为副业，大灶烧的水供浴客洗澡，小灶零卖。20世纪70年代以后，街头老虎灶逐渐减少。

马桶 [mɑ^{24}t^{h}oŋ^{11}]

大小便用的有盖木桶。新派叫“马桶”，老派叫“马子”[mɑ^{11}tsɿ^{0}]。

脚盆 [tɕyoʔ^{5}p^{h}ən^{24}]

木制洗脚用的盆。

图2－64 脚盆

澡盆 [tsɔ^{11}p^{h}ən^{24}]

木制椭圆形洗澡用的盆，现多为塑料澡盆和浴缸取代。

图2－65 木制澡盆

图2－66 笤帚

图2－67 撮簸

图2－68 搓衣板儿

笤帚 [t^{h}iɔ^{24}tsəɯ^{11}]

扫除尘土、垃圾等的用具。用脱粒后的高粱穗、黍子穗等扎成，比扫把小、细密，用于小面积的清扫。

撮簸 [ts^{h}oʔ^{5}po^{31}]

一种铲状器具，三面有沿，一面敞口，用以收运垃圾。多用铁皮、塑料等制成。

搓衣板儿 [ts^{h}o$^{44;31}$i^{31}per^{24}]

搓洗衣服的木板，旧时为木制，现多为塑料制成。搓衣板儿两端分别有16厘米左右的平坦部分，中间有二三十条窄而密的横槽。精致的搓衣板儿沟槽有两种，一种宽槽用来搓洗厚衣服，一种窄槽用来搓洗单衣。现在，搓衣板儿逐渐被洗衣机取代，但有些市民认为用搓衣板儿洗衣服比洗衣机干净，仍使用搓衣板儿。

五　交通工具

船 [ts^{h}uã^{24}]

南京既有长江穿城而过，又有秦淮河蜿蜒流淌，河渠遍布城内，旧时出门乘船廉价、便捷。南京人坐船的历史久远，船的种类颇多，有生产用船、生活娱乐用船、礼仪宗教用船等。因其用途不同，船的长短、宽窄、样式及装饰也大不相同。南京常见的船有渡船、客货船、游船、河载船等。

下关轮渡 [ɕiɑ^{44}kuã^{31}luən^{24}tu^{44}]

南京最有影响的渡口，最初以民船渡客。宣统二年（1910），下关码头筑成，官府

图2－69 南京下关中山码头

购置大型轮船，为乘客提供了较为安全便捷的渡江工具。开航三十多年来，轮渡运送乘客亿万人次。渡船体大平稳，一次载客多达数百人。以机械为动力，除大雾或特大风浪外，都能按时开船。

清同治七年（1868），美国旗昌轮船公司在下关首开轮船客运业务，行驶于上海至汉口一线，成为定期班轮，每周往返南京港三次。同治十二年（1873），轮船招商局在下关开办客运业务，至宣统三年（1911），小轮航线已达十条，由南京行经扬州、镇江、芜湖等地。每逢节日，轮船上都悬挂彩旗，增添欢乐气氛。

客货船 [koʔ^{5}xo^{44}tsʰuã^{24}]

按用途可分客船、货船、客货两用船三种。早期为平底木帆船，近代多用机动船。木帆船一般有一至三张帆，平常多用风力，无风时摇橹、划桨、撑篙。在遇逆流、逆风或浅滩时，一般由纤夫拉纤前进。拉纤是用绳的一端拴于桅上，另一端系于纤夫的前胸，纤夫拉船前移。一般拉一二里路的叫“短纤”[tuã^{11}tɕʰiɛ̃^{44}]，拉五到九里的叫“长纤”[tsʰã^{24}tɕʰiɛ̃^{44}]。

客货船的船主不叫“老板”，而称“老大”[lɔ^{11}tɑ^{44}]。行船有“冬天不走午前（因冬天霜水一干就起风），夏天不走午后（夏天午后易变天起暴风雨）”[toŋ^{44}tʰiɛ̃^{31}puʔ^{5}tsəɯ^{11}u^{11}tɕʰiɛ̃^{24}，ɕiɑ^{44}tʰiɛ̃^{31}puʔ^{5}tsəɯ^{11}u^{11}xəɯ^{44}]的规矩。还有“三不靠”[sã^{31}puʔ^{5}kʰɔ^{44}]（庙门、巷口、大路尽头不停靠）的习俗。

图2－70 中山8号客船

图2－71 客船载客

图2－72 货船

南京地处南北交汇之地，江河通达，又是江南产粮中心，货运历史久远。东汉永初元年（107）朝廷调丹阳郡的粮食船运至东郡、陈留、山阳等地，永初七年（113）又调丹阳郡的粮食水运至南阳、下郑、广陵、九江等地以救灾民。六朝时期，南京作为都城，是重要的物资(粮食、茶、酒、盐、丝绸等)和人员集散地，“水浮陆行，方舟结驷。唱棹转毂，昧旦永日”(晋左思《吴都赋》)。南宋时期，朝廷在南京设三大转运使署，动用大批船只转运货物。“漕江而下者，舳舻数千里”(《景定建康志·城阙志四》)，是当时南京江面运输繁忙景象的真实写照。

明代，南京再次成为首都。商货集散，各地贡赋、都城的粮秣供应、建设所需材料，“由江以达京师”(《明史·食货志三》)，成就了南京历史上高度发达的造船业。郑和下西洋所用大型船只，就在南京中堡一带建造。现在南京中堡村有明代宝船厂遗址公园。当年宝船厂占地1000余亩，开作塘（船坞）七条。明清以来逐渐废弃，现仅存古船坞遗址三条，即四、五、六三个作塘（船坞）。

图2－73 宝船模型

香船 [çiã^{31}ts^{h}uã^{24}]

旧时南京有香船。香船是供善男信女拜神祭佛的小木船。明清时城南、城北的居民若去鸡鸣寺烧香，由秦淮河、青溪、运渎或金川河转入进香河。富裕人家的女子由侍女陪伴独雇小船，普通人家或乡村妇女喜结伴而行。离进香河不远处有一香烛市场——香铺营，供应各色香烛。有的商家将香烛店开到河边，香船往岸边一靠，人不必上岸，店家就把香烛递给香客。每逢节日，远近香客乘船蜂拥而来，河面香船来往如梭。

图2－74 画舫

图2－75 停泊于秦淮河的画舫

画舫 [xuɑ^{44}fã^{11}]

南京秦淮河上兴起的一种游船，又称“灯船”[tən^{31}tsʰuã^{24}]或“花船”[xuɑ^{31}tsʰuã^{24}]。南京游船久负盛名，历史悠久。唐杜牧诗云：“烟笼寒水月笼沙，夜泊秦淮近酒家。”秦淮两岸河房鳞次栉比，歌馆酒楼林立，游船随之兴起。船工一边撑船，一边介绍两岸名胜景点，或自唱小曲，或请三五艺人吹拉弹唱，颇有情趣。入夜，秦淮两岸万家灯火，大成殿、魁光阁、得月楼、秦淮人家亮起轮廓灯，流光溢彩。

画舫分走舱[tsəɯ^{11}tsʰã^{31}]、小边港[ɕiɔ^{11}piɛ̃^{31}kã^{11}]、气不忿[tɕi^{44}puʔ^{5}fən^{44}]、藤棚[tʰən^{24}pʰən^{24}]和漆板[tɕʰiʔ^{5}pã^{11}]几种。最大的叫“走舱”，俗名“大边港”[tɑ^{44}piɛ̃^{31}kã^{11}]，楼船，分前中后三舱。后舱有楼阁，可眺远景。这种船宽大舒适，气派豪华。棚顶覆盖布幔，周围有锦帐相遮，舱内绮罗为幕，窗棂挂绣花窗帘。走舱租金昂贵，只有富贵人家才请得起。其次为“小边港”，又叫“四不像”[sɿ^{44}puʔ^{5}ɕiã^{44}]。这种船只有前后舱，可容纳十多人起坐，既不大也不小，故名“四不像”。中等大小的叫“气不忿”，前为篷廊，后为大舱，船身略小，移动方便，多为宴聚时租用。再小一点的叫“藤棚”，船头有藤椅两张，中舱仅容得下一张麻将牌桌。最小的叫“漆板”，船头有藤椅两张，杌凳两张，船舱狭仄，船工仅一人，租金很低。旧时三五好友借此纳凉，也有文人学士借此吟诗叙旧，亦有几分雅趣。

河载船 [xo^{24}tsɛ^{44}ts^{h}uã^{24}]

又名“连家船”[liɛ̃^{24}tɕiɑ^{31}ts^{h}uã^{24}]或“老少船”[lɔ^{11}sɔ^{44}ts^{h}uã^{24}]。一条河载船就是一个家庭，渔民以船为家，全家老小都在船上吃住。每年六月初三龙王生日及平时途经河边的龙王庙，均须焚香祈祷以保平安。南京高淳区船民在新船下水时要祭“玄坛”[ɕyɛ̃^{24}t^{h}ã^{24}]，祈求平安。

售货船 [səɯ^{44}xo^{44}ts^{h}uã^{24}]

民国期间，南京秦淮河有售货船。这种船小巧轻便，可单人或双人乘坐。早上卖青菜、萝卜或鲜鱼、黄鳝等；下午卖五香茶叶蛋、酒酿元宵等小吃。临河而居的人家靠河一面都有窗户，推开窗户喊一声，小船就会靠近。买家将钱放入篮内用绳钩住，向下放至船中，卖家将称好的物品及找零放入篮内，交易完成。现在由于居住河房的人越来越少，售货船也淡出人们视野。

轿 [tɕiɔ^{44}]

早期的交通工具，适合短途行旅，按大小可分为二人抬、四人抬和八人抬，民间一般用两人抬的青布小轿。富人往往自备轿子和轿夫。轿子停于轿厅，轿夫称为“长班”[ts^{h}ã^{24}pã^{31}]。鼓楼以南的土街口、三山街、瞻园等人口比较集中的地方都有轿夫等候客人招雇。瞻园一带为轿夫集中地，故有“轿夫营”[tɕiɔ^{44}fu^{31}in^{24}]的地名（后转称“教敷营”）。

车 [tʂ^{h}e^{31}]

南京陆路交通工具，早期有独轮车、黄包车、三轮车等，后来自行车成了人们出行的主要交通工具。20世纪80年代末，南京市内自行车多达百万辆。近二十来年，又兴起助力车、摩托车和电动车。现在，越来越多的市民购置了私家汽车。

图2－76 黄包车等待载客

图2－77 黄包车载客

黄包车 [xuã^{24}pɔ^{31}tʂ^{h}e^{31}]

又称“人力车”[zən^{11}liʔ^{5}tʂ^{h}e^{31}]或“东洋车”[toŋ^{31}iã^{24}tʂ^{h}e^{31}]（因仿造日本车而得名）。南京人力车始于清光绪二十二年（1896），张之洞任两江总督时引进。

车前有两根约五米长、形如两臂膀的辕，辕上装有半躺式的靠背座位，乘客可坐可躺。上有活动篷布可遮风挡雨。车前装有电石灯，供夜间行驶照明。辕上安有橡皮喇叭。黄包车价格低廉，小街窄巷随处可行，颇受市民欢迎。车子一般停在交叉路口，以便顾客叫唤，坐车者先论车价，两相情愿方可坐车。20世纪20至30年代，南京兴起私家包车，富人自己买车，雇车夫拉车。50年代后，黄包车逐渐被脚踏三轮车取代。近年来，夫子庙等旅游景区重新特制黄包车，供游人乘坐。

马车 [mɑ^{11}tʂ^{h}e^{31}]

南京的马车有敞篷和厢式两种，铁箍木轮。光绪三十年（1904），改用橡皮轮，乘客可免颠簸之苦。敞篷马车有两排座位，乘客相向而坐，可坐四人，最前面高出部分还可坐驭手及乘客两人。踏板上装有铜铃，驭手用脚轻轻一踏，一路叮当作响。

宣统二年（1910），南京举办南洋劝业会，添置马车四十余辆，供乘客包用。抗日战争结束后，南京马车增至千辆，辟专用线路行驶，成为市民出行的主要交通工具。

三轮车 [sã^{31}luən^{24}tʂ^{h}e^{31}]

有三只胶轮，车夫以脚踏车，方便省力。20世纪50年代推广普及，至今仍有不少三轮车，用于短途载客、载货。

图2－78 电动三轮车

脚踏车 [tɕyoʔ^{5}tʰɑʔ^{5}tʂʰe^{31}]

又名自行车[tsʅ^{44}ɕin^{24}tʂʰe^{31}] 或单车[tã^{44}tʂʰe^{31}]，行驶省力、灵活、快捷，是南京最普及、使用量最大的代步工具。民国年间始有，20 世纪 50 年代逐渐普及。随着机械化时代的到来，自行车的作用逐渐削弱，但其占地小，使用方便灵活，在短距离出行和交通换乘中占有较大的优势。

电动车 [tiɛ̃^{44}toŋ^{44}tʂʰe^{31}]

电动车以电力为能源，有电动自行车、电动摩托车、电动三轮车、燃油助力两用电动车等不同类型。电动车价格实惠，不需要考驾照、交税，因此颇受人们青睐。

图2－79 脚踏车

图2－80 电动车

地铁 [ti^{44}tʰiɛʔ^{5}]

南京第一条地铁于2005年4月10日正式通车，是中国大陆第六个有地铁的城市。南京的地铁文化颇具特色，每个车站都有各自的主题，这在其他城市是不多见的，体现了南京作为历史文化名城的风范。

珠江路糖果车站 [tsu^{44}tɕiã^{31}lu^{44}tʰã^{24}ko^{11}tʂʰe^{31}tsã^{44}]

南京地铁珠江路站取名“糖果车站”，缘起于一个温馨的故事：珠江路站靠近江苏省儿童医院，一对安徽夫妇带着三岁的儿子来看病，乘车前孩子喃喃地说，“我要吃糖”。父亲伸进口袋，无奈地说，“糖没有了”，孩子一脸失望。和他们攀谈的地铁员工掏出自己制服内的巧克力糖给孩子，孩子脸上立刻浮现出灿烂的笑容。从此，珠江路

图2－81 珠江路糖果车站

图2－82 珠江路车站楼梯扶栏

图2－83 学则路站音乐楼梯

站员工上班都带着糖果，分发给来此看病的孩子。这一故事传遍南京，珠江路“糖果车站”成了南京“人文地铁”生活的缩影。现在，地铁一号线报站时就报“珠江路糖果车站到了，请下车”。

学则路音乐楼梯 [ɕyɛʔ^{5}tseʔ^{5}lu^{44}in^{31}yɛʔ^{5}ləɯ^{24}t^{h}i^{31}]

南京地铁学则路站有一段楼梯被建成大型钢琴键盘，人们上下楼梯时，楼梯会发出悦耳的钢琴声，因此称为学则路“音乐楼梯”。音乐楼梯亮相后，吸引了很多慕名而来的游客，现已成为南京地铁的一大特色。

南京南站博爱墙 [lã^{24}tɕin^{31}lã^{24}tsã^{44}poʔ^{5}ɛ^{44}tɕ^{h}iã^{24}]

2011年6月28日高速铁路南京南站开通，负一层地铁站设有一面“博爱墙”，征集4000多人“爱的箴言”，依照原字迹逐一刻在大理石上。从远处看，这些爱的字迹构成六幅“爱的手势”。“博爱墙”长21.6米，高3米，由10厘米厚的白色大理石砌成。壁画背景由“仁爱”“兼爱”“博爱”六字组成，分别代表孔子、墨子、孙中山关于爱的思想。

图2－84 博爱墙

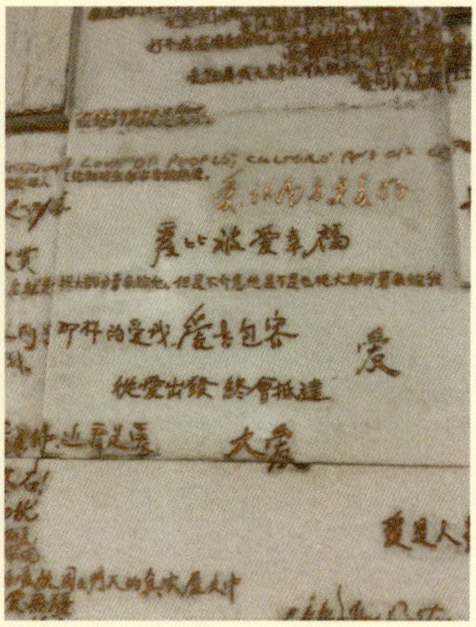

图2－85 爱的箴言

火车 [xo^{11}tʂ^{h}e^{31}]

人们长途旅行的主要交通工具。南京在清末民初先后开通沪宁线、陇海线和津浦线，极大地改善了交通、旅行条件。近年来，动车和高铁的开通让人们的生活更加便捷，生活半径也不断扩展，城际间人员交流大大增加。人们可以在大城市工作，在周边小城市安家生活，“一日生活圈”成为现实。

高铁开通后，杭州到南京、南京到武汉和重庆全线贯通，南京成为四通八达的交通枢纽。高铁改变了人们的生活方式和思维方式，使异地工作、异地消费、异地置业成为可能。

航空 [xã^{24}k^{h}oŋ^{31}]

南京是中国最早兴办民用航空的城市之一。南京禄口国际机场是国家大型枢纽机场、中国航空货物中心和快件集散中心，国家区域交通枢纽。年飞行能力30万架次，旅客吞吐量3000至4000万人次，已开通通往54个国内主要城市、20个国际和3个地区城市的130余条航线。

图2－86 南京禄口机场2号航站楼

叁·服饰穿戴

图3－1 绒花凤冠

南京气候温和，江南水乡柔和秀美的特点为其服饰奠定了柔美淡雅的基调，六朝古都、十朝都会的豪华又为它增添了绮丽华贵的元素，形成了南京服饰的多元化风格。南京服饰历经几千年变化，出现了独具特色的中山装、旗袍、靸板儿等穿戴样式，鲜明生动地表现了南京人的生活风貌。本篇集中讲述民国至20世纪70年代的南京服饰，分为衣裤、鞋帽、首饰三部分。

棉布是南京四季服装的常用面料，冬季用棉布夹絮抵御严寒，夏季除棉布外还有小纺绸、老纺绸等，阴丹士林、蓝印花布等也为南京人喜爱。南京服饰种类繁多，有色彩鲜艳、明快活泼的花衣服、连衣裙、抹胸子等，也有色调单一、稳重端庄的列宁装、棉袄等。

过去南京人多穿布鞋，常见款式有舌头鞋、搭襻布鞋、棉鞋等，雨天多穿钉鞋、套鞋、胶鞋等。南京高淳“梅家布鞋”极为有名。靸板儿、茅窝子是最具南京特色的鞋子。1949年以后，南京流行皮鞋、凉鞋。老南京男性常戴礼帽，女性常戴帽箍，儿童常戴虎头帽，解放帽、风雪帽、狗套头等也受到欢迎。

旧时南京女性除在衣裤鞋帽上打扮自己，还注重妆容、发型、发饰和护肤品。自南北朝起，梅花妆风靡南京。绒花是南京一大特色手工艺，可制成女性头饰、胸针等。农村妇女多裹包头布，家境较好的妇女多选择戴帽箍，已婚妇女常请梳头婆梳巴巴头。20世纪30至40年代南京女性开始流行使用刨花水、梳头油。那时的护肤品有“歪歪蜜”、“歪歪油”、雪花膏等，农村妇女自制护肤品以防皮肤皲裂。

一　衣裤

中山装 [$tso\eta^{44}s\tilde{a}^{44}tsu\tilde{a}^{31}$]

民国时期，中山装由南京向全国推广，成为“国服”。中山装由孙中山先生亲自设计，深受南京市民及国人的欢迎。

典型的中山装是直翻领，领口收紧，象征革命队伍纪律严明；前襟上下左右共四个口袋，标志“礼、仪、廉、耻”的治国纲纪，亦是“国之四维”；口袋上加软盖，做成倒山字形笔架式，成为“笔架盖”，象征中国民主革命重用“笔杆子”（即知识分子）；门襟竖排五粒纽扣，有行政、立法、司法、考试、监察之意，即“五权分立”；袖口三粒纽扣，象征“民族、民权、民生”，即“三民主义”。裤子左右两侧及右后臀部共三个口袋，均为暗袋，另裤前开缝，用暗纽。

孙中山先生设计中山装时，在中国传统的基础上，参考了日本学生装、士官服的造型。因其朴素庄重、美观实用，办喜事时常用作新郎婚服，逢年过节也常穿。面料和剪裁随着装者身份而异。

图3－2 中山装上装

图3－3 袖口三粒扣

图3－4 丝绒旗袍

图3－5 现代改良旗袍

旗袍 [tɕʰi^{24}pʰɔ^{24}]

1927年以后，新制旗袍时髦新颖的样式，满足了爱美人士的需求。名媛们首选金谷女子服装店的海派旗袍。一般女子多选门面较小的裁缝铺定做。

当时的南京旗袍大多朴素端庄，源于南京的朴实传统及宋美龄的名人效应；一部分时尚美观，多因追随上海，沿袭其海派风格。南京城作为六朝古都，思想保守传统，旗袍设计注重质朴简约的人文性，加之宋美龄女士多次在社交场合身着黑丝绒旗袍，引领南京黑色旗袍时尚，因此形成了南京旗袍低调的风格。其质地因着装者身份不同而变化，上流社会女士多用织锦、真丝、绸缎，普通阶层女子多用阴丹士林布。

20世纪60年代，旗袍退出历史舞台。改革开放后，旗袍颜色由单调的黑、灰、蓝色变得更为丰富，材质上采用高档精致的云锦，款式上更贴近现代女装。如今，南京旗袍已成为传统文化的象征之一，2008年12月被列入首批区级非物质文化遗产名录。

布拉吉 [pu^{44}lɑ^{31}tɕiʔ^{5}]

建国初期，南京姑娘时兴穿苏联流行的“布拉吉”（束腰连衣裙）。姑娘们穿上布拉吉后，走起路来婀娜多姿，十分迷人。

抹胸子 [maʔ^{5}ɕioŋ^{31}tsɿ^{0}]

旧时南京女子穿的红绸面花布小肚兜。抹胸子结构简单，绣花图案丰富，常见的有“鸳鸯戏水”“和合二仙”“并蒂莲”“比翼鸟”等，是女子向心仪男子表达情意的重要物件，也是老南京嫁女儿的压箱陪嫁。现被小背心、文胸取代。

五六岁的小男孩也常在夏季穿着抹胸子。制作时，将一块菱形红布的一角截去，缝上其他颜色的棉布，再绣上图案。上端两根布带系在脖子上，下端左右两角各有一根布带在背后打结。

图3－6 儿童抹胸子

阴丹士林 [in^{44}tã^{31}ʂʅ^{44}lin^{24}]

民国早期在南京等地流行的布匹，由德国进口染料“阴丹士林”染制而得名，有蓝、红、绿等多种颜色，最常见的是蓝色。此布料素雅端庄、耐洗耐晒，常做成学生制服、长袍、旗袍。民国中后期，阴丹士林蓝布长袍是高等学校师生的代表服装。春秋季多做成女士旗袍或罩褂；冬季做成男士大褂，穿在长棉袍外。

列宁装 [liɛʔ^{5}lin^{24}tsuã^{31}]

20 世纪 50 年代风靡南京的时髦服装，无论男女，四季皆可穿着。式样为大翻“燕子领”[iɛ̃^{44}tsɿ^{0}lin^{11}]、双排扣，左前胸有口袋，可插钢笔、别徽章等，身体两侧有斜插袋，腰间固定一条宽布带。小姑娘为修身，会在腰上系一根皮带。冬季可将翻领收拢扣上；夏季则可将领翻开。当时年轻人还将列宁装作为结婚礼服。列宁装的缝制与中式服装类似，加工时无须加垫、贴衬。其颜色有灰、蓝、黑、黄，材质一般是棉布，也有用呢子制作的。

图3－7 列宁装

婚服 [xuən^{31}fuʔ^{5}]

南京地区新娘婚服颇具特色，现在民俗博物馆中还陈列着一套新娘衣裙。此婚服为大红色丝质面料，由对襟立领上衣和摆裙组成。领口、襟口、袖口、衣摆及其左右两侧都用黄色包边。上衣手工刺绣图案以牡丹为主，配以小鸟、菊花、梅花等，象征新人婚后生活富贵吉祥，对襟包边上镶三颗盘式花纽。摆裙颜色、面料、图案与上衣相同，裙摆微散，下摆黄色包边上还绣有牡丹图样。整套衣裙做工精良。

民国时期，西风渐至，南京出现西化的婚服。新郎的长衫马褂被西装取代，新娘的凤冠霞帔、石榴裙被白色婚纱礼服取代。新郎身穿黑色燕尾礼服或白色、米色、深蓝色西服，着白衬衣，系黑色领花，戴白手套、高筒礼帽。新娘身穿白色礼服长裙，肩披白色罩纱，头戴花冠、花环。

图3－8 南京民俗博物馆婚服

套裤 [t^{h}ɔ^{44}k^{h}u^{44}]

旧时南京一种套在裤子外面的“裤子”，护腿保暖且便于行动。它只有两条从脚踝一直到大腿根的裤脚管，没有裤裆和裤腰，以“副”计数。套裤上端钉带子，吊在裤带上；下端用黑布条扎紧裤脚。套裤一般是棉制的，也有用塑料、油布等做成的。

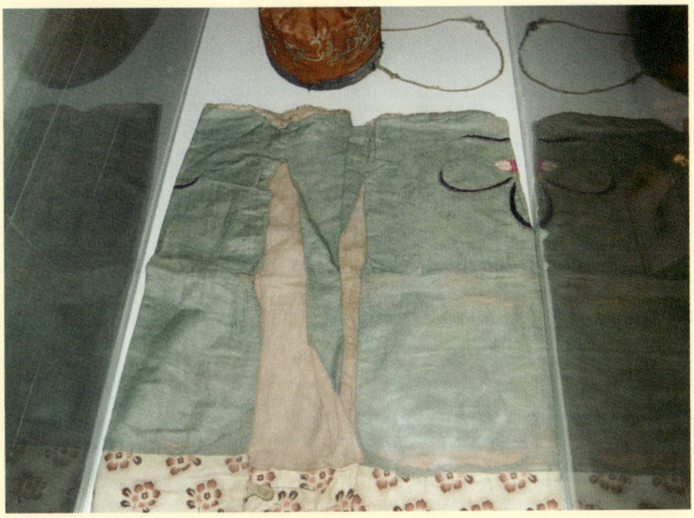

图3－9 儿童套裤

假领子 [tɕiɑ^{24}lin^{11}tsʅ^{0}]

假衬衫的代名词，是老南京在生活困难时期的一种穿衣办法。秋冬季节，老南京的贴身棉毛衫是无领或矮领的，毛衣或纱线织的上衣穿在外面，脖子不舒服。由于每人分配到的布票远不够做衣服，“假衬衫领子”便应运而生。假领子制作简单，肩头下两根布条连成圈，套在两肩，领子前有两三颗小纽扣，形似一件完整的衬衫。其质地有棉布、化纤，前者柔软，后者挺括；颜色有蓝、白、咖啡。假领子换洗方便、经济实惠，很受欢迎。

腰箍 [iɔ^{44}ku^{31}]

腰箍是老南京为孩子做长衫时的特殊设计，即在长衫中段加一道两三寸宽的皱褶，随孩子长高而逐年调整皱褶，是南京经济不宽裕人家的节约之法。

送夏礼物 [soŋ^{44}ɕiɑ^{44}li^{11}uʔ^{5}]

南京流行“送夏”习俗，即五月到来前，岳父、岳母要送女儿、女婿夏至礼物。除送食物外，穿戴方面可各送一套纱罗衣裳，或送一对凉帽、两双布鞋，富裕人家可选择杭罗、桑蚕丝或者香玉纱等；用的方面可送凉枕、席子、帐子，或一对扇子、阳伞。“送夏”的物件因家境而异，富贵人家的礼物更精致美观。

棉衣 [miɛ̃^{24} i^{31}]

即棉袄。南京俗谚“打铁打到十月稀，家家户户做棉衣”[tɑ^{11}tʰiɛʔ^{5}tɑ^{11}tɔ^{44}ʂʅʔ^{5}yɛʔ^{5}ɕi^{31}，tɕiɑ^{44}tɕiɑ^{31}xu^{44}xu^{44}tso^{44}miɛ̃^{24}i^{31}]和“寒风到，剪刀跳”[xã^{24}fən^{31}tɔ^{44}，tɕiɛ̃^{11}tɔ^{31}tʰiɔ^{44}]，意思是十月该裁剪寒衣了。普通人家上街购买布匹棉絮，动手缝制或送去裁缝店加工；富贵人家请裁缝“上门做”[ʂã^{44}mən^{24}tso^{44}]，量身定做新衣。

20 世纪 70 年代冬季，南京一度流行可正反两穿的草绿色紧身棉袄，改自当时的军用棉衣。紧身棉袄多为草绿色卡其面料，上有缝纫机缝出的一道道竖线，立领，前胸右侧上有纽扣，背后两条紧身带，袖口各有一个可收紧的搭扣。紧身棉袄做工考究，修身合体，挡风保暖，便于活动。

小脚裤 [ɕiɔ^{11}tɕioʔ^{5}kʰu^{44}]

小脚裤即紧身牛仔裤，包臀紧腿。20 世纪 60 年代初，工厂里的青年工人，常将厂里发的劳动布或卡其布工装裤送到裁缝店改制，或请家里有缝纫机的熟人帮忙，缩小裤

图3－10 男式棉衣

图3－11 女式棉衣

腰、裤管的尺寸。当年爱穿小脚裤的青年们常被认为“追求资产阶级生活方式，迷恋奇装异服，不学好”，因此受到长辈们的呵斥。

现在，小脚裤重新流行于大街小巷，南京的姑娘会为自己准备几条不同花色的小脚裤，搭配运动鞋、休闲鞋或靴子，十分好看。

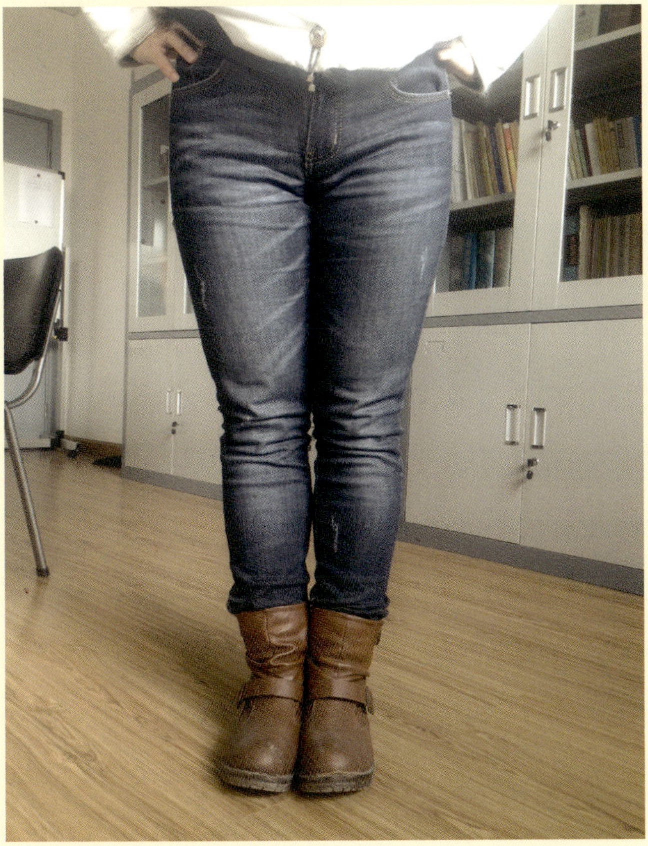

图3－12 小脚裤

女“金谷”[ly^{11}tɕin^{31}kuʔ^{5}]

金谷女子服装商店[tɕin^{31}kuʔ^{5}ly^{24}tsɿ^{11}fuʔ^{5}tsuã^{31}sã^{31}tiɛ̃^{44}]原位于南京中山路长江南北货商店旁，1942 年创办。著名技师胡百康制作的女装精致考究、款式新颖，深受上流社会女士青睐。“金谷”制作的一件丝绒旗袍曾经在 1956 年的巴拿马国际博览会上获金奖。20 世纪 80 年代店内增加毛呢、丝绸、裘皮、马海毛等中高档女式时装。90 年代后期，随着南京城市建设发展的需要，金谷女子服装商店被拆除停业。（参见《南京故事 · 文献》: 余闻《四十年前的女装专卖店》）

男“顺昌”[lã^{24}suən^{44}ts^{h}ã^{31}]

民国年间，“李顺昌”[li^{11}suən^{44}ts^{h}ã^{31}]的男式服装，以其雅致时髦闻名南京。南京第一家李顺昌服装店在鼓楼老街茶场（今湖北路路口）。“李顺昌”聘请师傅首先要求做一件衣服，挂在墙上，三天回潮后不褶不皱，才留职定薪。起初，“李顺昌”不做女服，后为招揽生意，增设女式西服。

距今已有百年历史的“李顺昌”，以其精湛的工艺特色制作西服、中山装、大衣、旗袍、礼服等服装。采用“推、归、拔”等特殊手工工艺，经制版、裁剪、扎样、试穿、修改、定样、缝制、整形等工序，制作出“轻、薄、软、挺、美”的西服。“李顺昌”1995 年被国内贸易部授予“中华老字号”称号。如今，在秦淮区集庆路上依旧可见李顺昌洋服公司专卖店。

图3－13 李顺昌洋服公司

图3－14 米汤

图3－15 浆衣裳

浆衣裳 [tɕiã^{44}i^{31}sã^{0}]

纯棉衣服易皱，老南京人用粉浆或米汤浸泡，使之变干后平整挺括、没有褶皱。浆洗过程是将米汤或淀粉加开水稀释，把洗净拧干的衣物放入其中浸泡约三至五分钟，取出漂洗、抻平、晾干，经过浆洗的衣服就变得整洁有型。

浆被子 [tɕiã^{31}pəi^{44}tsʅ^{0}]

老南京在腊月里有“米汤浆被子”[mi^{11}tʰã^{31}tɕiã^{31}pəi^{44}tsʅ^{0}] 的习俗。他们常说：“腊月二十七，里外洗一洗。”[lɑʔ^{5}yɛʔ^{5}er^{44}tʂʅʔ^{0}tɕhiʔ^{5}，li^{11}uɛ^{44}ɕi^{11}iʔ^{5}ɕi^{11}] 腊月十五以后，各家门前空地上拴起长晒绳，用来晾晒浆洗过的被子。

人们将洗干净的被子放入米汤和清水混合的盆里，浸透、拧干后晾在绳上。用米汤浆过的被子晒干后洁白干净、挺括暖和，小孩子睡了不生疮，不长疖子。

图3－16 浆被子

半截子棉毛衫 [pã^{44}tɕiɛʔ^{5}tsʅ^{0}miẽ^{11}mɔ^{0}sã^{31}]

经济困难时期，鼓楼区会过日子的居民把穿旧的圆领汗衫、棉毛衫或者厚绒卫生衫拿到裁缝店，衣肘磨坏的、后背穿破的都可以修补更换。人们为对称美观，将另一只袖子也换成新的半截袖子，凑成一件“半截子”衣衫。上下截颜色、宽窄或许不般配，但对那时的人们来说，已经很好了。

手套纱线织衣裤 [səɯ^{11}t^{h}ɔ^{44}sɑ^{31}ɕiẽ^{44}tʂʅʔ^{5}i^{31}k^{h}u^{44}]

20 世纪六七十年代，南京娄子巷居民常用劳保纱手套的纱线织成衣裤。在自家门前，倒置一张方凳，拆掉劳保纱手套，把线一圈一圈绕在“四脚朝天”的凳脚上，经过烫洗、晒干、绕球，最后织成毛衣毛裤，暖和厚实。现在人们常用这种方法绕毛线。

图3－17 手套纱线织衣裤

二　鞋帽

靸板儿 [sɑʔ^{5}per^{24}]

南京人为方便，常把鞋帮后跟踏倒，南京话叫“靸鞋”[sɑʔ^{5}ɕiɛ^{24}]。“靸板儿”的叫法便是随“靸鞋”而来。靸板儿是 20 世纪 50 至 60 年代南京人夏天穿的木板底拖鞋，简易实用。靸板儿透气凉爽，但易损坏。俗语“满街靸板儿跑得快”[mã^{11}tɕiɛ^{31}sɑʔ^{5}per^{24} p^{h}ɔ^{11}ti^{0}k^{h}uɛ^{44}]就用来形容靸板儿的普遍性。

一般的靸板儿不分左右，先按脚型裁出约两厘米厚的两块木板，再将硬帆布条或橡胶用钉子钉在板前端四分之一处的两侧，做成袢子。讲究一点的靸板儿，剪裁合脚，选用优质木材，饰以精美图案。当时的南京城道路多用鹅卵石铺成，靸板儿在凹凸不平的石头上耐走、不崴脚，只是走路声音大了些。

20 世纪 70 年代以后，泡沫拖鞋、塑料拖鞋开始普及，逐渐取代了靸板儿。

糊骨子 [xu^{11}kuʔ^{5}tsɿ^{0}]

南京居民将平时积攒的各种零布头洗净、晒干，一层一层糊在打好糨糊的门板或硬木床板上，直至四五层晒干，撕下来就成了“骨子”[kuʔ^{5}tsɿ^{0}]，卷成一卷，画上鞋印，剪下来，摞上几层纳鞋底。鞋面用新布，里面衬两层骨子。做成的布鞋透气舒适、柔软合脚。直至塑料鞋底问世，皮鞋、凉鞋普及，糊骨子才渐渐消失。

布鞋 [pu^{44}ɕiɛ^{24}]

布鞋舒适轻便，很受南京人欢迎。穿旧的布鞋，洗净晒干后，形状丑陋，被老南京幽默地称作“咸干鱼”[ɕiɛ̃^{24}kã^{31}y^{24}]。那时的鞋底都是手工纳的千层底，现在多用塑料底

图3－18 布鞋

图3－19 舌头鞋

图3－20 梅家鞋铺的儿童布鞋

或泡沫底。布鞋种类多样，有舌头鞋、搭襻儿鞋、虎头鞋等。南京梅家鞋铺制作的梅家布鞋十分有名。

梅家鞋铺 [məi^{24}tɕiɑ^{31}ɕiɛ^{24}p^{h}u^{44}]

“梅家鞋铺”位于高淳区淳溪镇，以制作传统布鞋闻名。梅位炳是该项传统手工技艺传人。梅家布鞋[məi^{24}tɕiɑ^{31}pu^{44}ɕiɛ^{24}]就地取材，用当地的棉花、棉布、麻绳、丝绸等纯手工制作。布鞋形式多样，有圆口单鞋、两片瓦棉鞋、绣花拖鞋、儿童老虎鞋、婴儿小方口鞋等。梅家布鞋轻便、舒适、透气，深受老少妇孺喜爱。梅家布鞋的制作过程是：首先做鞋底，包括糊鞋骨子、剪样子、纳底子；其次做鞋帮子，包括纳鞋帮、出样（有的绣花）、滚口；最后上鞋子，先用锥子上帮，再用楦子楦好后晒干。（本词条由高淳区非物质文化遗产保护中心汪士延先生提供）

图3－21 搭襻鞋

搭襻鞋 [tɑʔ^{5}p^{h}ã^{44}ɕiɛ^{24}]

有搭襻的女式布鞋。

虎头鞋 [xu^{11}t^{h}əɯ^{24}ɕiɛ^{24}]

外祖父母在端午节给刚出生的孩子做的鞋，希望自己的外孙（女）长得虎头虎脑。其面料一般为布或绸子，颜色有红、黄、蓝、黑。彩布经画、剪、贴、缝（绣），做成老虎的眉毛、眼睛、耳朵、鼻子，再用白线做成长长的虎须，色彩鲜艳，形象夸张，栩栩如生。虎头鞋表达了老人们借虎驱邪、庇护儿童的愿望。

图3－22 虎头鞋

图3－23 虎头鞋冬款

棉鞋 [miẽ^{24}ɕiɛ^{24}]

旧时的南京人冬天都穿棉鞋。布底棉鞋遇雨雪天气易湿，老南京常把鞋拿到街头卖热水的“老虎灶”[lɔ^{24}xu^{11}tsɔ^{44}]上烘烤。棉鞋的种类较多，有兔耳鞋、猪头棉鞋、高帮棉鞋等。

图3－24 棉鞋

兔耳鞋 [t^{h}u^{44}er^{11}ɕiɛ^{24}]

兔耳鞋是旧时南京人冬天穿的中式布棉鞋，又叫“河蚌鞋”[xo^{24}pã^{44}ɕiɛ^{24}]。由两片鞋帮缝合而成，中间有一道粗棱。手工纳的千层底舒适合脚。家庭自制的兔耳鞋不分左右脚。

猪头棉鞋 [tsu^{31}t^{h}əɯ^{24}miẽ^{24}ɕiɛ^{24}]

猪头棉鞋是春节外祖父母送给小孩的鞋。南京老式家庭有“送三节”[soŋ^{44}sã^{31}tiɛʔ^{5}]的习俗，即春节、中秋、端午给外孙（女）送鞋，寄予长辈美好的希望：春节送猪头棉鞋，盼望孩子能吃能睡、身体健康；中秋送兔头鞋，希望孩子活泼机灵；端午送虎头鞋，一来辟邪，二来期盼孩子虎头虎脑、虎虎生威。男鞋用青布做鞋面，女鞋用红绸。鞋帮填进厚厚的棉花，加上深色的嘴巴、浅色的眼睛、活动的耳朵，形似小猪，后跟处缝一根红丝绒结的尾巴，既是装饰，又便于拔鞋。

高帮棉鞋 [kɔ^{44}pã^{31}miẽ^{24}ɕiɛ^{24}]

一种男式黑布棉鞋。类似高帮球鞋外形，系鞋带，鞋帮高至脚踝。原是军用鞋，虽不美观，但保暖舒适。20 世纪 50 至 60 年代南京冬天常见。

套鞋 [t^{h}ɔ^{44}ɕiɛ^{24}]

南京人早先套在鞋外面防雨的鞋，较宽大，进门时脱下。套鞋从钉鞋[tin^{31}ɕiɛ^{24}]发展而来。钉鞋的鞋帮用涂上桐油的防水布做成，鞋底有若干大帽钉（一般前脚掌五颗、后脚掌三颗），便于在泥泞的道路上行走。钉鞋材质坚硬，不易合脚，因而套在布鞋外面穿，套鞋由此得名。后来橡胶材质的雨鞋出现，最初也是套在鞋外穿。橡胶材质改进后，雨鞋适合直接穿，南京人改称胶皮鞋[tɕiɔ^{31}p^{h}i^{24}ɕiɛ^{24}]，筒子深的叫深筒胶鞋[sən^{31}t^{h}oŋ^{11}tɕiɔ^{31}ɕiɛ^{24}]。深筒胶鞋流行于 20 世纪 70 至 80 年代的南京，适用于泥水深的下雨天。

图3－25 胶皮鞋

图3－26 深筒胶鞋

图3－27 儿童深筒胶鞋

图3－28 草鞋

草鞋 [tsʰɔ^{11}ɕiɛ^{24}]

旧时，南京江边居民常穿草鞋。传统草鞋一般用草编织，讲究的人家用麻来编织。草鞋轻巧柔软，耐用舒适。

茅窝子 [mɔ^{24}o^{31}tsɿ^{0}]

也叫“蒲鞋”[pʰu^{24}ɕiɛ^{24}]。茅窝子是20世纪50至60年代南京人冬天穿的一种保暖草鞋，制作材料是稻草或芦苇秆。制作稻草茅窝子时，先揉软除去枯叶的稻秆，再夹杂碎布条跟稻草一起编织成棉鞋状，其美观度、柔软度较芦苇材质的好，但价格略贵。制作芦苇秆茅窝子时，折下芦苇秆并捏扁，加入细草绳、鸡毛、芦花、旧布条等一起编织。先编鞋底，后编鞋身，最后用针线缝制成紧实的茅窝子。其边缘较圆，鞋口平且小，如窝形，因而得名。

茅窝子分大、中、小三种规格。人们常在鞋里塞些旧棉花、旧布面，合脚、透气又保暖。底部钉两块厚木块，可在雨雪天或烂泥地里行走。

鞋躺底 [ɕiɛ^{24}tʰã^{24}ti^{11}]

即鞋垫，垫在鞋底，可取出更换、洗涤。

皮鞋 [pʰi^{24}ɕiɛ^{24}]

民国时期南京开始流行皮鞋。城南城北的穿着风格不同，北高雅、南艳俗。常见的夏季男式皮鞋有香槟色皮鞋、网眼皮鞋和镂空皮鞋。香槟色皮鞋[ɕiã^{44}pin^{31}sɛʔ^{5}pʰi^{24}ɕiɛ^{24}]是由两种浅色“相拼”的男式皮鞋，“香槟”即“相拼”的谐音；网眼皮鞋[uã^{24}iã^{11}pʰi^{24}ɕiɛ^{24}]，即鞋面部分有透气孔眼的皮鞋；镂空皮鞋[ləɯ^{44}kʰoŋ^{31}pʰi^{24}ɕiɛ^{24}]是鞋面上排列孔洞的皮鞋，铁錾子凿出的孔洞，大小、形状不一，可变换排列各种花式，工艺简单，用料节省，价廉物美。

图3－29 镂空皮鞋

图3－30 高帮翻毛皮鞋

图3－31 高帮翻毛皮鞋鞋里

20 世纪 60 至 70 年代的冬季，南京街头多见高帮翻毛皮鞋[kɔ^{44}pã^{31}fã^{31}mɔ^{24}p^{h}i^{24} ɕiɛ^{24}]。质地为牛皮，系鞋带，前端宽大，鞋帮较高，经久耐穿。

凉鞋 [liã^{24}ɕiɛ^{24}]

20 世纪 30 至 40 年代，皮鞋在南京普及后，凉鞋产生。旧时南京流行的经典女式凉鞋是“两道襻”[liã^{11}tɔ^{44}p^{h}ã^{44}]和“三条筋”[sã^{31}t^{h}iɔ^{24}tɕin^{31}]。城北流行鞋面只有三条皮辫的“三条筋”，城南夫子庙、三山街流行鞋面由两道平行皮面制成的“两道襻”，相较“三条筋”，它物美价廉，更便于活动。

还有一种软木底凉鞋[ʐuã^{11}muʔ^{5}ti^{11}liã^{24}ɕiɛ^{24}]，原料是西班牙进口的栓皮栎树，柔韧有弹性。制作方法是将工业用剩的软木下脚料切碎、加胶凝结，压制成鞋底模样，外面包上狗皮或羊皮，制成半高跟凉鞋。这种鞋轻便柔软，深受女大学生欢迎，但流行时间不长。

另一种鳄鱼皮凉鞋[oʔ^{5}y^{24}p^{h}i^{24}liã^{24}ɕiɛ^{24}]，皮色光亮，花纹别致，黑黄色相间，价格不菲。塑胶材质的玻璃皮凉鞋[po^{31}li^{24}p^{h}i^{24}liã^{24}ɕiɛ^{24}]，价格低廉，但不透气，舒适度不佳。

三聚鞋店 [sã^{31}tɕy^{44}ɕiɛ^{24}tiɛ̃^{44}]

20 世纪早期，多数南京人穿布鞋，城南三聚鞋店以制售布鞋闻名。旧址在城南三山街北端的刘长兴面馆。三聚布鞋舒适、美观、耐穿，新郎结婚、公职人员外出公干、百姓出远门跑亲戚等都喜欢穿三聚布鞋。三聚鞋店老板注重质量和信誉，规定若有顾客上门投诉鞋不合脚、质量不好等问题，店员决不回驳争辩，当场将鞋废弃，让顾客重新挑选。

解放帽 [tɕiɛ^{11}fã^{44}mɔ^{44}]

旧时流行于南京的一种较扁的圆顶布帽，前面有新月形帽檐，式样类似解放军军帽。解放初期干部常戴，后流行于平常百姓。农村人也称“秋帽”[tɕ^{h}iəɯ^{31}mɔ^{44}]或“人民帽”[ʐən^{24}min^{24}mɔ^{44}]。

风雪帽 [fən^{31}çyɛʔ^{5}mɔ^{44}]

20世纪70至80年代南京街头流行的一种帽子，能够遮挡风雪，颇受南京市民喜爱。

图3－32 风雪帽

风雪帽由“开司米”[k^{h}ɛ^{44}sɿ^{31}mi^{11}]（英语kashmir的音译，即山羊绒）织成，采用元宝针织法，在颈部加一条宽约四五厘米的长带子，于脖前交叉至颈后系一个活结，作围巾或领圈用。帽子前沿处折出一道宽约两三厘米的边。

图3－33头戴风雪帽

风雪帽分大、小型号，有多种颜色，老人们选用深藏青、浅棕色等，年轻的妇女与儿童则多选紫罗兰、天蓝色等明艳的色彩。

虎头帽 [xu^{11}t^{h}əɯ^{24}mɔ^{44}]

虎头帽的出现源于南京民间借虎讨吉利，求儿孙平安健康。虎头帽根据节令不同而做法不同，夏天的虎头帽呈筒形，只有帽圈没有帽顶，面料为绿绸布，点缀有彩色布块，再用彩色生丝绣制老虎。老虎脸部五官均衡，色彩以红、黄、绿、紫为主，用黑、白、金银线点缀，有的还在耳朵、鼻子或嘴部加上白色或彩色兔毛。

图3－34虎头帽

狗套头 [kəɯ^{11}t^{h}ɔ^{44}t^{h}əɯ^{24}]

老南京人口中的“狗套头”有两种解释。一种是指衣服，包括秋冬穿的羊毛套衫和夏天穿的汗衫，不用纽扣，直接套穿。另一种指针织线帽（或呢绒质地）。截取棉纱针织品的一段圆筒，聚拢上端，缀上绒球；下端缝合作下沿；中段开一小口，在上方做一个硬边，可以遮阳。平常就着这个开口，把长筒折成三叠，恰好戴到额头。寒冬时可将折起的部分拉开，一直罩到脖颈以下，做围巾用。这种帽子十分保暖，但颜色、外形不太美观。

三　首饰

南京绒花 [lã^{24}tɕin^{31}ʐoŋ^{24}xuɑ^{31}]

绒花，是用丝织品下脚料制作的装饰品，小巧玲珑，质地柔软，鲜艳不褪色，因其物美价廉而广受青睐。

明朝云锦丝织业发展，产生大量丝织品下脚料，催生出绒花行业。清朝，绒花制作生产进入鼎盛时期。清廷设“江宁织造局”采购绒花，入朝进贡。《红楼梦》记载送给姑娘们的“宫里头做的新鲜样法堆纱的花儿”，就是绒花。20 世纪 30 至 40 年代，绒花制作以家庭作坊为主。2007 年市民俗博物馆和鼓楼区文化局联合申报，将绒花列入鼓楼区第一批非物质文化遗产名录。

图3－35 艺人制作绒花

图3－36 绒花小摆设

图3－37 绒花插花

南京绒花的品种繁多，有鬓头花、胸花、帽花、罩花、戏剧花等，后来还出现了绒花凤冠、鸟兽鱼虫、盆景等艺术形式，供戏剧、婚庆、节庆及娱乐休闲用。旧时以鬓头花最为畅销，色彩上，以红色为主，绿色为辅，黄色作点缀，色调明快艳丽；艺术上，以夸张手法塑造生动形象；题材上，取家喻户晓之吉语以及民间喜闻乐见之事，结合谐音等艺术手法，寄托人们对美好生活的向往。未婚女性戴“万事如意”“鲤鱼跳龙门”绒花；已婚女性戴“万事如意”“百福双全”绒花；老妇戴“长命百岁”“欢喜佛”绒花等。南京人逢“一事三节”就以绒花点缀：婚嫁喜事多戴“麒麟送子”“万年全福”“龙凤呈祥”“榴开百子”，春节戴“连年有余”“招财进宝”“金玉满堂”，端午节妇女儿童戴“老虎花”“五毒花”以求辟邪，中秋节戴“兔子拜月”“月宫塔”“犀牛望月”“四世同堂”以祈福纳祥。

巴巴头 [pɑ^{31}pɑ^{0}tʰəm^{24}]

一种传统女式发型。梳巴巴头很讲究，一般请专门的梳头婆来梳：先将长发反复理顺，蘸刨花水刷在头发上，使发型固定；然后将头发分成多股，编出好看的图案，结成蒲团状，盘在脑后，并用多根发夹固定，讲究的人还要罩上黑色细丝网。这种发型庄重大方，具有民族特色。

图3－38 梳巴巴头

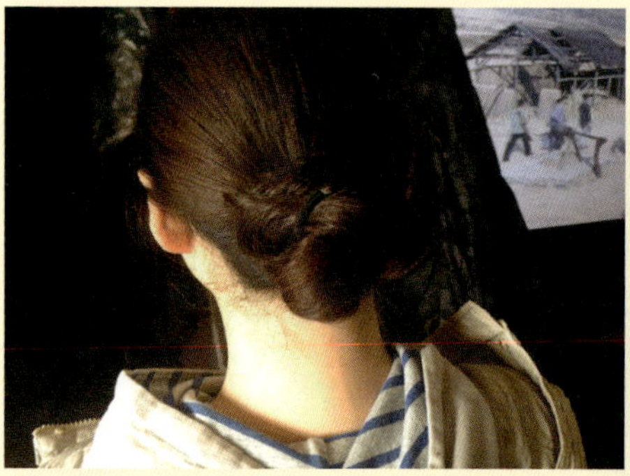

图3－39 巴巴头正面

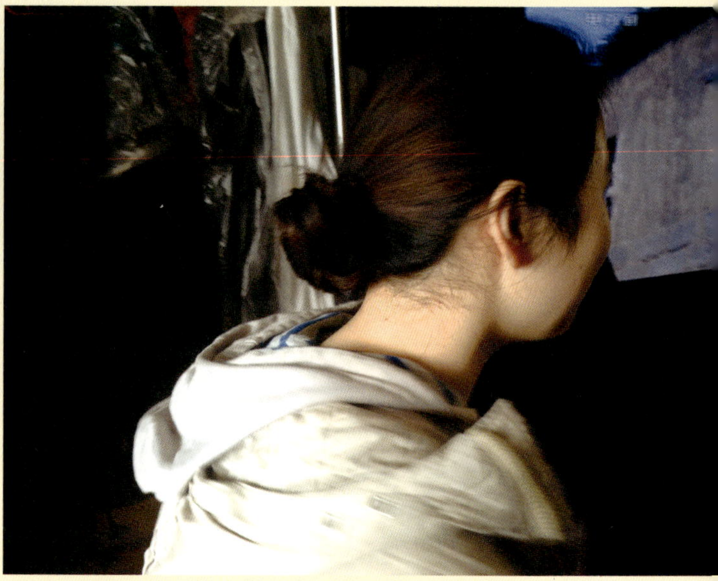

图3－40 巴巴头侧面

刨花水 [pɔ^{44}xuɑ^{31}suəi^{11}]

刨花水是过去流行的一种“化妆品”，被南京城内及近郊江宁妇女普遍使用。制作方法是取三五卷木器行师傅刨下的刨花，放入清水中浸泡数日，待刨花泛出一种淡红色，且水质略稠时，即可使用。樟木具有天然香味，是制作刨花水的最佳材质。刨花水既能固定发型，还能保持头发清洁。使用时取一柄旧牙刷，蘸上适量刨花水，将头发打湿，再用篦子梳理成形。

图3－41 刨花

图3－42 刨花水

图3－43 蘸刨花水梳头

梳头油 [su^{31}t^{h}əɯ^{24}iəɯ^{24}]

20世纪50年代末，南京市场上出现一种梳头油，其沁人的香味和适中的价格很快被南京人接纳，取代了此前流行的刨花水。梳头油无色透明，略有黏稠，常装在长方形细口玻璃瓶中，有桂花、玫瑰两种香味。使用时在掌心滴上几滴，用指尖抹匀，搽在头发上即可。

图3－44 瓶装梳头油

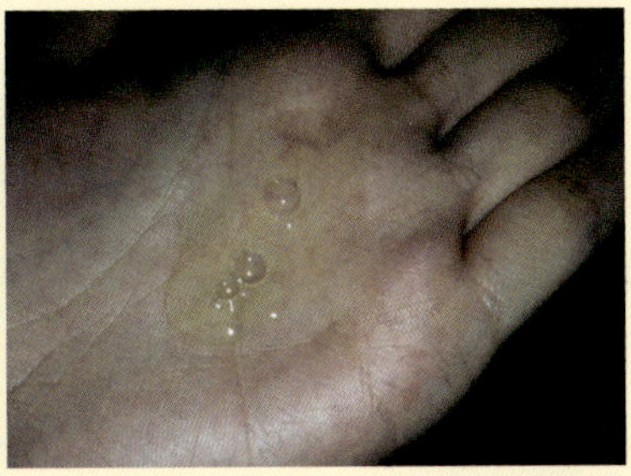

图3－45 梳头油

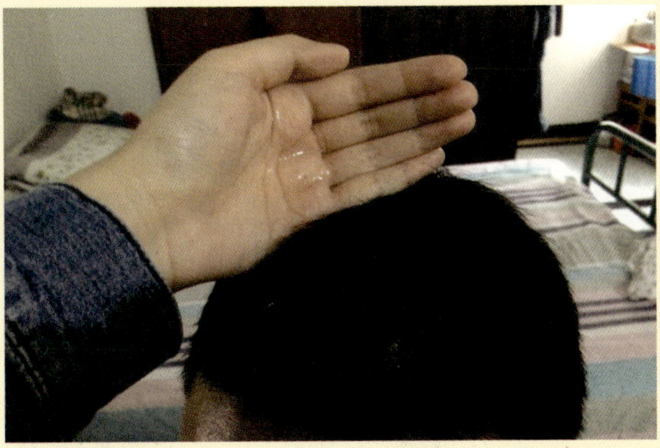

图3－46 搽梳头油

帽箍 [mɔ^{44}ku^{31}]

旧时南京秋冬季节，家境较好的中老年妇女戴帽箍。帽箍由两片中间宽两头窄的布带在额前、脑后相连而成，左右对称，形似扁鱼。前面通常用珍珠、玻璃珠或玉装饰，后部钉带子，便于系扎。帽箍结构、款式差别不大，一般为黑平绒面、白棉布里衬上硬布骨，只有用料档次或有无花边的区别。帽箍比帽子更简易合理：头部无顶，可以保持发型妆饰；两侧宽厚，保温效果很好。

图3－47 帽箍

包头布 [pɔ^{31}t^{h}əɯ^{24}pu^{44}]

过去南京四郊农妇常戴的一块蓝黑深色长条棉布，比毛巾略长，有鹰翅、蝉蜕、花叶等包扎样式，通常自行裁制，讲究一些的还会在上面绣花、绣字。包头布有御寒、挡风沙、保持发型的功能。

歪歪蜜 [uɛ^{31}uɛ^{0}miʔ^{5}]/**歪歪油** [uɛ^{31}uɛ^{0}iəɯ^{24}]

旧时，节俭的南京劳动者会自制冬季防冻护肤品。郊区菜农将收获的蓖麻种子榨油，到冬天液体凝固，装入“歪歪壳”[uɛ^{31}uɛ^{0}k^{h}oʔ^{5}]中使用。虽外形土气，气味难闻，但绿色健康。另外，江宁、溧水及高淳等郊县的一些农民将老母猪肥膘炼油，制成护肤品装入铁盒。自制防冻护肤品能有效防止皮肤皲裂出血，是体力劳动者御寒防护的重要工具。

20 世纪 50 至 60 年代，老南京常用的护肤化妆品为“歪歪蜜”。新街口、三山街、雨花路等地的大小商店均有销售。歪歪蜜装在贝壳内，因南京人以“歪歪”称贝壳类动物，所以称为“歪歪蜜”或“蛤蜊油”[xaʔ^{5}li^{0}iəɯ^{24}]。它是一种蜂蜜状的防护化妆品，半透明色，掺有香料，多为年轻人购买。“歪歪油”比“歪歪蜜”含油量高，能更有效地防皴裂，且价格低于“歪歪蜜”，多为中老年人购买。

图3－48 歪歪油

图3－49 打开的歪歪油

图3－50 凤仙花汁

包指甲 [pɔ^{31}tʂʅ^{11}tɕiaʔ^{5}]

20 世纪中期，南京女子喜欢包指甲。她们将凤仙花花瓣收集起来，用细木棍捣出汁，加盐或明矾包在指甲上，鲜艳美观。

包指甲十分讲究：用自己亲手种植的凤仙花捣出花汁；用韧性最佳的苎麻叶作包指甲的绳子；包染时间只能在天黑后，将花汁仔细涂抹在洗干净的指甲上，由母亲或姐妹用干净纱布包好指甲，第二天早上再揭开。一年中仅仲夏适宜包指甲。凤仙花染的红色无法靠洗、刮除掉，只能等指甲长长再剪去。如果包染迟了，到春节前红指甲还没消失，老南京会说是“灶老爷告上天，天兵天将要来砍指头”[tso^{31}lɔ^{11}iɛ^{0}kɔ^{44}sã^{44}t^{h}iɛ̃^{31}，t^{h}iɛ̃^{44}pin^{31}t^{h}iɛ̃^{31}tɕiã^{44}iɔ^{44}lɛ^{24}k^{h}ã^{24}tʂʅ^{11}t^{h}əɯ^{24}]。

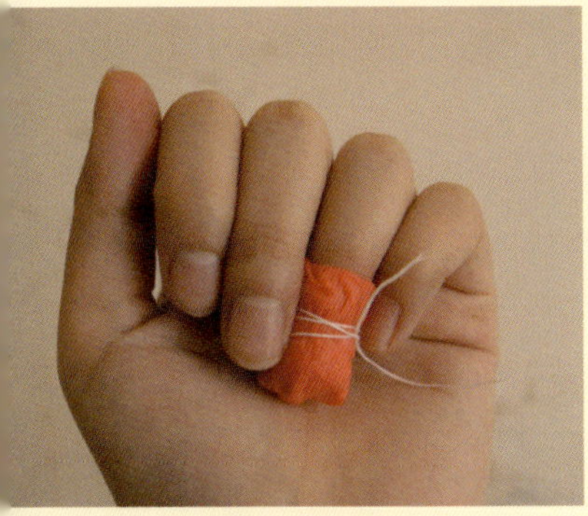

图3－51 包指甲

20 世纪 70 年代末，南京一些爱美的姑娘用月季花包指甲。

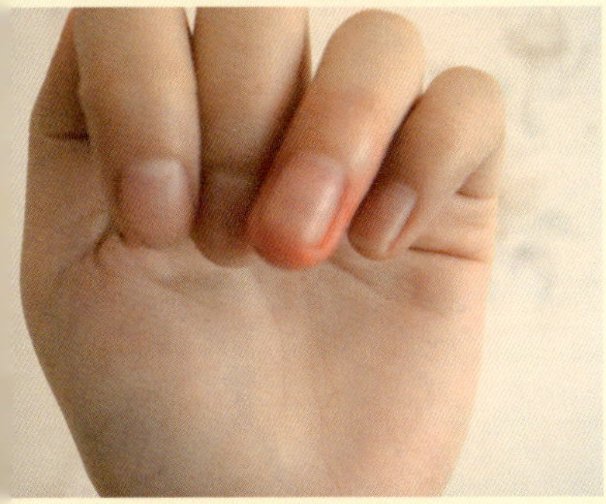

图3－52 染色的指甲

长命锁 [ts^{h}ã^{24}min^{44}so^{11}]

南京地区，外婆要给刚出生的外孙送长命锁，寓意长命富贵。长命锁源于长命缕。长命缕是一种五彩丝绳，古代端午节挂在小孩手臂上或胸前，寓意免除瘟病，小孩健康成长、长命百岁。长命缕又称长命索，“索”与“锁”谐音，因此演变成长命锁。

长命锁外表呈古锁状，有圆形、椭圆形等，一般长 10 至 14 厘米，宽 6 至 8 厘米，用项链或丝带穿入锁中，形成一个圈，挂于幼儿脖上。富贵人家多以金打造，有金片制成的空心锁和金块錾成的实心锁两种。小康之家多用银打制，银锁正反面有文字和图案，正面刻“长命百岁”“长命富贵”等字样，反面刻“麒麟送子”“和合二仙”“年年有余”等吉祥图案。民间有种“百家锁”，是向各姓人家讨几文钱或找一乞丐换小钱百文打制而成的。最简单的长命锁为一根红绳下坠一古钱，多为贫家孩子所戴。南京市民俗博物馆藏有“长命富贵锁”。

图3－53 年年有鱼银锁

图3－54 长命富贵银锁

肆·饮食起居

图4－1 梅花糕

南京的饮食文化丰富多彩，风格独特。

南京人喜食米饭，主食以大米为主，配以小麦、面粉及其他杂粮。根据米的种类不同，米饭可分为粳米饭、糯米饭等；根据做法的不同，有粽子、锅巴、元宵、米花、糍饭等小吃。面粉多制成面条、馒头、烧饼、包子、油条、馄饨、烫面饺等。许多糕点小吃（如米糕、发糕等）也多以米、面为原料。

南京的副食品多种多样，有各式点心、糖果、蜜饯。风味小吃颇具特色，著名的有翡翠烧卖、鸭油烧饼、鸭血粉丝汤、卤干丝等。

金陵菜又称“京苏菜”，与淮扬菜、苏式菜共同构成江苏菜系。金陵菜烹调方式以炖、焖、叉、烤为主。特别讲究“七滋七味”，即酸、甜、苦、辣、咸、香、臭；鲜、烂、酥、嫩、脆、浓、肥。尤以原汁原味、咸淡适宜、形脆质软著称，名菜有金陵三炖（炖生敲、炖菜核、炖鸡孚）、金陵三叉（叉烤鸭、叉烤鳜鱼、叉烤酥方）、松鼠鱼、蛋烧卖、美人肝、凤尾虾、桂花鸭等。

南京茶类久负盛名，产于南郊雨花台一带的雨花茶是中国十大名茶之一。另有糖茶、松子茶、元宝茶等，蕴含丰富的文化含义。

值得一提的是，南京的“鸭文化”特别丰富。被戏称为“鸭都”的南京，其制鸭技术早在1400多年前的南朝时期就有记载。南京俗语云“无鸭不成席”，鸭肴闻名全国，除金陵烤鸭外，板鸭、盐水鸭、烧鸭、金陵酱鸭、香酥鸭、八宝珍珠鸭、咸鸭肫等也各具特色。其他地方不常吃的鸭的部位，南京人却能做成美食，用鸭胰脏制成的“美人肝”被誉为“金陵四大名菜”之一。

由于南京历史悠久，佛教盛行，因此素食文化很有特色。南京市区的鸡鸣寺是素食文化的发源地之一，较有特色的是“素食荤吃”，如“素烧鹅”“素鸡面”“素牛柳”等。

南京美食种类繁多，营养丰富，在国内外颇负盛名。许多老字号以其特色美食吸引着众多食客，其中有状元楼、清真马祥兴菜馆、奇芳阁、蒋有记、南京大排档等。

南京自古文人墨客众多，许多传统美食与历代文化名人有关，如胡小石先生酷爱美食，“胡先生豆腐”在南京广为流传。

南京地区有关饮食的习俗多种多样，文化内涵深厚。如“一女不喝二家茶”，吃饭不能捧“碗头”，忌“跑马”，等等。此外，旧时南京婚丧嫁娶的宴席风俗也有很多特色，但随着经济发展、人们生活水平提高和人口流动加快，一些习俗现已慢慢发生改变，或被西化，或已消失。

一　主食糕点

糊搭子 [xu^{11}tɑʔ^{5}tsɿ^{0}]

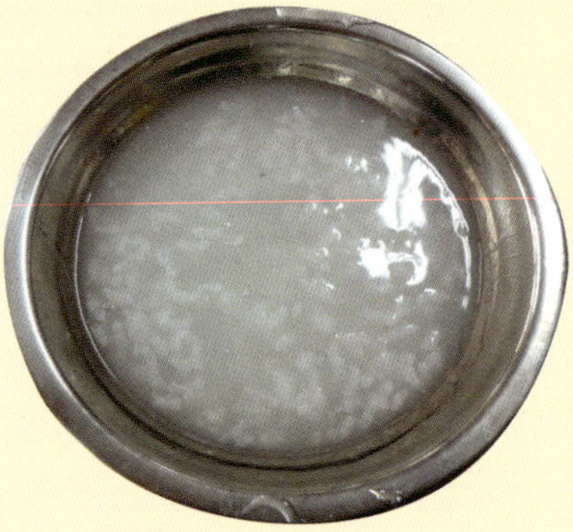

图4－2 糊搭子

南京的一种特色主食，做法是在锅里放入米粉或者面粉，煮成糊状即成。旧时生活条件不好，用此方法方便省时。在居民经济条件改善的今天，随着米面产量日益增加，糊搭子已不多见，逐渐被米饭、馒头等主食取代。

南京主食以大米为主，干为“饭”，稀为“粥”。饭的种类繁多，有白饭、焖饭、泡饭（米饭放入开水烧开，又称“烫饭”[tʰã^{44}fã^{44}]）；粥也有白米粥、八宝粥、菜粥等。此外，南京人称一种比粥干、比饭稀的食物为“干粥烂饭”[kã^{44}tsəɯ^{31}lã^{44}fã^{44}]。

糯米糍饭 [lo^{44}mi^{11}tsʰɿ^{24}fã^{44}]

又称“糍粑”[tsʰɿ^{24}pɑ^{31}]，是一种在南京流传甚广的特色小吃。先浸泡糯米，蒸熟后压成方块，入油锅炸制而成。成品外呈金黄色，内呈乳白色，口感外酥内软。糯米糍粑旧时多见于街头巷尾的小摊，现以店面经营为主。

除了糯米糍饭以外，糯米制成的食物还有粽子（有肉粽、火腿粽、枣棕等）、元宵、年糕、麻团等。

图4－3 糯米糍饭

图4－4 麻团

欢喜团 [xuã^{31}ɕi^{11}tʰuã^{24}]

欢喜团是老南京人过年必备的糕点，亦流行于江淮一带。南京歌谣这样唱："拜年拜年，好活在前；洋糖一包，十三两五钱；头一磕，有吃有喝；手一伸，瓜子花生；脚一翘，橘子香蕉；要走要走，欢喜团到手；多谢多谢，明年再会。"[pɛ^{44}liɛ̃^{24}pɛ^{44}liɛ̃^{24}，xɔ^{11}xuɛʔ^{5}tsɛ^{44}tɕʰiɛ̃^{24}；iã^{24}tʰã^{24}iʔ^{5}pɔ^{31}，ʂʅʔ^{5}sã^{31}liã^{11}u^{11}tɕʰiɛ̃^{24}；tʰəɯ^{24}iʔ^{5}kʰoʔ^{5}，iəɯ^{11}tʂʰʅʔ^{5}iəɯ^{11}xoʔ^{5}；səɯ^{11}iʔ^{5}sən^{31}，kuɑ^{31}tsʅ^{11}xuɑ^{44}sən^{31}；tɕyoʔ^{5}iʔ^{5}tɕʰiɔ^{44}，tɕyʔ^{5}tsʅ^{0}ɕiã^{44}tɕiɔ^{31}；iɔ^{44}tsəɯ^{11}iɔ^{44}tsəɯ^{11}，xuã^{31}ɕi^{11}tʰuã^{24}tɔ^{44}səɯ^{11}；to^{31}ɕie^{44}to^{31}ɕie^{44}，min^{24}liɛ̃^{24}tsɛ^{44}xuəi^{44}]《金陵物产风土志》云："岁聿云暮，宜备糇粮。取糯米杂沙干炒之，去其沙，曰炒米。蒸而干之，和以饴糖，搁之使圆，曰欢喜团。"欢喜团呈白色，球形，点上红点以示喜庆。春节期间访亲问友，主人以此招待客人，可直接咬着吃，香脆可口；也可以开水冲泡食用。"平时吃的不一定点红点，叫'炒米团'[tsʰɔ^{24}mi^{11}tʰuã^{24}]或'炒米粑粑'[tsʰɔ^{24}mi^{11}pɑ^{31}pɑ^{0}]。"（李荣《南京方言词典》）欢喜团又"甜"又"发"，象征喜庆和团圆。

图4－5 欢喜团

赤豆酒酿小元宵 [tʂ^{h}ʅʔ^{5}təɯ^{44}tɕiəɯ^{11}liã^{24}ɕiɔ^{11}yɛ̃^{24}ɕiɔ^{31}]

赤豆酒酿小元宵在南京十分流行。小元宵是一种没有馅的小汤圆，如樱桃大小，南京人戏称为“乌龟子子”[u^{44}kuəi^{31}tsʅ^{11}tsʅ^{0}]。赤豆酒酿小元宵的做法较为简单，先将红豆煮熟，然后加入小元宵、酒酿，再根据口味加入适量白砂糖即可食用。此外，也可盛碗后撒上晒干的桂花花瓣，称“桂花赤豆酒酿小元宵”[kuəi^{44}xuɑ^{31}tʂ^{h}ʅʔ^{5}təɯ^{44}tɕiəɯ^{11}liã^{24}ɕiɔ^{11}yɛ̃^{24}ɕiɔ^{31}]。此小吃口感独特，元宵甜糯，赤豆软烂，桂花香气扑鼻，是一道不可多得的美食。

图4－6 赤豆酒酿小元宵

还有一种有馅的小元宵，称为“夹心小元宵”[tɕiɑʔ^{5}ɕin^{31}ɕiɔ^{11}yɛ̃^{24}ɕiɔ^{31}]，将松子、桃仁、瓜子仁、芝麻等碾碎，加白糖做馅心，经淋粉颠摇制成，可水煮后加白糖、桂花等食用。

清明团 [tɕ^{h}in^{31}min^{24}t^{h}uã^{24}]

又称为“春团”[ts^{h}uən^{31}t^{h}uã^{24}]或“青团”[tɕ^{h}in^{31}t^{h}uã^{24}]，一种在清明节前后食用的小吃。明朝杭嘉一带有移民迁至南京，清明食青团之俗随之在南京流行起来。老南京人制作清明团的方法特别讲究，把艾叶捣成糊状或只取其汁，掺入糯米粉中，拌匀后揉成乒乓球大小的团子，馅料可甜可咸，最后蒸制而成。清明团颜色油绿，口感软糯，是南京市民必不可少的小吃。清明团除自食外，也可赠与邻里亲友，以示友善。

图4－7 清明团

图4－8 豆沙馅清明团

鸭油烧饼 [iɑʔ^{5}iəɯ^{24}sɔ^{31}pin^{11}]

图4－9 鸭油烧饼

鸭油烧饼是南京本地特色小吃之一。南京人喜食鸭子，因此用鸭油制作烧饼。鸭油是从鸭的脂肪块里炼出的油，常用于南京特色菜的烹制和烧饼的制作，清真菜馆尤其常用。

鸭油烧饼是用鸭油和面粉按一定比例和成面剂，加入馅料，再沾上芝麻等进炉烤制，至澄黄酥香时即可出炉，其选料、制作、火工、质量均很讲究。出炉的烧饼层次分明，入口香酥，余味久存。

本地有两种比较有名的鸭油烧饼，一种是蟹壳黄（烧饼），“文火熏烤后鼓起，形如螃蟹，表面深黄色，近似熟蟹壳，是夫子庙永和园清真茶社的传统点心”；一种是草鞋底酥烧饼，“形似草鞋底，烤成后色泽金黄，是夫子庙奇芳阁清真茶社的传统点心”（李荣《南京方言词典》）。

小煮面 [ɕiɔ^{24}tsu^{11}miɛ̃^{44}]

南京人喜食小煮面，先将面条在大锅内煮沸捞起，再在小锅内放入青菜、佐料，和汤一起盛入碗中。南京小煮面的一大特点是不放酱油。现今一般餐馆里的三鲜面、肉丝面等是小煮面，而不是加上浇头（南京人称覆盖在面条或米饭上的菜肴为“浇头”[tɕiɔ^{31}t^{h}əɯ^{0}]）的汤面。

图4－10 小煮面

南京面食种类十分丰富，除小煮面外，还有馒头、挂面、阳春面、三鲜面、肉丝面、鸡蛋面、素面、面皮、面疙瘩等。

贴炉面筋 [t^{h}iɛʔ^{5}lu^{24}miɛ̃^{44}tɕin^{31}]

南京面筋种类多样，有油面筋、水面筋、贴炉面筋、臭面筋等，比较有特色的是贴炉面筋，又称为“挂炉面筋”[kuɑ^{44}lu^{24}miɛ̃^{44}tɕin^{31}]。制作方法是把小球状的面筋穿在一起放入炉内烤，使其膨胀。

图4－11 贴炉面筋

鸡汁汤包 [tɕi^{44}tʂʅ^{31}t^{h}ã^{44}pɔ^{31}]

鸡汁汤包是南京特色小吃之一，尤以尹氏鸡汁汤包最为著名。鸡汁汤包的做法是先将鸡汤凝为固体做成馅料。做成后，上笼热气一蒸，化成汤汁。汤包皮薄如纸，呈半透明状，提起皮不破。一般吃法是先放在醋碗里，然后吸汤汁。南京人吃汤包还有口诀：“轻轻提，慢慢移；先开窗，后喝汤。”[tɕ^{h}in^{44}tɕ^{h}in^{31}t^{h}i^{24}，mã^{44}mã$^{0;24}$；ɕiɛ̃^{44}k^{h}ɛ^{44}ts^{h}uã^{31}，xəɯ^{44}xɛʔ^{5}t^{h}ã^{31}] 鸡汁汤包皮薄馅多、汤汁鲜美，多配鸭血粉丝汤食用，很受南京市民欢迎。

牛肉锅贴 [liəɯ^{24}zəɯ^{44}ko^{31}t^{h}iɛʔ^{5}]

牛肉锅贴是南京地区著名的清真小吃。形状如饺子，用平底锅煎炸至金黄即成。盛盘的牛肉锅贴底部香脆，上部柔软，牛肉馅味道鲜美，别具风味。牛肉锅贴以南京老字号“蒋有记”最为著名，有八大特色：牛肉新鲜料子好，肉馅剁得细，佐料配得好，馅子拌得稀稠适中，皮薄而不破，煎得透而不焦，馅多包得匀，饺肉多汁带卤（俞允尧《秦淮古今大观》）。

除了牛肉锅贴，其他肉类如鸡肉、猪肉等馅料制作的锅贴，在南京的街头巷尾也随处可见。

图4－12 鸡汁汤包

图4－13 牛肉锅贴

翡翠包 [fəi^{11}ts^{h}uəi^{44}pɔ^{31}]

翡翠包是南京什锦素菜包的美称，油足而不腻、味甜而清香，南京老字号餐馆“奇芳阁”的尤为著名。

什锦素菜包馅料十分丰富，除了时令蔬菜外，还有豆腐干、金针菇、木耳、笋丁、芝麻油等。翡翠包皮薄馅翠，味鲜爽口，颇有知名度。

图4－14 翡翠包

茭儿菜烫面饺 [tɕiɔ^{31}er^{24}ts^{h}ɛ^{44}t^{h}ã^{44}miɛ̃^{44}tɕiɔ^{11}]

茭儿菜烫面饺是南京著名时令小吃，也是南京老字号“奇芳阁”名点。值五月茭儿菜上市之际，以其作馅，配以贴炉面筋、木耳、芝麻等，烫面包饺，上笼蒸制。此小吃皮薄馅嫩，汤汁丰富。民国时期就很出名，获得胡小石、张恨水、傅抱石等文化名人的青睐。除茭儿菜烫面饺外，其他种类的烫面饺在南京地区也很多见。

图4－15 翡翠烧卖

翡翠烧卖 [fəi^{11}ts^{h}uəi^{44}sɔ^{31}mɛ^{44}]

翡翠烧卖是江苏传统名点，由扬州市富春茶社创始人陈步云首创，是扬州点心双绝之一，后传至南京，现也成为南京名点。

普通烧卖常由糯米和肉丁制成，而翡翠烧卖由青菜略煮后剁成泥制成。翡翠烧卖成品色如翡翠，咸中带甜，风味独特。

金陵套饼 [tɕin^{31}lin^{24}t^{h}ɔ^{44}pin^{11}]

南京人在中秋时节常制作金陵套饼。中秋之夜，合家赏月称“庆团圆”[tɕ^{h}in^{44}t^{h}uã^{24}yɛ̃^{24}]，团坐聚饮叫“圆月”[yɛ̃^{11}yɛʔ^{5}]。八月十五夜，全家聚饮同吃团圆饭，如有亲属未归，席上必置杯。祀月之余，全家再吃月饼，俗称“团圆饼”[t^{h}uã^{24}yɛ̃^{24}pin^{11}]，意为团聚，将“圆月”之仪推向最高潮。月饼以“赖月月饼”“金陵套饼”为上乘。“金陵套饼”将大小不同的月饼分层堆叠，顶部以一寿桃作点缀，状如宝塔且滋味绝佳。

状元豆 [tsuã^{44}yɛ̃^{24}təɯ^{44}]

状元豆是南京夫子庙特色小吃之一。相传清朝乾隆年间，居住在城南金沙井旁小巷内的寒士秦大士，因家境贫寒，每天读书到深夜，其母就煮黄豆给他作夜宵。黄豆加上红曲米、红枣煮好后，用小碗装好，上面加一颗红枣，以此勉励他好好读书，将来好中状元。后来，秦大士中了状元，此事传开，状元豆便出了名。一些小贩利用学子的这种心理，在夫子庙江南贡院附近卖状元豆，讨口彩说“吃了状元豆，好中状元郎”。状元豆咸甜软嫩，呈紫檀色，富有弹性。

图4－16 状元豆

旺鸡蛋 [uã^{44}tɕi^{31}tã^{44}]

旺鸡蛋，又名“毛鸡蛋”[mɔ^{24}tɕi^{31}tã^{44}]，过去是南京街头巷尾的传统小吃。将孵化失败的鸡蛋清水煮熟，剥壳蘸盐食用。“旺鸡蛋”按其孵化程度，分为“全蛋”[tɕʰyɛ̃^{24}tã^{44}]、“半鸡半蛋”[pã^{44}tɕi^{31}pã^{44}tã^{44}]和“全鸡”[tɕʰyɛ̃^{24}tɕi^{31}]三种。老南京人认为其味美且滋补，但是由于卫生管理等各种原因，旺鸡蛋现已不太常见。

糖藕粥 [tʰã^{24}əɯ^{11}tsəɯ^{31}]

糖藕粥是南京老少皆喜食的特色小吃，一般由糯米煮成，既黏稠又颗粒分明。粥中放入红糖，再加大节藕段，食用时，用特制的铜片将藕段切成薄片，拌入粥中。藕呈淡紫色，米粒则呈淡绿色，由于火候恰到好处，米粒分明，粥韧而不糊。此小吃清香飘溢，甜而不腻，回味悠长。

图4－17 旺鸡蛋小摊

图4－18 旺鸡蛋

图4－19 制作蜜汁藕

还有一种叫作蜜汁藕的小吃，原料类似，将糯米和粳米塞入藕中煮制。因常放桂花，所以也叫桂花糖藕。

鸭血粉丝汤 [iɑʔ^{5}ɕyɛʔ^{5}fən^{11}sʅ^{44}tʰã^{31}]

鸭血粉丝汤是南京特有的风味小吃。一般由鸭血、鸭肝等加入鸭汤和粉丝制成，然后浇上芝麻油，撒上碎芫荽，即成一碗鸭血粉丝汤。鸭血粉丝汤营养价值高，口感鲜香。食客可根据自身口味爱好加上辣油或者醋，一般配鸡汁汤包或者鸭油烧饼一起食用。旧时街头巷尾常由小贩挑担贩卖，现在已不多见，而多以连锁店面、小摊经营为主。

图4－20 鸭血粉丝汤

号称“无鸭不成席”的南京人喜欢吃鸭，吃鸭的方法多，而且很讲究。除了将整鸭做成烤鸭、酱鸭、盐水鸭外，鸭头、鸭脖、鸭肠、鸭四件（鸭的两只翅膀和两条腿）、鸭心、鸭肝、鸭胗等也可被做成美味。这些既可以单吃，又可以和鸭血做成汤一起食用。

桂花糖芋苗 [kuəi^{44}xuɑ^{31}tʰã^{24}y^{44}miɔ^{24}]

桂花糖芋苗是南京著名甜点。旧时南京城中，常见小贩挑担叫卖于街头巷尾，和桂花蜜汁藕、梅花糕、赤豆酒酿小元宵一同被誉为南京四大最有人情味的街头小食。

桂花糖芋苗以新鲜芋苗为主要原料，蒸熟剥皮后加上特制的桂花糖浆，在大锅里慢慢熬制。由于煮时放碱，芋苗出锅后颜色发红，鲜亮诱人，又因加入桂花糖浆，闻之香味扑鼻，食之唇齿留香。

图4－21 桂花糖芋苗

梅花糕 [məi^{24}xuɑ^{44}kɔ^{31}]

梅花糕是南京特色风味小吃。梅花糕起源于明朝，相传清乾隆皇帝下江南时见其色泽诱人，入口甜而不腻、软脆适中、回味无穷，因形如梅花，便赐名梅花糕，流传至今。梅花糕用豆沙、鲜肉、猪油、玫瑰等制成馅心，注上面浆，撒上白糖，上糕模烤熟。今天的南京梅花糕在继承传统制法的同时，又加入小元宵、青红果、松子仁等，配置方法多样，成品外焦里嫩，味道鲜美。

图4－22 制作梅花糕

二　菜肴

金陵菜 [tɕin^{31}lin^{24}ts^{h}ɛ^{44}]

金陵菜又称为“京苏菜”[tɕin^{44}su^{31}ts^{h}ɛ^{44}]或“江宁菜”[tɕiã^{31}lin^{24}ts^{h}ɛ^{44}]，主要指以南京为中心的地方菜。金陵菜起源于先秦，隋唐已负盛名，至明清遂成流派。金陵菜原料多以水产为主，注重鲜活，刀功精细，善用炖、焖、烤、煨等烹调方法，讲究“七滋七味”[tɕiʔ^{5}tsɿ^{31}tɕiʔ^{5}uəi^{44}]。菜品细致精美，格调高雅。主要名菜有金陵三炖、金陵三敲等，还有颇负盛名的南京鸭馔，包括桂花鸭、烤鸭、卤鸭、料烧鸭等。

金陵三炖 [tɕin^{31}lin^{24}sã^{31}tuən^{44}]

炖生敲[tuən^{44}sən^{44}tɕ^{h}iɔ^{31}]、炖菜核[tuən^{44}ts^{h}ɛ^{44}xoʔ^{5}]、炖鸡孚[tuən^{44}tɕi^{31}fuʔ^{5}]合称为“金陵三炖”，三者均为南京传统风味名菜，颇负盛名。

金陵炖生敲已有三百余年的历史。传统的制法是将鳝鱼活杀去骨，用木棒敲击鳝肉，使肉质松散，故名生敲。后加猪肋条肉，辅以葱、姜、绍酒等一起炖煮。该菜成型皮白油润，肉嫩微红，富有韧性。用筷子夹起两端，下垂而不断，食之酥烂入味，入口即化，滋味醇厚，被誉为传统京苏菜的杰作之一。

炖菜核以青菜名种“矮脚黄”[ɛ^{11}tɕyoʔ^{5}xuã^{24}]为主要原料。矮脚黄叶肥、梗白、心黄、无筋，佐以熟火腿、香菇、冬笋、鸡脯肉等，放入砂锅中炖煮。此菜制成成品后菜心仍是完整的，汤味醇厚。

清炖鸡孚是南京地区脍炙人口的一道名肴。以鸡腿、猪肉为主料，用传统清炖方法烹调而成，汤汁清澄醇厚。

图4－23 炖生敲

金陵三叉 [tɕin^{31}lin^{24} sã^{44}ts^{h}ɑ^{31}]

叉烤是烧烤的一种，将腌渍入味或抹了糖浆的原料用叉子叉住，或用其他方法固定在叉上，在明火炉具上不断翻动叉子，调整原料与火的远近距离加热成菜。叉烤鸭[ts^{h}ɑ^{31}k^{h}ɔ^{11}iɑʔ^{5}]、叉烤鳜鱼[ts^{h}ɑ^{31}k^{h}ɔ^{11}kuəi^{44}y^{24}]、叉烤酥方[ts^{h}ɑ^{31}k^{h}ɔ^{11}su^{44}fã^{31}]合称为“金陵三叉”。

叉烤鸭是用鸭子为主料，将腌制后的雪里蕻填入鸭腹，调以麦芽糖，用叉烤的方法制成。成品的叉烤鸭颜色绛红，肉香浓郁，入口嫩滑，深受广大食客喜爱。叉烤鳜鱼以活鳜鱼为主要原料，辅料为笋丝、猪肉丝、鸡蛋等。叉烤酥方以猪肋条肉为主要原料，调以麻油、绵白糖、甜酱等，用叉烤方法制成，配以葱、甜酱及空心饽饽（一种面制的饼饵）食用。此菜皮面松脆，肉质干香酥烂，油而不腻。

凤尾虾 [fən^{44}uəi^{11}ɕiɑ^{31}]

凤尾虾由南京清真马祥兴菜馆首创，与松鼠鱼、蛋烧卖、美人肝并称为“金陵四大名菜”。凤尾虾的制作历史悠久，《白门食谱》记载：“至凤尾虾之作法，系虾之上半去壳，下半仍留，炒熟时，上白而下红，宛如凤尾。”

此菜主料为河虾，以鸡蛋清和豌豆作辅，用鸭油炒成。成品虾肉洁白，尾壳鲜红，形似凤尾，衬以青豆，色彩艳丽，咸鲜味美。

图4－24 凤尾虾

美人肝 [məi^{11}zʅən^{24}kã^{31}]

美人肝是南京传统名菜，由鸭的胰脏（南京话称为“胰子白”[i^{11}tsʅ^{0}pɛʔ^{5}]）做成，菜色乳白，卤汁紧裹，入口鲜嫩。

美人肝创制于20世纪20年代，据传有人在马祥兴清真馆预定一桌酒席，但厨师少配了一个菜，想重新配菜时已无原料，后厨师灵机一动，把鸭胰脏配上鸡脯肉用鸭油爆炒，大受顾客赞扬。顾客问其菜名，小伙计见菜品相俱佳，随口说出“美人肝”，此菜名声不胫而走。美人肝是清真菜马祥兴菜馆的四大名菜之一，别名“美味肝”。

图4－25 美人肝

图4－26 板鸭

板鸭 [pã^{11}iɑʔ^{5}]

板鸭是南京特产，又称“盐水鸭”[iɛ̃^{24}suəi^{11}iɑʔ^{5}]。板鸭的历史由来已久，早在明朝时，南京就流传“古书院，琉璃塔，玄色缎子，咸板鸭”[ku^{11}su^{31}yɛ̃^{44}，liəɯ^{24}li^{24}tʰɑ^{11}，ɕyɛ̃^{11}sɛʔ^{5}tuã^{44}tsʅ^{0}，ɕiɛ̃^{24}pã^{11}iɑʔ^{5}]的歌谣。板鸭最初源自素有“小南京”之称的江宁湖熟镇，现仍有歌谣为证：“板鸭香四方，湖熟是故乡。江宁玉鸭绝清香，海碗盛来金箔光。”[pã^{11}iɑʔ^{5}ɕiã^{31}sʅ^{44}fã^{31}，xu^{11}suʔ^{5}ʂʅ^{44}ku^{44}ɕiã^{31}。tɕiã^{31}lin^{24}y^{44}iɑʔ^{5}tɕyɛʔ^{5}tɕʰin^{44}ɕiã^{31}，xɛ^{24}uã^{11}tsʰən^{24}lɛ^{24}tɕin^{31}poʔ^{5}kuã^{31}]

板鸭的制作方法是：把鲜鸭盐渍后压成板状，悬挂风干，煮食之前先用清水浸泡，以去除多余的咸味，再进行烹煮调制。南京盐水鸭皮白肉嫩、不肥不腻，具有香、酥、嫩的特点。

另外有一种板鸭是在秋天桂花开放的时候（农历八月）制作的，人们普遍认为那时候的鸭子吃了遗留在稻田里的谷粒和桂花树落下的花瓣，肉中有桂花的香味，且肉质最为香嫩肥美，这样的盐水鸭被称为“桂花鸭”[kuəi^{44}xuɑ^{31}iɑʔ^{5}]。《白门食谱》云：“金陵八月时期，盐水鸭最著名，人人以为肉内有桂花香也。”现今“桂花鸭”已成为南京盐水鸭的著名品牌之一。

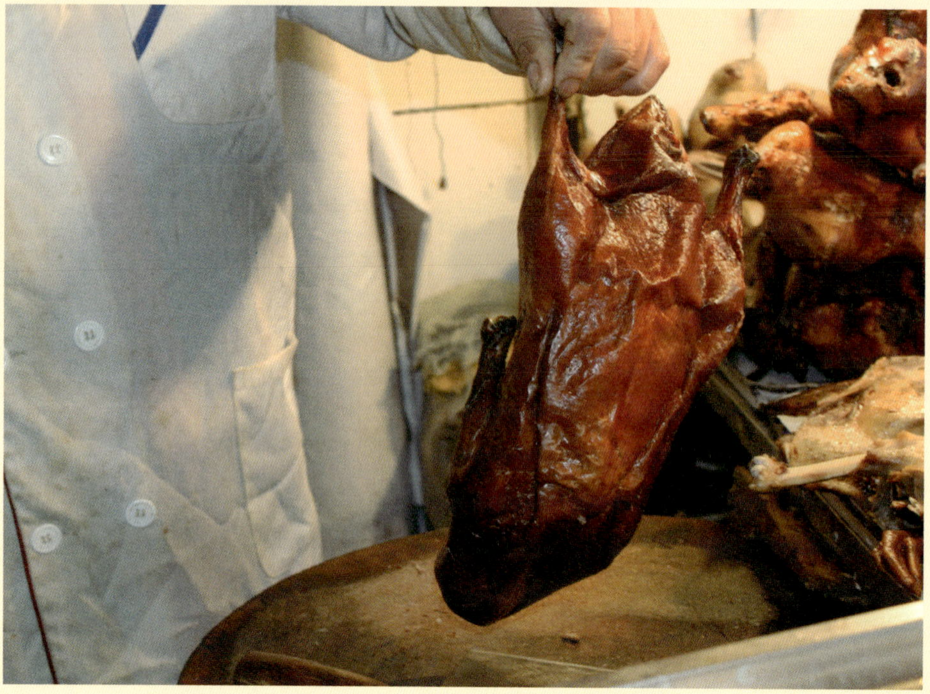

图4－27 烤鸭

烤鸭 [kʰɔ¹¹iaʔ⁵]

烤鸭是南京的传统名菜，据说现在著名的北京烤鸭即源于此。明朱元璋建都南京后，明宫御厨取用南京肥厚多肉的湖鸭制作菜肴。为了增加鸭菜的风味，采用炭火烘烤，即取名为“烤鸭”。15世纪初，明成祖朱棣迁都北京，烤鸭技术由御膳自南向北带入北京，后在南京烤鸭技术的基础上进行加工改进，进一步发展成为著名的北京烤鸭。

南京烤鸭的制作方法是将鸭子加作料调制，晾好后挂入烤炉中烤熟。烤好的鸭子呈酱红色，口感极佳，肥而不腻，肉鲜皮香，外酥里嫩，色、香、味俱全。

另有“香酥鸭”[ɕiã⁴⁴su³¹iaʔ⁵]，鸭子经调味品腌渍，再放入蒸笼蒸熟，最后经油炸而成。整只鸭子色泽红亮，吃起来皮酥肉嫩，在南京颇为流行。此菜也是清真马祥兴菜馆的名菜。

八宝鸭 [paʔ⁵pɔ¹¹iaʔ⁵]

八宝鸭是南京及江苏地区的特色菜肴，因在鸭腹内塞入的原料有糯米、肉末、火腿等，又称“糯米八宝鸭”[lo⁵mi¹¹paʔ⁵pɔ¹¹iaʔ⁵]。八宝鸭营养丰富，健脾开胃，滋阴补虚。

南京有“鸭都”之称，除了八宝鸭、盐水鸭、烤鸭外，还有黄焖鸭、料烧鸭等，均是南京百姓餐桌上经常出现的菜肴。

旱八鲜 [xã^{44}pɑʔ^{5}ɕiɛ̃^{31}]

南京人饮食的一大特点是喜食各种野菜，“三天不吃青，肚里冒火星”[sã^{44}t^{h}iɛ̃^{31}puʔ^{5}tʂʅʔ^{5}tɕ^{h}in^{31}，tu^{44}li^{11}mɔ^{44}xo^{11}ɕin^{31}]。其中八种野菜很受欢迎，有“旱八鲜”之称，包括蒿子、菊花脑、马兰头、枸杞头、荠菜、马齿苋、鹅儿肠、香椿头。

春吃旱八鲜是南京的传统习俗。南京有歌谣云：“春暖花开荽儿菜，四季鲜鱼街上卖；五红六月花香藕，七月鲜菱摇船摘；八月桂花荽瓜香，鸡头果实采不败；九月重阳钓大虾，寒冬腊月慈姑挖。”[ts^{h}uən^{31}luã^{11}xuɑ^{44}k^{h}ɛ^{31}tɕiɔ^{31}er^{24}ts^{h}ɛ^{44}，sɿ^{44}tɕi^{44}ɕiɛ̃^{31}y^{24}tɕiɛ^{31}sã^{44}mɛ^{44}；u^{11}xoŋ^{24}loʔ^{5}yɛʔ^{0}xuɑ^{44}ɕiã^{31}əɯ^{11}，tɕ^{h}iʔ^{5}yɛʔ^{0}ɕiɛ̃^{31}lin^{24}iɔ^{24}ts^{h}uã^{24}tsɛʔ^{5}；pɑʔ^{5}yɛʔ^{0}kuəi^{44}xuɑ^{31}tɕiɔ^{31}kuɑ^{0}ɕiã^{31}，tɕi^{31}t^{h}əɯ^{24}ko^{11}ʂʅʔ^{5}ts^{h}ɛ^{11}puʔ^{5}pɛ^{44}；tɕiəɯ^{11}yɛʔ^{5}ts^{h}oŋ^{24}iã^{24}tiɔ^{44}tɑ^{44}ɕiɑ^{31}，xã^{24}toŋ^{31}lɑʔ^{5}yɛʔ^{0}ts^{h}ɿ^{24}ku^{31}uɑʔ^{5}] 南京野菜有丰富的营养和特别的味道，它们都具有鲜、香、嫩、脆的特点，有一定的药用功效，因此深受南京老百姓的青睐。

野菜的吃法多种多样，可以热焯后佐以麻油凉拌，或与肉类等热炒，或用于汤类的烹制。

图4－28 菊花脑

图4－29 菊花脑蛋汤

图4－30 马齿苋

图4－31 马兰头拌香干

图4－32 蒿子

图4－33 蒿子炒干子

图4－34 荠菜

水八鲜 [suəi^{11}paʔ^{5}ɕiẽ^{31}]

“水八鲜”是指南京出产的八种水生植物。南京地区河湖纵横，池塘密布，是水生动植物生长的良好场所。其中，莲藕、红菱、茭白、芡实（鸡头果）、荸荠、水芹、茭儿菜、慈姑八种水生植物，人称“水八鲜”。中秋时节食用“水八鲜”是南京人的传统习俗。

“水八鲜”营养丰富，可生食可熟食，且烹制方法多样，因此常出现在南京市民的餐桌上。

图4－35 红菱

图4－36 莲藕

图4－37 炒茭白

图4－38 水芹菜

图4－39 鸡头果

图4－40 鸡头果根部

图4－41 慈姑

图4－42 荸荠

图4－43 胡小石豆腐

胡小石豆腐 [xu^{24}ɕiɔ^{11}ʂʅʔ^{5}təɯ^{44}fu^{0}]

南京曾多次成为中国政治文化中心，一大批文人学者在此生活，一些美食也与他们密切相关。一些菜肴常以文人命名，典型的如“胡小石豆腐”。

“胡小石豆腐”又称“胡先生豆腐”，在豆腐中加入少量虾仁、鸡肝等烹调而成，物美价廉。胡小石食后大加称赞，“胡先生豆腐”之名便流传开来，并被载入《金陵菜谱》，成为一道南京名菜。

图4－44 六合牛脯

六合牛脯 [loʔ^{0}xoʔ^{5}liəɯ^{24}p^{h}u^{11}]

六合牛脯是南京市六合区的特色食品，有百余年历史。

六合牛脯，旧称“盆牛脯”[p^{h}ən^{24} liəɯ^{24}p^{h}u^{11}]，是回民制作的五香熟牛肉，以壮年水牛前腿肉为主要原料，经腌渍、浸煮、叠盆、包装等多种程序制成。卖时多张牛脯叠在松木盆中，浸在肉冻状的卤中，称好后切成小片并加上卤汁。六合牛脯曾用作清廷贡品，现也有盒装的销往外地。

六合牛脯肉色红艳，脯肉不散，独具风味。

金陵丸子 [tɕin^{31}lin^{24}uã^{11}tsʅ^{0}]

金陵丸子以猪肉、虾仁、水发蹄筋为原料，配辅料炸制，成品色泽金黄、肉味浓厚、外酥里嫩。金陵丸子汤用金陵丸子加青菜等炖煮而成，丸子软糯醇美、酥烂鲜香，汤汁浓稠，为南京地区传统美食。

图4－45 油炸金陵丸子

图4－46 江鲜狮子头

江鲜狮子头 [tɕiã^{44}ɕiɛ̃^{31}ʂʅ^{31}tsʅ^{0}tʰəɯ^{24}]

江鲜狮子头，又称“鮰鱼狮子头”[xuəi^{24}y^{24}ʂʅ^{31}tsʅ^{0}tʰəɯ^{24}]，是南京江鲜名菜。江鲜狮子头的做法与传统的狮子头类似，将鮰鱼和肥肉丁做成乒乓球大小的肉圆，煮熟，放入鱼汤慢炖即成。江鲜狮子头外观和一般狮子头无异，但独具风味。

传说当年隋炀帝来到南京，突然想吃扬州狮子头，御厨苦无做菜材料，灵机一动，就以鮰鱼为原料，制成鮰鱼狮子头，隋炀帝食后发现这种狮子头比其他狮子头更美味，于是龙颜大悦，江鲜狮子头的美名便流传开来。

鸡四件 [tɕi^{31}sʅ^{44}tɕiɛ̃^{44}]

鸡四件，指鸡的双翅和双爪，可以煲汤或炒食，是南京人颇为喜爱的菜肴。

鸭四件 [iɑʔ^{5}sʅ^{44}tɕiɛ̃^{44}]

南京人酷爱食鸭，鸭四件是鸭的双翅双掌，可以卤制成凉菜，也可以加入冬笋煲汤，营养丰富，别有风味。

图4－47 鸡四件

图4－48 鸭四件

图4－49 蛋饺

图4－50 蛋饺煲汤

蛋饺 [tã^{44}tɕiɔ^{11}]

蛋饺是用鸡蛋做饺子皮，用肉糜做馅的南京美食，可作煲汤原料。旧时南京人一般在过年时做蛋饺，有时候在蛋饺里包入硬币，吃到有硬币的蛋饺，新年会有好运气。

图4－51 料烧鸭

料烧鸭 [liɔ^{44}sɔ^{31}iaʔ^{5}]

料烧鸭是南京及江苏地区的传统名菜。制作时将鸭肉切成薄片，用料烧法烧制。此菜色泽红润，鸭肉味道浓郁，咸中带甜。

咸水虾 [ɕiɛ^{24}suəi^{11}ɕia^{31}]

咸水虾又称为“盐水虾”，是南京及邻近地区地道的名菜。将新鲜河虾洗净，经料酒、精盐腌渍后，开水煮熟，盛盘后可蘸醋汁食用。此菜口感鲜嫩，是南京百姓餐桌上的家常美食。

图4－52 咸水虾

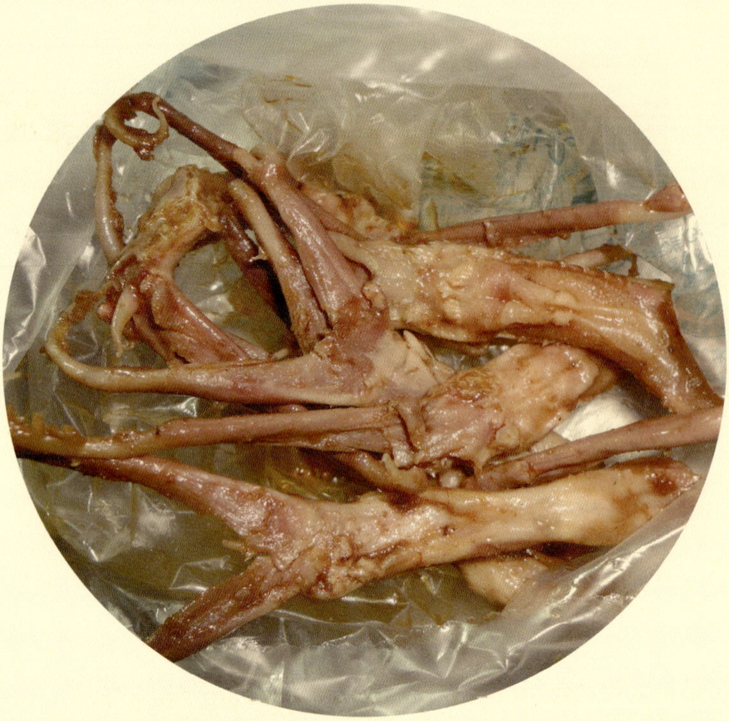

图4－53 卤鸭舌

鸭舌 [iɑʔ⁵ʂɛʔ⁵]

南京人一般会将鸭舌单独做成一道菜。鸭舌又名“鸭条”，其吃法主要有清炖和卤烧两种。清炖口感柔糯鲜香，原汁原味；卤烧比较有韧劲，有滋有味。鸭舌味道鲜美，现在多出现在街头卤味店，平常南京人常买鸭舌，当作佐酒小菜。

藕粉圆子 [$əɯ^{24}fən^{11}yɛʔ^{11}tsɿ^{0}$]

藕粉圆子又称“藕圆”[$əɯ^{24}yɛʔ^{24}$]，是流行于南京街头巷尾的特色小吃。先将藕粉加辅料搓成圆子，放入冷水中，食用前直接取出，放入温水锅内煮熟。出锅前碗内放上白糖、桂花等，浇上汤汁即可。藕粉圆子外形圆滑，色泽透明，深受南京市民喜爱。

酥炸油鸡 [$su^{31}tsɑ^{44}iəɯ^{24}tɕi^{31}$]

酥炸油鸡是典型的京苏菜，上世纪30年代风行于南京京苏帮餐馆，现在仍见于南京大多数餐馆。以卤鸡为原料，先将整鸡拆骨，然后沾特制面糊入油锅炸制。盛盘后将碎鸡肉摆成整鸡形状，食用时辅以辣椒酱、番茄酱。酥炸油鸡外酥里嫩，十分鲜香，堪称京苏菜一绝。

图4－54 酥炸油鸡

清蒸鲥鱼 [tɕʰin^{44}tsən^{31}ʂʅ^{24}y^{24}]

清蒸鲥鱼是南京特色美食，也是江南三味之一。鲥鱼是长江下游地区特有的珍稀鱼类，与河豚、刀鱼齐名，称“长江三鲜”[tsʰã^{24}tɕiã^{31}sã^{44}ɕiɛ̃^{31}]。食用时佐以醋和姜末，别有风味。此菜成品鱼身银白，口感肥嫩鲜美，爽口而不腻。因鲥鱼鳞下富有脂肪，烹制此菜一般不去鳞。

图4－55 清蒸鲥鱼

炝拌三丝 [tɕʰiã^{44}pã^{44}sã^{44}sɿ^{31}]

炝拌三丝是南京地区比较流行的素食。以黑木耳、莴苣和胡萝卜为主要原料，将这三种食材切丝，焯水后沥干，放辅料浇上热油搅拌即可。此菜色彩鲜艳，口感清脆爽口。

图4－56 炝拌三丝

生炝鲜虾 [sən^{31}tɕʰiã^{44}ɕiɛ̃^{44}ɕiɑ^{31}]

将河虾洗净用曲酒炝制，辅以酱油、红腐乳汁、蒜末等，虾味鲜美，腐乳香甜，颜色鲜艳。南京市民常在夏季食用生炝鲜虾。现在南京人办红白喜事或亲朋聚会时亦常选用。

腐皮肉卷 [fu^{11}pʰi^{24}ʐəɯ^{44}tɕyɛ̃^{11}]

用豆腐皮包猪肉馅，制成长条形肉卷，炸制而成。腐皮肉卷色泽金黄，腐皮酥脆，肉味醇和，可作炒菜原料也可煲汤，是南京地区的传统美食。

图4－57 腐皮肉卷

图4－58 南京干丝炒食

图4－59 南京干丝

南京干丝 [lã^{24}tɕin^{31}kã^{44}sɿ^{31}]

干丝即豆腐干切成的细丝，常与笋丝、火腿丝、木耳丝一起烹制，诸如南京干丝、泰州干丝、扬州干丝等。但南京干丝的制作方法不同于其他城市，将豆腐切成细丝，配合各种汤料、佐料煮好，拌上香麻油和酱油，也可炒食。原先南京干丝有素汤素煮和荤油肉丝几种，民国以后，新品种不断增加，有春笋干丝、冬菇干丝、蟹黄干丝、鸡肉干丝等，较为有名的是清真寺的烧鸭干丝、开洋干丝等。

拆冻鲫鱼 [tʂ^{h}ɛʔ^{5}toŋ^{44}tɕiʔ^{5}y^{24}]

拆冻鲫鱼是著名的江苏菜肴，颇受南京市民喜爱。此菜以鲫鱼为主要原料，将鱼的脊骨和肋骨先剔除，红烧后整鱼装盘，入冰箱冻凝。此菜有形无刺，鱼肉鲜嫩，清凉爽口，是绝佳的夏令菜肴。

三　茶、烟、酒

饮茶 [$\text{in}^{11}\text{ts}^{h}\text{ɑ}^{24}$]

茶具主要有茶壶、茶碗、茶杯。比较讲究的人用盖碗，盖碗由碗盖、碗、碗碟三部分组成。旧时南京人经常进出茶馆，喝茶聊天，茶馆中时常举行茶道表演。茶馆为吸引顾客，还会提供茶点小食，因此颇受南京市民欢迎。

图4－60 茶具

订婚茶礼 [tin^{44}xuən^{31}tsʰɑ^{24}li^{11}]

茶是旧时南京人订婚的礼物之一，以瓶计，多则百瓶，少则几十瓶。一般行了“茶礼”之后，婚事就算确定了。女方母亲到男方相家，男方母亲必备一杯茶，若女方不满意，则滴水不沾，表示拒绝；若答应这门亲事，就饮茶。一般“饮茶”之后就不能轻易悔婚。

一女不喝二家茶 [iʔ^{5}ly^{11}puʔ^{0}xoʔ^{5}er^{44}tɕiɑ^{31}tsʰɑ^{24}]

南京俗谚“一女不喝二家茶”，意即女子要从一而终，不能中途改嫁。另有俗语“吃了谁家的茶，就是谁家的人”。

明代郎瑛在《七修类稿》中说：“茶不移本，植必生子，古人结婚，必以茶为礼，取其不移植之意也。今人犹名其礼曰‘下茶’。故女子受聘，谓之‘吃茶’。”明人陈耀文《天中记》卷四十四云：“凡种茶树必下子，移植则不复生，故俗聘妇必以茶为礼，义固有所取也。”茶树不可移植，成了姻定无悔的象征。旧时男女在定亲时，多以茶叶作为礼物互赠。时至今日，茶叶仍是谈婚论嫁的重要礼物。

雨花茶 [y^{11}xuɑ^{31}tsʰɑ^{24}]

雨花茶是南京特产，因产于南京雨花台而得名。外形如松针，入水即沉，顿显白毫。茶色碧绿清澈，茶香清幽，茶味醇厚，回味甘甜。南京人一直把雨花茶当作礼品馈赠亲友，已形成雨花茶产业，名扬海内外。

天阙茶 [tʰiɛ̃^{31}tɕʰyɛʔ^{5}tsʰɑ^{24}]

天阙茶，是南京茶史有记载的名茶之一，产于南京牛首山，因牛首山又称“天阙山”而得名。东晋丞相王导曾为劝阻晋元帝司马睿在皇宫建造石阙，指着牛首山两峰说“此天阙也”。因此，天阙茶的命名应在东晋之后。

天阙茶本为牛首山僧侣自产自饮的茶，茶香清远，饮之“心清神明”，因此名噪一时。但是牛首山几经战火洗劫，天阙茶几近绝迹，制茶工艺也已失传。20 世纪 80 年代，为弘扬南京特色茶文化，牛首山着手恢复地方名茶的研制工作，“牛首春”茶已成为南京名茶之一。

糖茶 [tʰã^{24}tsʰɑ^{24}]

图4－61 蛋茶

旧时南京人常取茶叶及适量白糖，冲泡后待客，贫苦人家只用糖待客。

除糖茶以外，有枣子茶、莲子茶、蛋茶等。值得一提的是蛋茶[tã^{44}tsʰɑ^{24}]，先用白水煮蛋，再加糖食用。

元宝茶 [yẽ^{24}pɔ^{11}tsʰɑ^{24}]

元宝茶，是指加入桂圆、蜜枣、橄榄之类干果的糖茶，南京人正月初一常饮。亲友拜年，主人须泡“元宝茶”。若新亲上门，须准备“元宝蛋”，《金陵岁时记》载“茶煮鸡子以当点心，名曰元宝蛋。客至，必争献数枚，俗谓进元宝”。但是一般人将糖泡炒米打溏心蛋称为“元宝蛋”[yẽ^{24}pɔ^{11}tã^{44}]，不论是几个蛋，客人不能全吃完，喻意“财气不用尽”。

旧时南京有正月初一到茶馆饮早茶的习俗。这天茶馆的杯子里一般都有一枚或两枚橄榄，此茶也称为“元宝茶”。茶客为讨吉利口彩“吃了元宝茶，一年四季赚元宝”，往往加茶钱小费。春节期间食物多油腻，橄榄茶有清热生津、清肺利咽之功效。

拇战 [mu^{11}tsã^{44}]

南京人称酒桌上的猜拳为“拇战”。“拇战”是酒令的一种，可用以饮酒助兴。拇战的方法是两人同时伸出手掌或握拳，两人轮流猜所伸手指合计的数目，一决胜负，负者以饮酒作为惩罚。拇战要求思维敏捷，动作迅速。

锅巴酒 [ko^{31}pɑ^{0}tɕiəɯ^{11}]

锅巴酒是用锅巴酿制的酒，酒色微黄，酒味醇美，是南京的特色地方酒，颇受南京人喜爱。晚清文人甘熙《白下琐言》卷四云：“锅巴酒系用炊饭后锅巴酿成，色微黑，极醇美，能健脾理胃，不可多得。”

四　起居

捧碗头 [p^{h}ən^{24}uã^{11}t^{h}əɯ^{24}]

“捧碗头”即边走边吃。南京城区市民忌讳，但郊区不忌讳，可以边吃饭边串门。

上菜次序 [sã^{44}ts^{h}ɛ^{44}ts^{h}ɿ^{44}ɕy^{44}]

南京人在婚嫁丧葬等正式场合，特别讲究上菜次序，一般先上冷盘，再上热菜，最后是汤。清人袁枚《随园食单》关于上菜次序有详细描述：“咸者宜先，淡者宜后；浓者宜先，薄者宜后；无场者宜先，有场者宜后。且天下原有五味，不可以咸之一味概之。度客食饱，则脾困矣，须用辛辣以振动之；虑客酒多，则胃疲矣，须用酸甘以提醒之。”

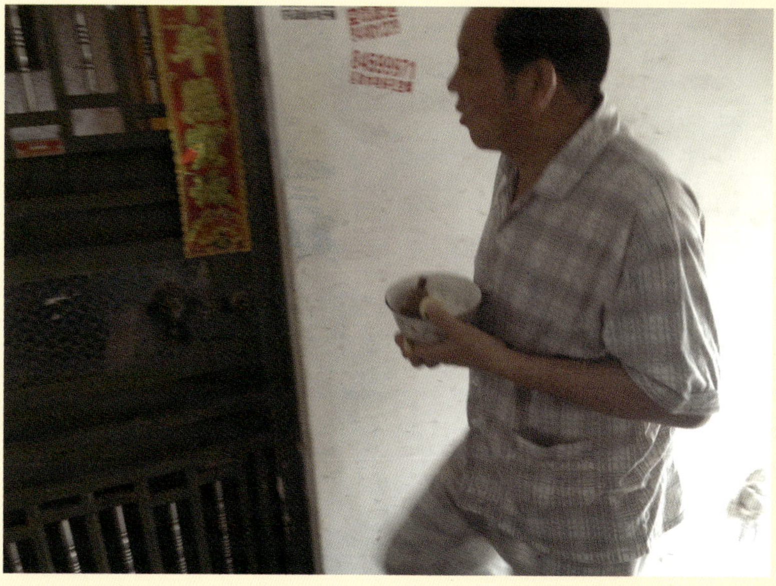

图4－62 捧碗头

图4－63 现代宴席

图4－64 农村宴席

抬轿 [$t^{h}ɛ^{24}tɕiɔ^{44}$]

南京人十分讲究餐桌礼仪，吃饭忌讳“抬轿”，即一筷子夹很多菜。另外也忌“翻场”[$f\tilde{a}^{31}ts^{h}\tilde{a}^{11}$]（筷子在菜碟、菜碗里翻来倒去）和“过河”[$ko^{44}xo^{24}$]（站起身来将筷子伸到对面夹菜）。

伍·农工百艺

图5-1 云锦织机

南京素有“鱼米之乡”之称，物产丰富，农业生产源远流长。20 世纪 50 年代，在今南京城鼓楼岗附近发现南京地区最早的人类居住村落遗址，距今已有五千多年历史。南京地区的农牧渔民俗从先民的农耕、渔牧等活动发展而来。至今，南京郊县地区仍然保留着较为原始的农业生产方式。南京的农具形制和其他地区大同小异，颇具地方特色的是，南京农具多为竹制器物，这得益于江南丘陵漫山遍野的竹海。南京的手工业历史悠久，种类繁多，包括机织、瓦木、打箔、制扇等，技艺精湛高超，许多工艺在江南甚至全国处于领先地位。南京手工业注重师承，各行都有祖师信仰，技术习得往往高度保密，师徒代代相传。南京的庙会主要有秦淮灯会、蒋王庙庙会、泰山庙会、薛城花台会等。这些庙会多依托于一定的岁时节庆或历史传统，兼有文化艺术内涵和贸易交流作用，影响深远，辐射周边。

一　农事

耕田 [kən^{31}tʰiɛ̃^{24}]

在南京，耕田又叫“刨地”[pʰɔ^{24}ti^{44}]或“垦地”[kʰən^{11}ti^{44}]。

南京地处长江下游，丘陵山地较多，早期多以钉耙、耕牛垦地。20 世纪 90 年代起，耕作机逐步取代耕牛和钉耙。因作物类型、季节和土壤质地各异，垦地的深度也有所不同：红薯等块根作物宜深耕，稻麦等浅根作物宜浅耕；秋耕宜深，春耕宜浅；南部丘陵山区的沙土宜浅耕，休耕后的土地宜深耕。南京农谚云“春宜早晚耕，夏宜兼夜耕，秋宜日高耕”[tsʰuən^{31}i^{24}tsɔ^{24}uã^{11}kən^{31}，ɕiɑ^{44}i^{24}tɕiɛ̃^{31}ie^{44}kən^{31}，tɕʰiəɯ^{31}i^{24}zʅʔ^{5}kɔ^{31}kən^{31}]，“宁燥勿湿”[lin^{44}tsɔ^{44}uʔ^{0}ʂʅʔ^{5}]。

图5－2 耕田

图5－3 薅草

敲发子头 [tɕʰiɔ^{31}fɑʔ^{5}tsɿ^{0}tʰəɯ^{24}]

敲发子头又叫“打土发子”[tɑ^{24}tʰu^{11}fɑʔ^{5}tsɿ^{0}]，即用钉耙、锄头等农具敲碎田中土块。耕田结束后播下作物种子，称播种。播种前须先敲发子头，再耙田。土块敲碎后，用搂耙把田地耙平，即耙田[pʰɑ^{24}tʰiɛ̃^{24}]。

点豆 [tiɛ̃^{11}təɯ^{44}]

点豆是播种黄豆、蚕豆等豆类种子的方式。在平整好的田里按一定行距、株距打好小穴，逐穴播下豆种。对于颗粒较小又容易发芽成活的种子，人们通常会采取撒种[sɑ^{24}tsoŋ^{11}]的方式，如撒稻种和撒菜种等。等种子发芽后，再将密集的秧苗移植。

薅草 [xɔ^{31}tsʰɔ^{11}]

薅草即除草，包括推草、爬行等几个步骤。推草时，用带长钉的农具在稻田行间来回推动，除去杂草。爬行是跪在水稻田里的稻行间前进，去除杂草并把草压到泥下作为肥料。

拾粪 [ʂʅʔ^{5}fən^{44}]

拾取散于路边或田间的牲畜、家禽的粪便，用作肥料。这种积肥方式在 20 世纪 80 年代之前很常见，是一种挣工分的方式，现已绝迹。

底肥 [ti^{11}fəi^{24}]

又叫“基肥”[tɕi^{31}fəi^{24}]，是播种、移栽前施在田里的肥料，有改良土壤、培育地力的作用。粪便、绿肥等最适宜用作底肥。

春肥 [tsʰuən^{31}fəi^{24}]

春天（尤指早春时节）对作物施的肥料。

腊肥 [lɑʔ^{5}fəi^{24}]

冬至到大寒期间给小麦等越冬作物施的肥，因时间在腊月，所以称为“腊肥”。南京地区有“腊肥是金，春肥是银，过了清明不见晴”[lɑʔ^{5}fəi^{24}ʂʅ^{44}tɕin^{31}，tsʰuən^{31}fəi^{24}ʂʅ^{44}in^{24}，ko^{44}le^{0}tɕʰin^{31}min^{24}puʔ^{5}tɕiɛ̃^{44}tɕʰin^{24}]的说法。

集青肥 [tɕiʔ^{5}tɕʰin^{31}fəi^{24}]

将青草等绿色植物收拢起来，集中在大坑中，压上土，一段时间后就成为上等的有机肥料。在没有化肥的年代，青肥是肥料的主要来源之一。

撩肥 [liɔ^{31}fəi^{24}]

又叫“追肥”[tsuəi^{31}fəi^{24}]，在作物生长期间为补充作物营养加施肥料。

图5－4 撩肥

扁蒲秧 [piẽ^{11}pʰu^{24}iã^{31}]

粗壮的秧苗。南京俗谚："栽秧要栽扁蒲秧，娶亲要娶胖新娘。"[tsɛ^{44}iã^{31}iɔ^{44}tsɛ^{31}piẽ^{11}pʰu^{24}iã^{31}，tɕʰy^{11}tɕʰin^{31}iɔ^{44}tɕʰy^{11}pʰã^{44}ɕin^{31}liã^{24}]

栽秧 [tsɛ^{44}iã^{31}]

图5－5 栽秧

又叫"插秧"[tsʰɑʔ^{5}iã^{31}]。南京地区一般在农历五月，有五月栽秧歌谣："五月里来是秧场，村里姑娘栽秧忙。花鞋脱在田埂上，脚踩泥浆手栽秧。五月里来是秧场，日耕田来夜拔秧。大秧要拔五百个，小秧要拔八百双。十八双秧篮满满装，十八个哥哥来挑秧。长秧打在深水里，短秧打在高田上。"

开秧门 [kʰɛ^{44}iã^{31}mən^{24}]

插秧第一天叫"开秧门"。这一天，鸡叫头遍，农妇就起床准备酒菜，男人把黄豆兑入草料中喂牛，以增加牛的耐力，准备大忙。人们穿着新衣来到田间地头，有的农家还燃放鞭炮。妇女们下田第一件事是在头上戴一撮秧苗，称"戴青秧"[tɛ^{44}tɕʰin^{44}iã^{31}]；男人们会在口袋里装一束捆秧把子的草绳，寓意"吉利辟邪"。推选一名公认的插秧能手"拉头趟"[lɑ^{31}tʰəɯ^{24}tʰã^{44}]，其他人依次"跟趟"[kən^{31}tʰã^{44}]，叫"赛秧"[sɛ^{44}iã^{31}]。姑娘们边唱秧歌边插秧，称"打秧号子"[tɑ^{11}iã^{31}xɔ^{44}tsɿ^{0}]。插秧的最后一天叫"关秧门"[kuã^{31}iã^{31}mən^{24}]，主家备办"了秧酒"[liɔ^{11}iã^{31}tɕiəɯ^{11}]招待帮工和前来帮忙的邻人，以示庆贺。

开刀门 [kʰɛ^{44}tɔ^{31}mən^{24}]

和"开秧门"一样，收割第一天举行"开刀门"仪式。每到收割时节，村民们会提前商定收割时间，互帮互助，挨家挨户收割粮食。"开刀门"那天，人们磨好镰刀，备好酒菜，运至田间，开割前大吃一顿。

南京收割麦子有农谚云："小满三天遍地黄，再有三天麦上场。"[ɕiɔ^{24}mã^{11}sã^{44}tʰiẽ^{31}piẽ^{44}ti^{44} xuã^{24}，tsɛ^{44}iəɯ^{11}sã^{44}tʰiẽ^{31}mɛʔ^{5}sã^{44}tsʰã^{11}] 收割稻子也有谚语："半年辛苦半年忙，霜降催得到头黄，轻割轻收轻轻放，颗颗粒粒要归藏。"[pã^{44}liẽ^{24}ɕin^{31}kʰu^{11}pã^{44}liẽ^{24}mã^{24}，ʂuã^{31} tɕiã^{44} tsʰuəi^{31}ti^{0}tɔ^{44}tʰəɯ^{24}xuã^{24}，tɕʰin^{31}koʔ^{5}tɕʰin^{44}səɯ^{31}tɕʰin^{31}tɕʰin^{31}fã^{44}，kʰo^{44}kʰo^{31}liʔ^{5}liʔ^{5}iɔ^{44}kuəi^{31}tsʰã^{24}]

练场 [liɛ̃^{44}tsʰã^{11}]

又叫“打场”[tɑ^{24}tsʰã^{11}]，即在门场上脱粒、扬清已收割的庄稼。

麦子收割结束后，农民们将麦穗连同秸秆一起运到门场堆放、曝晒，正午后脱粒最好。人们戴着斗笠，抡着连枷“打小麦”[tɑ^{24}ɕiɔ^{11}mɛʔ^{5}]。脱粒后，借风力用木锨扬起小麦，去除杂质，俗称“抛锨”[pʰɔ^{44}ɕiɛ̃^{31}]。

比起“打小麦”，稻子的脱粒工作简便很多。稻子曝晒后，用打稻机脱粒。打稻机上可并排站几人，负责将稻把塞进机器内脱粒，另有若干人站在后面递稻把，整个过程叫“打稻”[tɑ^{11}tɔ^{44}]。脱粒结束后，须晾晒、扬尘。

图5－6 练场

二　农具

独轮车 [tuʔ^{5}luən^{24}tʂ^{h}e^{31}]

木结构独轮手推小车。车驾中部突起，左右各以木条间隔，既可防护车轮，又可作扶手或捆物支架。左右可各坐一人，或一边坐人，另一边放行李杂物。农村常以此车运粮及陶缸、石灰、沙石或柴草。此车在山间小道也能畅行，轻便实用。现在，独轮车逐渐废弃。

图5－7 独轮车

图5－8 推车前进

图5－9 简易独轮车

图5－10 板车侧面

图5－11 板车正面

板车 [pã^{11}tʂ^{h}e^{31}]

板车是以人力拉、推的搬运车辆，有木制和竹制两种。车体呈长方形，有两个轮子。板车适合在大路上使用，平衡性较好。在农村，板车和独轮车各司其职，大大方便了农民的运输。

钉耙 [tin^{31}p^{h}ɑ^{24}]

农民垦地最常用的农具，用于平整田地、拢牛粪等。一般为四齿，齿长约 30 厘米，齿宽约 5 厘米，由铁匠用毛铁打造而成。手把长约 1 米，用毛竹或木棍制成。

图5－12 钉耙

图5－13 钉耙前端

图5－14 鸡爪耙

图5－15 竹耙

耙子 [pʰɑ^{11}tsɿ^{0}]

又称"笠耙"[liʔ^{5}pʰɑ^{24}]，用于归拢或散开谷物、柴草。柄长约 1.5 米，下端装有木、竹或金属材质的齿。齿呈扇状展开，末端卷曲，形似鸡爪，因此南京人称作"鸡爪耙"[tɕi^{31}tsuɑ^{11}pʰɑ^{24}]。竹齿的耙子也称"竹耙"[tsuʔ^{5}pʰɑ^{24}]。

十字镐 [tʂʅʔ^{5}tsɿ^{44}xɔ^{44}]

又叫"镐头"[xɔ^{44}tʰəɯ^{24}]或"鹤嘴镐"[xoʔ^{5}tsuəi^{11}xɔ^{44}]，用于挖掘坚硬土石。有些镐中间略粗，两头尖且锋利，呈长条状；有些镐一头尖，一头扁，形如斧。

锄头 [tsʰu^{11}tʰəɯ^{0}]

松土、除草用的农具。前端是锋利的刀口，末端有孔和长柄相连。按用途可分为板锄、薅锄和条锄等。

图5－16 十字镐

图5－17 锄头

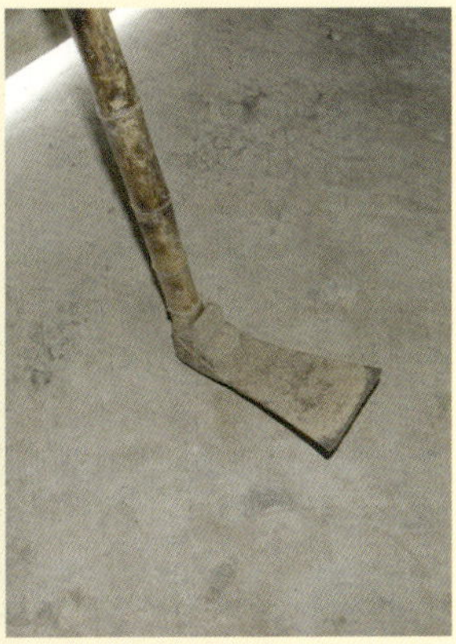

图5－18 锄头前端

图5－19 镰刀横放

图5－20 镰刀立放

镰刀 [liɛ̃^{24}tɔ^{31}]

农村收割庄稼和割草的农具，由刀片和木把构成，呈L形。刀片由不锈钢锻造而成，月牙状，刀口锋利。有些镰刀的刀刃处有斜纹锯齿。

扁担 [piɛ̃^{11}tã^{0}]

扁担是用来挑东西的竹制或木制工具，扁而长，长约 1.6 米。

南京地区多低山、丘陵，盛产竹子，因此南京人就地取材，选用圆润、平滑、竹节较少的老毛竹根部，剖开、抛光，加工制成扁担，这个过程称为“出扁担”[tsʰuʔ^{5}piɛ̃^{11}tã^{0}]。这样的扁担既能载重又不压肩。有些讲究的农民还会请人在新扁担上刻字，如“出入平安”“富贵吉祥”等。新扁担呈竹青色，随着风吹日晒，汗渍浸润，慢慢变成黄褐色。

图5－21 扁担

筛子 [sɛ^{31}tsɿ^{0}]

芦苇或竹篾编制的有孔过滤器具。框子一般由大竹片围成，筛底由细竹篾编织。用途不同，筛子的大小、细密程度也有差别。如面粉筛专门用来筛面粉，网孔比一般筛子细密。

箕子 [lã^{11}tsɿ^{0}]

箕子是一种竹篾编织成的农具，在农村很常见。箕子浅口平底，空隙比筛子大很多，下有双竹杠支撑。农村秋收时，需要用箕子筛稻子，将稻子和稻草分离。由于箕子面积大概和一床棉被差不多，所以村里的农妇常常用长板凳架着箕子晒被子、晒衣服。

石磙子 [tʂɿʔ^{5}kuən^{11}tsɿ^{0}]

石制农具，圆柱形，两端有突出的轴。分为两种：一种有凹凸的棱，用来轧谷物，叫“石碌”[tʂɿʔ^{5}luʔ^{5}]；另一种无棱，用来平整场地，叫“滑皮磙子”[xuɑʔ^{5}p^{h}i^{24}kuən^{11}tsɿ^{0}]。

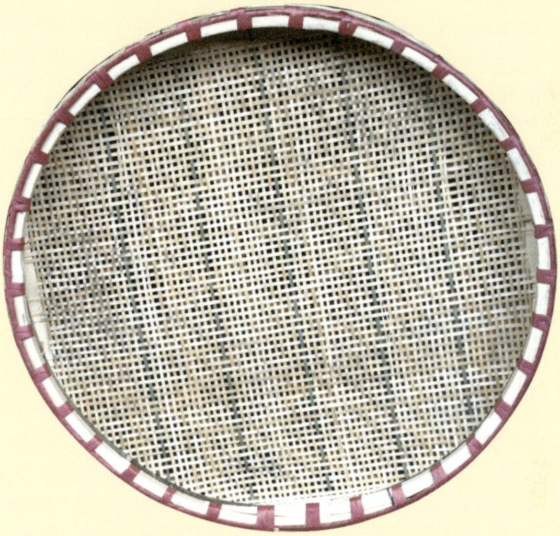

图5－22 筛子

图5－23 箕子

图5－24 石磙子

图5－25 手持连枷

连枷 [liɛ̃^{24}tɕiɑ^{31}]

又叫“连篙”[liɛ̃^{24}xɔ^{31}]，农村手工脱粒工具，由一根长柄和一组并排的竹条或木条构成。使用时，竹条绕轴转动拍打，使籽粒脱落。

图5－26 连枷竖放

图5－27 连枷头

图5－28 稻叉戟齿

图5－29 稻叉

图5－30 用稻叉堆草

稻叉 [tɔ^{44}ts^{h}ɑ^{44}]

堆柴草的农具，由长木柄和树丫状的长戟齿构成。

杠子 [kã^{44}tsɿ^{0}]

杠子是木制或竹制的抬物工具，呈圆柱形。

图5－31 畚箕侧面

图5－32 畚箕正面

畚箕 [pən^{11}tɕi^{0}]

又叫“撮箕”[tsʰuɛʔ^{5}tɕi^{0}]，是三面有沿、一面敞口的竹制盛量器具。小巧便利，用途广泛，可盛米、盛稻子、扬谷物、晒咸菜等。

粪篮 [fən^{44}lã^{24}]

粪篮是运送农肥的农具，一般成双使用。底部一面敞开，三面有沿。把扁担分别伸进粪篮柄两端就能挑着前行，有时也用粪篮挑菜、运粮食。

图5－33 粪篮

图5－34 人挑粪篮

图5－35 粪瓢

图5－36 粪瓢前端

粪瓢 [fən^{44}pʰiɔ^{24}]

粪瓢是浇粪、洒水的农具，由长约 1.5 米的长柄和一个瓢组成。瓢原为木制，现在逐渐被轻便的塑料瓢取代。农民用粪瓢为小片的庄稼浇粪施肥，洒水灌溉。

粪桶 [fən^{44}tʰoŋ^{11}]

粪桶是挑粪、担水的农具，成双使用。圆柱形，顶端有两耳用于拴绳，常与粪瓢、扁担配套使用。

图5－37 粪桶

围席 [uəi^{11}ɕiʔ^{5}]

又叫“窝踅”[o^{31}ɕyɛʔ^{5}]，用于围粮囤的竹制大席子，宽约半米，长度不定。旧时南京的农村没有粮仓囤粮，就先在家里腾出一片空地，然后将竹制的大席旋转上升，围成临时的粮仓。窝踅使用方便，可以根据需要调节粮囤的大小和高度。

图5－38 围席

稻箩 [tɔ^{44}lo^{24}]

图5－39 稻箩

又称“箩筐”[lo^{24}kʰuã^{31}]，竹制容器，上圆下方，沿口上常系麻绳。农村几乎家家有稻箩，为便于区分，一般在箩上写明主人姓名。稻箩既是秋收时节挑运谷物的农具，也是量器。一般情况下，一双稻箩平口就是一担。因此，农村人以担计粮食收成，而不论斤两。

稻箩是五谷丰登、吉祥圆满的象征。旧时夫妻回娘家，丈夫常常挑着稻箩，一双儿女，一头一个。农村新房上梁、婚嫁喜事，亲朋好友用稻箩挑糕点、寿桃和各式花团子前来庆贺。

斧头 [fu^{11}tʰəɯ^{24}]

图5－40 斧头

又叫“斧子”[fu^{11}tsɿ^{0}]，有斧头和斧柄两部分。刀口呈弧形或直线，与柄平行，用于伐木、劈柴等。

扫把 [sɔ^{44}pɑ^{11}]

扫把是用细竹子等扎成的除尘、扫垃圾的工具，主要用于打谷场等大面积场地的清扫。

图5－41 扫把

图5－42 犁

犁 [li^{24}]

耕地农具。在一根横梁端部插上厚重的刃，系在牛或人身上，由其牵引，破碎土块、耕出槽沟，为播种做准备。

虾笼 [ɕiɑ^{31}loŋ^{24}]

虾笼是盛鱼虾的竹笼，南京丘陵地带的茶农采茶时也用来装新茶。虾笼的形状多样，但都是口小身子大，这样的设计可以防止鱼虾跃出笼子。虾笼除了竹制，还有用铁丝网和丝网制成的。

图5－43 虾笼

鱼叉 [y^{24}tsʰɑ^{31}]

鱼叉是一种简便的捕捞工具，由叉刺、叉柄等组成。

图5－44 鱼叉

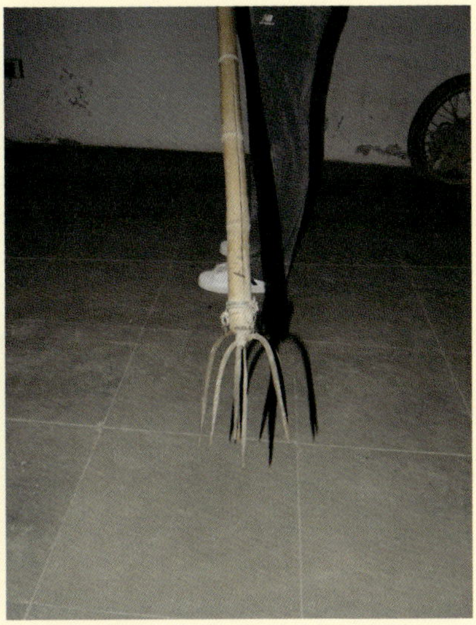

图5－45 鱼叉头

三　手工艺

图5－46 南京江宁织造博物馆

机织 [tɕi^{44}tʂʅ^{31}]

六朝时代金陵出现了丝织业，南朝刘宋统治者重视发展桑蚕丝织，每年遵循古礼举行皇后“亲蚕”仪式。明代丝织业进一步发展，清朝进入鼎盛时期，时有“秣陵之民善织”的美誉。清代前期“元缎”和“云锦”两种织品产量高，品质佳，供应皇室和贵族，清政府于南京特设“江宁织造署”。南京现有江宁织造博物馆。

南京云锦 [lã^{24}tɕin^{31}yən^{24}tɕin^{11}]

云锦是南京最具特色的织锦，与四川蜀锦、苏州宋锦并称我国三大名锦，2009 年列入联合国教科文组织非物质文化遗产名录。清康熙、嘉庆年间，南京拥有三万多台织机，近三十万人以云锦及相关产业为生，秦淮河一带机户云集，机杼声彻夜不绝，织锦成为南京最大的手工产业。

云锦制作工艺复杂，明代南京云锦艺人创造木机妆花手工织造技艺，机织技术达到顶峰，现代机器至今无法取代。制作云锦的工具是大花楼木质提花机，长 5.6 米，高 4 米，宽 1.4 米，织锦时由上、下两名工人在织机上配合操作。织手坐在织机前，抛梭织纬、穿梭挖花、妆金敷彩，机身十五个范子不停上下运动；拽花工坐在织机上拽花。织一根纬线须小纬管交替穿梭多次，繁琐耗时，娴熟的工匠两人一天也只能生产五六厘米。织锦手艺一直是口传手授，未有文字记载。织锦工人须培训三年才可上机，要熟记

图5－47 云锦博物馆

图5－48 云锦织品

图5－49 云锦制衣

图5－50 云锦官补

图5－51 云锦龙袍

图5－52 云锦战袍

上百种口诀才能不假思索地快速操作。

南京织锦业尊七仙女为祖师，又称云锦娘娘，旧时雨花台山脚下有云锦娘娘庙。另外，拽花行奉蒋公为祖师，机匠奉织女，清甘熙《白下琐言》卷四："蒋公庙祀蒋子文，后殿有女像，其妹小姑也。俗讹为织女，又称为云机娘，机匠祀之。"南京城南仙鹤街一带至今还流传着关于云锦的美丽传说。相传有个叫张永的手艺人，因欠债被迫为财主织锦，但他织锦再多也赶不上债务增息。终有一晚，张永在织为财主祝寿用的"松龄鹤寿"时晕倒。此时，两个仙女下凡，一会儿为张永完成了织锦。张永醒后大为吃惊，问仙女是谁，仙女笑而不答，手指苍天，此时彩霞万朵，待张永回过神来，仙女已消失不见。仙女织的仙鹤栩栩如生，云锦卷之不尽，张永因此还清了债务，终获自由。仙鹤街一带的云锦织匠确善织鹤，仙鹤街也因此得名。

1957年，江苏省政府设立"南京云锦研究所"，为全国唯一的云锦专业研究机构，代表当代云锦制作的最高水平，集云锦的研究与制作于一身，生产过不少蜚声海内外的云锦珍品。

图5－53 织手织云锦

图5－54 拽花工和织手同时工作

打箔 [tɑ^{11}poʔ^{5}]

打箔是南京传统手工艺，分为打金箔、打银箔、打铝箔、打铜箔等，南京尤以打金箔闻名。南京金箔已被国家公示为“非物质文化遗产”。南京龙潭一带传说，葛仙翁葛洪（一说葛玄）和吕洞宾打赌为菩萨塑金身，葛仙翁在处于下风的情况下创造了打金箔的技术，从此打金箔作为手艺流传下来。旧时龙潭打金箔的家庭都供奉葛仙翁塑像，香案旁还要放把打箔的锤子。至今，龙潭金箔业的葛氏家族每年都要举行族祭仪式。

金箔是将黄金捶打后制成的超薄金片，薄如蝉翼、色泽纯正、厚薄均匀，最早用于炼丹治病，现多用于贴饰装潢庙宇、佛像、建筑物、工艺品等。手工打金箔过程艰苦，要把一块金疙瘩打成 0.1 微米左右的薄片，两人面对面对打上万次，一天打下来腰酸背痛。现多为机器打箔、电磁打箔。南京打金箔有十多道工序，分别为倒条、下条、拍叶、做捻子、打开子、出具、切金箔、检验包装等。打箔工艺极少外传，有些绝技秘不示人。

目前，南京的金箔产量约占全国总产量的 90%，占世界金箔总产量的 70%。以金箔为材料的金箔画，是 20 世纪末南京金箔业将传统金箔工艺与现代高科技完美结合的产物，充分体现了黄金的华丽高贵，具有鉴赏和保存价值。

图5 - 55 打箔

金陵折扇 [tɕin^{31}lin^{24}tṣɛʔ^{5}sã^{44}]

南京制扇业历史悠久，至今仍有“扇骨营”街道，扇骨营曾是南京制扇业的集中地区。北宋以来，折扇流行，金陵文人雅士聚集，折扇需求量增大，制扇业发展迅速。南京的科举考试也促进了金陵折扇的发展，参加考试的士子或买折扇留作纪念，或在扇面上钤印题诗馈赠亲友。

明朝永乐年间，南京是制扇业中心之一。明周晖《续金陵琐事》：“东江顾公清云：‘南京折扇名天下。成化年间李昭竹骨、王孟仁画面，称为二绝。’”清代是金陵制扇业的鼎盛时期，三山街一带有作坊数十家，并成立“扇业公所”（类似行业协会）。其制扇工艺精湛，折扇质地上乘。清初孔尚任的《桃花扇》更是提高了南京折扇的知名度。

图5－56 金箔马车

图5－57 金箔画

清甘熙《白下琐言》卷二："吾乡造作折纸扇骨素有盛名，多聚居通济门外。其面用杭连纸者谓之本面；用京元纸者谓之苏面，较本面良。三山街绸缎廊一带不下数十家，张氏庆云馆为最，揩磨光熟，纸料洁厚，远方来购，其价较高。"民国时期，南京扇庄遍布全城。

早期南京制扇工匠聚集在城中，后由于制扇业季节性强，为维持生计，手工艺人逐渐转移到栖霞山石埠桥一带，农时种田，闲时制扇，南京民谚有"吃了重阳酒，做扇不离手"[$\text{tʂ}^{h}\text{ʅʔ}^{5}\text{le}^{0}\text{ts}^{h}\text{oŋ}^{24}\text{iã}^{24}\text{tɕiəɯ}^{11}$，$\text{tso}^{44}\text{sã}^{44}\text{puʔ}^{5}\text{li}^{24}\text{səɯ}^{11}$]。栖霞区从甘家巷、石埠桥到东阳、十三镇一带，数百年来都是制扇人世代聚集的地方，素有"扇乡"之称。清陈作霖《金陵物产风土志》："若北乡石埠桥人，亦善柔治竹木，或檀香，或桃丝，皆扇骨之质也，水磨模雕，各擅其技，表素洁之纸，折叠之，谓之苏面，其行远不亚于杭之油扇焉。"

折扇分扇骨和扇面两部分。高档扇骨用乌木、桃木、檀香木等做材料，普通的用竹子。扇骨须选向阳山脚下六至八年的冬季毛竹，经劈篾、浸晒、蒸煮、刮削、烤炙、砂磨、雕刻、整形、抛光等工序；扇面经糊面、折面、上色、整形等工序。有的扇面用安徽净皮宣纸糊几层，表面涂柿漆以防水，称"一把扇子半把伞"，不怕晒，不怕淋；有的扇面用桑皮纸，轻滑坚韧，长久使用仍"形不走，色不褪、纸不破"；少数扇面用丝绢，加矾处理后扇面匀净雪白，光泽典雅；考究的扇面撒上云母片、金箔粉，富丽堂皇。金陵折扇以制作精美著称，与杭扇、苏扇、歙扇、川扇齐名，称"宁扇"[$\text{lin}^{24}\text{sã}^{44}$]。

图5－58 折扇摊

金陵折扇经六百年传承，工艺不断提高，形成“水磨玉骨折扇”的技艺，有“金陵雅扇”之称。“水磨玉骨折扇”的扇骨温润如玉，扇面平整坚韧、厚薄均匀，造型优美雅致，手感平滑。

然而随着电风扇、空调的普及，六百多年的金陵折扇技艺今已没落。如今，金陵折扇制作工艺的传承人仅有一人——栖霞山甘家巷折扇艺人王克礼。

高淳羽扇 [kɔ^{31}ts^{h}uən^{24}y^{11}sã^{44}]

南京高淳羽扇久负盛名。高淳位于南京市南部，草木繁茂，野禽飞鸟栖息繁殖，古时高淳人将禽鸟羽翎制成羽扇消暑纳凉。明洪武年间，高淳羽扇随水路销往太湖、皖南等地。明末清初，高淳羽扇业成立了行会。清嘉靖年间，高淳羽扇成为朝廷贡品，每年端午节前均要上贡羽扇。

图5－59 高淳羽扇

羽扇工人奉诸葛亮为祖师，每年农历七月二十三举办“诸葛会”纪念祖师。高淳羽扇共八十多个品种，按羽扇外形分为圆形、平月形、宝剑形、半圆形等；按质地可分为雕毛扇、鹰毛扇、鹅毛扇等；规格有“二十八圆”“三十六圆”“五十六圆”等；按羽毛生长部位不同可分为梢翅制作的“梢平月”“梢中汉月”等，刀翎制作的“刀平月”等。

传统的高淳羽扇以黑白色为主，亦可染色成红、黄、绿等，或在扇面上绘制仕女、花鸟虫鱼等。制作分十多道工序，主要有选料、穿排、复洗、染色、理毛、修毛、接管、扣扇、装柄、缝扇、植绒等（陈济民、蒋永才《南京民俗志》）。

图5－60 高淳羽扇礼品

图5－61 裁缝

裁缝 [tsʰɛ^{11}fən^{0}]

裁缝是专门制作衣服的人。南京的裁缝奉黄帝为祖师，认为黄帝是服装的发明者。《世本》载："黄帝始垂衣裳，有轩冕之服。"

民间裁缝手艺靠师徒相传，学艺拜师须经人介绍、投帖。旧时学徒要先学"纳针线"，再学裁剪，最后学熨烫衣服。民国时期，南京著名的李顺昌西服店，招聘裁缝的条件是：做好的衣服挂在墙上三天不回潮，不褶不皱，才能录用。

旧时，南京裁缝业还有一些不成文的规矩，如裁缝铺里忌家长里短，顾客不能说扰乱裁缝心思的话；裁缝开价须合理，顾客一般不讨价还价等。春节裁缝店里常贴对联，如"制衣轩辕古，补衮仲山忠""玉剪裁成四海锦，金针引出五湖春"等。随着现代工业的发展，制衣工厂化，民间裁缝业逐渐衰落，民间裁缝铺数量稀少，分布零星。

屠宰 [tʰu^{24}tsɛ^{11}]

南京屠宰业奉张飞为祖师，因传张飞是屠户出身。旧时，南京的生猪屠宰由个体屠宰户进行，屠宰过程包括看猪、赶猪、锅上活、铺里活等。杀猪时，先将选好的猪松开绳子，让它活动，便于放血。屠夫看时机赶上猪，右手抓住尾巴，快速跨到猪的左侧，左手再抓住猪的右前腿，往前一耸，左手一提，将猪掼倒。这时候学徒迅速上来做帮手，把猪抬到案桌上，师傅操刀直刺猪心，然后迅速拔出、放血。一般来说，只捅一刀最为吉利，经验丰富者，刀不沾血。然后是吹猪，在猪后蹄上割个小口，用铁钎子在猪身上捅一遍，让肉和皮分离，再一口气一口气地将猪吹膨胀起来，让猪皮紧绷。接下来用绳子扎住口子，把猪放入热水中烫，边烫边刮猪毛。若吹猪吹得足，鼓得好，猪毛就能刮得干净。毛刮好后，将猪开膛破肚，扒内脏，下猪蹄、猪头。

手工杀猪在郊区农村十分常见，南京六合居民新年有杀年猪的传统，尤其在腊月里，农户们杀年猪、灌香肠、腌咸肉以迎接新年。杀猪首先要选个好日子，其次要找有经验的刀手。

近几年，由于考虑到环境卫生、方便管理，个体分散屠宰者逐步进行集中定点屠宰，销售和屠宰也逐步分离。

酿造 [liã^{44}tsɔ^{44}]

南京酿造业主要分为酿酒和酿醋两个方面。

南京酿酒业历史悠久，奉杜康为师祖。东晋义熙年间，金陵上品佳酿“金陵春”堪称“一地之长”“一方之秀”，名震全国。金陵四十八景中的“杏花沽酒”便是一证。据说杜牧名句“借问酒家何处有？牧童遥指杏花村”中的杏花村就位于金陵凤台山，即今天南京的凤台路。宋代建康酒库众多，王安石《桂枝香·金陵怀古》有“征帆去棹残阳里，背西风，酒旗斜矗”之语。明代酿酒师酿造的“六朝春”上品白酒，与云锦、雨花石并称为“金陵三宝”，代表古代南京白酒酿造的最高水平。

酿醋是南京酿造业的另一内容，以黄豆为原料，捣制成酱，再晾凉、兑曲、搅拌、发酵、过淋。

炼窑 [liɛ̃^{44}iɔ^{24}]

南京炼窑主要有砖瓦窑、水泥窑、石灰窑等。南京多丘陵，黄土山和石头山居多，炼窑原料丰富。至迟在孙吴之间，南京地区便出现了砖瓦窑。旧时，南京的砖瓦窑有民窑和官窑两种。明代，南京能仁里一带有数十座大窑，烧制城砖和琉璃瓦，用于建造皇宫内殿、王侯府邸、报恩寺塔和南京城墙。民国时期，南京砖瓦享誉全国，南京开始出现机制砖瓦厂。不同朝代烧制的砖瓦，形制、规格也不相同。明代的砖有五十斤重，清代约三十斤，明清砖瓦上烧有砖所在县名和烧制人名。民国砖瓦约七八斤，20 世纪 50 年代减为五斤左右，普遍使用红砖。

烧制砖瓦有看火工、拉土、和泥、掼坯、装窑、烧窑、洇窑等工序，一般需六天，前两天用小火排潮气，中间两天用中火，最后两天掌握生熟。旧时，新窑点火和每年的第一次烧窑都要举行窑祭，供奉三牲，磕头焚香，祈求烧窑顺利。炼窑业禁忌较多，如妇女不能进窑门等。

图5－62 明城墙城砖

金陵石刻 [tɕin^{31}lin^{24}sʅʔ^{0}k^{h}oʔ^{5}]

南京有“六朝古都，十朝都会”之称，南京石刻主要有铭文石刻、佛教石雕、陵墓神道石雕等。

铭文石刻包括神道碑和砖刻墓志。六朝时墓志盛行，有长方形、方形和圭形等，以长方形居多，典型的有《谢鲲墓志》《王兴之夫妇墓志》。

佛教石雕有南京栖霞山的千佛崖石窟造像，以阴线雕刻等手法表现物象细节，具有一定的时代、美学特征。

图5－63 梁鄱阳忠烈王萧恢墓神道辟邪

图5－64 梁安成康王萧秀墓神道石碑

图5－65 梁安成康王萧秀墓神道驮龟

图5－66 梁安成康王萧秀墓神道辟邪

图5－67 梁始兴忠武王萧憺墓石碑

图5－68 陈永宁陵石刻辟邪

南朝陵墓神道石雕承继汉魏石雕艺术方法，手法精美细致，保持汉魏雕塑的浑厚恢弘，以丰富的凹凸有致的曲线，展现灵动典雅的时代特征。南朝陵墓神道石雕分为帝王陵和王公贵族墓两类。帝王陵以梁文帝萧顺之建陵保存神道石雕数量较多，王公贵族墓前神道石碑以梁安成康王萧秀墓保存最多。宋武帝刘裕初宁陵石雕最为久远，凝重古朴，现存两石兽。帝王陵和王公贵族墓的主要区别是石兽不同，帝王陵使用麒麟，王公贵族墓用辟邪。神道石雕群排列顺序一般是石兽在前，其次是神道石柱，最后是石碑。石雕布局对称，甚至连石兽的神态和石雕文字都须对称。石雕一般列于墓室前 200 米至 1000 米的神道旁，墓室在马蹄形山势的山坡上，居于马蹄形弧顶正中，气势恢宏。

齐代石兽肉丰骨健，秀美多姿；梁代追求庄重豪迈，简单凝练；陈代形制小巧，纹饰繁缛。石柱为雕刻圆柱，上部为仰莲形圆盖，盖上矗立小石兽；中部柱身雕有文字和纹饰；下部为双螭座。石碑分为碑首、碑身、碑座三部分，圭形，圆首。碑座为龟趺座，碑顶饰双螭纹，碑面刻碑文。石雕均用整块巨石雕成，一般高 3 米以上，宽 1.5 米左右。

刘宋时期采用方刀法，齐梁多用圆刀法，陈代使用圆雕法。六朝石刻以南朝陵墓神道石雕为代表，是中国雕塑史上的闪光点，具有举足轻重的艺术价值和历史研究价值。

图5－69 陈永宁陵石刻辟邪正面

南京牙雕 [lã^{24}tɕin^{31}iɑ^{24}tiɔ^{31}]

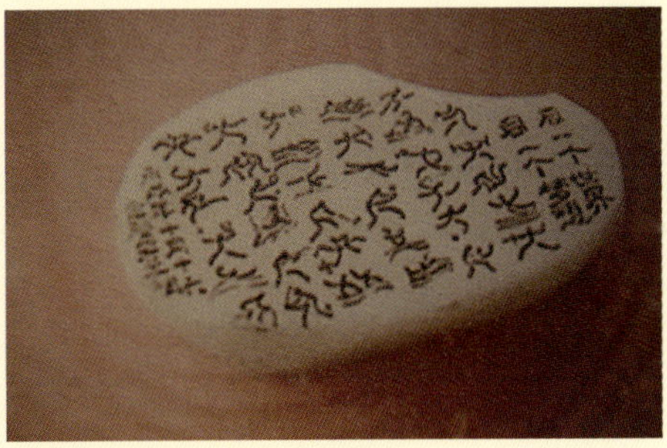

图5－70 牙雕

中国四大著名牙雕之一，以深雕见长，纤细精巧。1978年，由南京牙雕艺人制作的大型仿古牙雕“文成公主入藏”，参加全国工艺美术展览，引起轰动，南京牙雕地位由此确立。1980年，南京牙雕作品“端午龙舟”“唐人击鞠”“霓裳羽衣曲”，在南京工艺美术展览会上受到高度评价。此后，南京牙雕创作了一大批精品，多次获奖。

南京牙雕以仿古为特色，文化底蕴深厚，融南北两派风格，既有体现北派特色的圆雕人物作品，也有体现南派特征的透雕、深浮雕作品。

南京剪纸 [lã^{24}tɕin^{31}tɕiẽ^{24}tʂʅ^{11}]

旧时南京婚嫁多请人用大红纸剪各式喜花，贴于箱、柜、被、枕等嫁妆上，“花中有花、题中有题、粗中有细、拙中见灵”，充满喜气，含意丰富。南京剪纸艺人以剪代笔，不需底稿，剪纸一气呵成。造型以弧线为主，流畅优美，趣味浓厚。

南京剪纸艺人创造出独一无二的“斗香花”刻纸。一种花纹，一次刻成，可以呈现七种不同色彩效果，颇具艺术价值。

图5－71 南京剪纸

四　庙会

秦淮灯会 [tɕ^{h}in^{24}xuɛ^{24}tən^{31}xuəi^{44}]

秦淮灯会历史悠久，又称“金陵灯会”[tɕin^{31}lin^{24}tən^{31}xuəi^{44}]、“夫子庙灯会”[fu^{31}tsɿ^{11}miɔ^{44}tən^{31}xuəi^{44}]、“南京灯会”[lã^{24}tɕin^{31}tən^{31}xuəi^{44}]，每年春节至元宵节期间举办。南朝时元宵灯会“灯火满市井”，景象壮观。明代灯彩艺术迅速发展，至清已有相当高的水平。郎瑛《七修类稿》卷二十七载：“闻太祖初建南都，盛为彩楼……元宵放灯，多至十余日。”灯会期间，民众赏灯、玩灯、闹灯，热闹非凡。传统灯会分布在秦淮河流域，有“十里珠帘”之称。近年集中在夫子庙地区，向东水关及中华门瓮城方向扩展。

秦淮灯会期间，灯景、灯市交相辉映，每年花灯超过五十万盏，秦淮河两岸有大型灯组几十座，可谓“万盏花灯映秦淮”。秦淮灯彩凝结了民间智慧，明《上元灯彩图》记载的秦淮花灯有一二十种，包括花鸟虫鱼、禽兽、龙凤、麒麟、大象、骏马等。清代以后，秦淮灯彩的数量达到三百多种。

秦淮花灯的制作讲求形、色、光。制灯艺术在综合传统纸扎、绘画、书法、剪纸、皮影、刺绣、雕塑等多种中国传统手工艺的基础上，配合使用现代器械，如焊接、机械传动、声光音响、电子程控等。1985年起，南京每年都举办秦淮灯会，吸引大量的海内外游客前来欣赏，既传承、发扬民间艺术，也带动了南京地区旅游业、商贸娱乐业的发展。

图5－72 秦淮灯会

图5－73 灯彩

泰山庙会 [$t^hɛ^{44}sã^{31}miɔ^{44}xuəi^{44}$]

泰山庙会在南京浦口区泰山庙附近举行，一般是每年农历三月二十七日至二十九日。三月二十八日是正日，故又名“三二八庙会”[$sã^{31}er^{44}pɑʔ^{5}miɔ^{44}xuəi^{44}$]。泰山庙会历史悠久，方志记载始于明洪武时期，距今已有六百多年历史。民间传说农历三月二十八日是东岳大帝的生日，民众多朝山进香，庆贺山神诞辰。香客要吃饭住宿、游玩娱乐，商贸服务等应运而生。

图5－74 农具及生活用具贸易

图5－76 制作民间小吃“炒米”

图5－75 农产品贸易

泰山庙会有“出会巡街”“烧香礼拜”等民间文艺表演活动。民众以此祈求平安幸福、风调雨顺、五谷丰盛。1949 年以后，人们不再“出会巡街”，代之以物资交流，场地从泰山新村一直延续到向阳桥，民众自发交流、贸易。

泰山庙会是展现南京江北地区民间文化艺术的窗口，2007 年被南京市人民政府列入首批南京市非物质文化遗产名录。

薛城花台会 [ɕyɛʔ^{5}tsʰən^{24}xuɑ^{31}tʰɛ^{24}xuəi^{44}]

薛城花台会于每年农历三月十八日在南京高淳薛城村举办。花台会一般持续三至五天，期间进行土特产物资交流和其他民俗文化活动。

花台犹如缩小的宫殿，花团锦簇，金碧辉煌。占地约 210 平方米，台面宽 13 米，进深 16 米。台沿口围有半米多高的栏杆，悬挂戏剧人物彩图，中间塑福、禄、寿三星泥像；台中立有浮雕金花盘绕的四柱；台顶是多幅彩画排吊；台口上方用纸扎镂空彩屏拼联，绘有“双龙戏珠”“十二月花神”等图案，称“五彩架”。花台浓缩传统戏剧元素，体现了中华民族忠孝节义的美德及天地人和的理念。

花台会声名远播，每年二月初二向外地张榜公告后，除了本地人外，苏、锡、常、皖、沪的群众亦纷纷闻讯而来。村民接亲待友，村中洋溢喜庆气氛。戏班唱得好挂彩加赏；唱得不好要补唱，台前九联灯也不升起。主家选定三天六场戏的剧目，必须避免重复。薛城花台会现已列入省级非物质文化遗产保护名录。

图5－77 薛城花台（高淳区非物质文化遗产保护中心供图）

陆·婚育丧葬

图6－1送福（魏长华 摄）

南京婚俗随时代变迁而不断发展变化，新旧并存，中西交融。旧时婚姻是“父母之命，媒妁之言”，婚礼须进行“六礼”（纳彩、问名、纳吉、纳征、请期、亲迎）和拜堂、同牢、合卺等仪式。民国后，自由恋爱成为风尚，文明婚礼大量出现，婚礼程序逐渐简化，但订婚、迎亲、闹洞房等依旧保留。现在南京婚礼既有新式环节，又有传统婚嫁程序。旧时有早婚早育、多子多福、重男轻女观念，现在提倡晚婚晚育、优生优育、男女平等。

旧时南京重视丧葬，相沿甚久。丧葬过程复杂、程序繁多，祭品丰富、要求严格。三国时金陵民俗好治丧，耗资数万。东晋、宋、齐、梁、陈五朝，承袭此风，凡治礼者多竭力于此。此风至明代尤甚。《明史·礼志十四》：“京师人民，循习旧俗。凡有丧葬，设宴会亲友，作乐娱尸，竟无哀戚之情，甚非所以为治。……近代以来，富者奢僭犯分，力不足者称贷财物，夸耀殡送，及有惑于风水，停柩经年，不行安葬。”清代丧俗愈加繁复。1949 年以后，提倡文明简朴办丧事，南京人的丧礼逐渐简化，但仍保留一些旧俗。

一　婚事

问名 [uən^{44} min^{24}]

俗称“讨年庚”[tʰɔ^{11}liẽ^{24}kən^{31}]或“讨八字”[tʰɔ^{11}pʰɑʔ^{5}tsɿ^{44}]，即男方询问女方姓名和出生日期，以便男方卜问吉凶来判断成婚与否。在南京，女方常用红色单帖写好女子的姓名和生辰八字。媒人将单帖送到男方家，放进厨房，供在灶前香炉下。三日内男方家没有不吉的事情发生，如碎碗、摔瓶等，即可请算命先生合婚。如果八字相合，即通知女方，送彩礼定亲；如八字不合，则退回庚帖。

下小定 [ɕiɑ^{44}ɕiɔ^{11}tin^{44}]

南京订婚过程中，男女双方交换庚帖（即订婚文约）之时，男方要送礼品，由媒人带给女方，俗称“下小定”。男方所送礼金尾数有讲究，一般带“六”，忌“零”“一”。礼品多为饰品、布料、红蛋、糖果，布料一般为四套（棉布两套、府绸两套）。其中簪子、耳扒、“白紫”和大红裙是不可少的。耳扒意为财源广进（“扒”为“扒钱”）；“白紫”是腰上饰有白色围边的紫色长裤，谐音“百子”，表达添丁纳福的美好愿望。

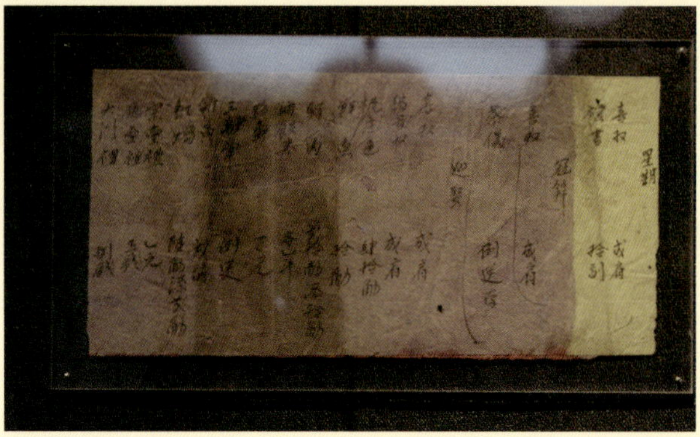

图6－2 下小定礼单

清担 [tɕ^{h}in^{31}tã^{44}]

男女双方聘金、聘礼商定完毕，互换庚帖后，男方在订婚当日请女方的媒人带一部分聘礼过去，作为“定聘”[tin^{44}p^{h}in^{44}]，余下的聘礼要在婚期确定前送到女方家，称“清担”。除聘金外，还要送衣服、鞋、袜等穿戴物品，套数一般是五、六、十。女方也要送嫁妆，多为生活用品，如衣橱、箱子、脚炉、搓衣板、捶衣棍、桶、盆等。

四色礼 [sɿ^{44}sɛʔ^{5}li^{11}]

图6－3 四色礼

迎娶新娘前，男方要给女方家送“四色礼”，又称“四式礼”[sɿ^{44}ʂʅ^{44}li^{11}]。“四色礼”实际上有六样物品（因民间认为“四”不吉利，所以送六种），一般是八十斤猪肉、三十斤鱼（至少两条，每条十五斤左右）、鸡蛋、条粉（即粉丝，寓意长长久久）、水果糖、花生，这些物品一般都要成双，以讨吉利。旧时认为女方家是嫁女儿，不应该倒贴物品，故有“喝女家水，吃男家菜”[xoʔ^{5}ly^{11}tɕiɑ^{31}suəi^{11}，ts^{h}ʅʔ^{5}lã^{24}tɕiɑ^{31}ts^{h}ɛ^{44}]的说法。婚礼的前三天，亲朋好友要在女方家吃饭，吃男方送的“四色礼”。现在，“四色礼”多为烟、酒、糖果、糕点等。

送日子 [soŋ^{44} zʅʔ^{5}tsɿ^{0}]

“送日子”又称“看日子”[k^{h}ã^{44}zʅʔ^{5}tsɿ^{0}]、“通日”[t^{h}oŋ^{31}zʅʔ^{5}]，即古代六礼中的“请期”。男方到女方家商议婚期时，会请算命先生根据男女生辰以及皇历的吉凶推算结婚日期，一般选择双日，趋吉避凶。多按属相确定迎娶月份：“正、七迎鸡兔，二、八虎与猴，三、九蛇共猪，四、十龙和狗，牛羊五、十一，腊月鼠马走。”还有一些禁忌，如迎亲、送亲人属相忌讳歌：“辰子申忌蛇鸡牛，巳酉丑忌虎马狗，寅午戌忌猪兔羊，亥卯未忌龙鼠猴。”良辰吉日由男方家选择两个，上半月确定一个日期，下半月也确定一个日期，最后时间由女家确定，以不与女方月事时间相冲。确定吉日后，由男方写成婚书送往女家，旧时婚书上要详列婚礼各项时间，女方同意就收下男方送来的婚书及礼品。

图6－4 单层看盒

图6－5 双层看盒

看盒 [kã^{44} xoʔ^{5}]

“看盒”是由女方父母以外的亲友（一般为叔伯姑舅）送给男方家的贺喜礼物。旧时送看盒是女方的亲友与男方家建立关系的标志；如果不送看盒，意味着女方亲友不同意这门亲事，拒绝与男方家认亲。

三请三邀 [sã^{31}tɕ^{h}in^{11}sã^{44}iɔ^{31}]

临近婚期，男方以嫁衣、脂粉为新娘添妆，送到女方家。男方迎亲队伍进入女方家，新娘不立即出来，故意拖延上轿时间，称其在梳妆打扮。男方频频催妆后新娘才出房，称“三请三邀”。

旧时，新娘上轿前要沐浴，娘家在澡盆中放钱币，新娘将这些钱币收起来，寓意最后一次收娘家的钱。沐浴后，新娘从里到外换上全新的衣裤鞋袜，“三请三邀”后，由父兄抱上轿；如果是自己走上轿的，要穿上父兄的鞋，上轿后脱去，以免行走时脚上沾上娘家的泥土，把娘家的财气带走。

图6－6 迎亲喜轿

图6－7 新娘感慨落泪

图6－8 母亲嘱咐新娘

哭嫁 [kʰuʔ^{5} tɕiɑ^{44}]

新娘上轿前惜别父母家人，往往因感慨而大哭。这时母亲也会在一旁“哭嫁”，说一些嘱咐尊老爱幼、和睦家庭的话，以及对新人未来婚姻生活的美好祝愿。这些话语有时会以歌谣的形式唱出来：“乖乖女儿啊，你一进婆家村，遍地出黄金；你一进婆家巷，遍地出凤凰；你一进婆家门，脚踏聚宝盆……”

传袋 [tsʰuã^{24}tɛ^{44}]

新娘下轿后，先跨“马鞍”[mɑ^{11}ã^{31}]（并非真的马鞍，而是仿其形状，称“鞍轿”[ã^{31}tɕiɔ^{44}]），寓意家中稳当、平安；后踩米袋，寓意“代代相传”。米袋提前铺在地上，旁边的亲人不断把米袋一个接一个往前传递。清甘熙《白下琐言》卷四：“《辍耕录》云：新妇始至门，传席以入，弗令履地，唐人已然。今仍其风，不以席而以米袋，取接代之意。又，甫下舆时，先跨马鞍。”

图6－9 传袋

龙凤饼 [loŋ^{24}fən^{44}pin^{11}]

也称“喜饼”[ɕi^{24}pin^{11}]，是南京人婚娶时做的糕点。龙凤饼外形类似月饼，花纹图案有龙有凤（或有喜字），配有花草虫鱼，取龙凤呈祥之意，送龙凤饼须是双数，寓意成双成对。现在龙凤饼只是一种叫法，多用糕点代替。

图6－10 新式袋装龙凤饼

吃喜酒 [tʂʅʔ^{5}ɕi^{24}tɕiəɯ^{11}]

宾客赴婚宴，称“吃喜酒”。南京婚礼当天，亲友带贺礼前来祝贺，一般用红包装现金，称“出份子”[ts^{h}uʔ^{5}fən^{31}tsɿ^{0}]。在农村，一般中午由女方家宴请，晚上在男方家。城区婚礼酒席多在酒楼饭店举行，新娘新郎站在酒店门口，着礼服迎接宾客。喜宴从几桌到几十桌不等，新娘新郎逐桌敬酒，宾客用各种花样故意“刁难”新人。民间认为婚礼不闹不吉利，越闹越喜庆。亲朋好友临走时，新人要送喜糖或红包，以示感谢。

图6－11 婚礼现场

图6－12 喝喜酒

图6－13 新婚夫妇敬酒

全福太太 [tɕʰyɛ̃^{24}fuʔ^{5}tʰɛ^{44}tʰɛ^{44}]

也叫“伴妈”[pã^{44}mɑ^{31}]。狭义指父母、公婆、丈夫、儿女齐全，家庭美满的妇女，广义指有丈夫和儿子的妇女。旧时，南京人认为儿女双全的人有福气，故常请她们帮忙操办婚事。婚礼前一天，全福太太在新房缝被子、铺嫁妆。新娘出嫁时的梳妆穿戴由全福太太负责，称作“上头”[sã^{44}tʰəɯ^{24}]。婚礼当天搀新娘等也由全福太太料理。

图6－14 新人与全福太太

子孙桶 [tsɿ^{11}suən^{31}tʰoŋ^{11}]/子孙蛋 [tsɿ^{11}suən^{31}tã^{44}]

南京新房必备新马桶，原是分娩用具（孕妇蹲坐在马桶上分娩），称“子孙桶”。旧时用黄布裹着由专人背入新房，现代多用红色的塑料桶或木桶代替。桶里放筷子、花生、桂圆、枣子、鸡蛋等，寓意“快生贵子”“早子”。

“子孙蛋”是放在子孙桶里染红的熟鸡蛋，由女方放进子孙桶内送到新房。通常放七个，也有放五个的，象征“诞子于桶”“五子登科”。

图6－15 旧式子孙桶

图6－16 新式子孙桶

搀亲 [tsʰã^{44}tɕʰin^{31}]

旧式婚礼中，新娘蒙盖头，看不见，行动不便，需全福太太搀扶照应。现在由伴娘搀亲。接新娘时，全福太太嘴要甜，要会说吉利话。南京俗语：“伴妈的嘴，胜似蜜糖水。满口恭维，满口富贵，叫你听了心醉。”[pã^{44}mɑ^{31}ti^{0}tsuəi^{11}，sən^{44}sɿ^{44}miʔ^{5}tʰã^{24}suəi^{11}。mã^{24}kʰəɯ^{11}koŋ^{31}uəi^{24}，mã^{24}kʰəɯ^{11}fu^{44}kuəi^{44}，tɕiɔ^{44}li^{11}tʰin^{31}lə^{0}ɕin^{31}tsuəi^{44}]

压床 [iɑʔ^{5}tsʰuã^{24}]

“压床”又称“联床”[liẽ^{24}tsʰuã^{24}]、“暖床”[luã^{11}tsʰuã^{24}]，是南京传统婚俗。婚礼前夜请童男和新郎在床上睡一夜，寓意新婚夫妇将来福气大。男童须父母健在、兄弟姐妹

图6－17 洞房

图6－18 婚床

图6－19 喜被

齐全。婚床的被单上撒花生、红枣、桂圆、片糕等，寓意早生贵子。童男要把撒在被子上的食品都吃完，如果晚上能尿床更好，称为“漏喜讯”[ləɯ^{44}ɕi^{11}ɕyən^{44}]。民间认为这样新娘当年就能怀孕。婚礼前切忌准新郎独睡新床，寓意婚后孤独，不吉利。新娘进房要给童男喜钱，男孩才让位。

图6－20 婚礼镜套

图6－21 新娘粉盒

暖房酒 [luã^{11}fã^{24}tɕiəɯ^{11}]

结婚前一天中午，男方要办一顿酒席同家人和亲友聚餐（不同于婚礼日的喜酒），称“暖房酒”，女方不参加。晚上女方备礼去男家，请全福太太铺床，挂帐幔，铺设房间器具、首饰等。为了头胎能够生男孩，嫁妆中的梳妆盒和痰盂须由童男搬。

图6－22 撒帐

撒帐 [sɑ^{11}tsã^{44}]

南京传统婚礼习俗，往床帐上撒枣子、栗子、花生、桂圆、莲子、荔枝、核桃等，有多子多寿之意。枣子和栗子取“早”“立子”的谐音；桂圆“桂”与“贵”同音，“圆”有“圆满、完满”之意，寓意婚姻幸福；莲子取“连”谐音，寓意连生贵子；荔枝是婚姻的吉祥果，也取“立子”之意。

上头饭 [sã^{44}t^{h}əɯ^{24}fã^{44}]

入新房后，新郎新娘出房拜见男方父母（旧时须磕头），向宾客行礼，再回洞房，吃合欢宴，饮交杯酒，有时还要喝“和气茶”[xo^{24}tɕ^{h}i^{44}ts^{h}ɑ^{24}]。合欢宴上，新郎新娘吃的饭称“上头饭”。合欢宴的每样食物必须有剩余，取“有吃有余”之意，剩余的食物新郎新娘第二日继续吃。

图6－23 拜见公婆

分大小 [fən^{31}tɑ^{44}ɕiɔ^{11}]

在南京，新娘在婚礼次日要早起，沐浴后着盛装，恭敬地拜见公婆，端上早茶（一般是桃酥等茶点）。新娘“过门”[ko^{44}mən^{24}]后即为夫家一员，拜过祖宗后要“定名分”[tin^{44}min^{24}fən^{44}]，也称“分大小”（即了解夫家的长幼辈分）。如果家庭成员比较简单，在洞房之夜就可拜见公婆，了解夫家家庭成员的长幼顺序；如果家庭成员较多，次日拜见。夫家长辈或亲友给红包、首饰、衣料等作为回礼。

回门 [xuəi^{24}mən^{24}]

南京婚礼习俗，指女子婚后首次回娘家探望父母，也叫“归宁”[kuəi^{31}lin^{24}]。回门须带着礼品，与新郎同往。回门多在婚后第三日，故又称“三朝回门”[sã^{44}tsɔ^{31}xuəi^{24}mən^{24}]，也可婚后六、七、九、十或满月回门。这是婚礼最后一项仪式，意谓女儿不忘父母养育之恩，女婿感谢岳父岳母。因为是女儿女婿一起回门，又称“双回门”[suã^{31}xuəi^{24}mən^{24}]，取成双成对的吉祥寓意。

二　生育

摸秋 [mo^{44}tɕ^{h}iəɯ^{31}]

南京地区的祈子习俗，起源于清代，《六合县志》《金陵岁时记》《金陵琐志》均有记载。“摸秋”即“偷秋”[t^{h}əɯ^{31}tɕ^{h}iəɯ^{31}]。结婚后尚未怀孕的女子，中秋节当晚到人丁兴旺、多子多福的人家地里偷摘瓜豆等物，如果顺利即可得子。当地风俗，中秋之夜田里的瓜豆被人偷走，主人不可责怪，但第二天摸秋女子的丈夫须偿还主人损失瓜豆的钱。如果女子偷瓜豆后生子，须请被偷人家喝满月酒或送红喜蛋。

有喜 [iəɯ^{24}ɕi^{11}]

妇女怀孕，俗称“有喜”。旧时南京风俗，孕妇“目不视恶色，耳不听邪声，割不正不食，席不正不坐”。

因为怕动“胎气”[t^{h}ɛ^{31}tɕ^{h}i^{44}]，坏“胎数”[t^{h}ɛ^{31}su^{44}]，所以妇女怀孕期间禁忌很多。比如，孕妇不坐在屋檐下，避免吹风着凉；不洗冷水澡；夜间不在室外，以防孕妇被天上的凶星照了胎。吃的方面也有要求，不能吃生冷食物，以免影响胎儿的成长。怀孕后忌夫妻同房（特别是四五个月后），怕动胎气而小产。还有其他禁忌，如禁止孕妇接触嫁娶、丧葬、神事、巫事，认为孕妇“不洁”，怕神明受亵渎，同时也防止孕妇为巫术所害。

现在提倡妇女在怀孕期间适当运动，保持心情愉悦，增强体质，没有那么多的禁忌。

催生 [ts^{h}uəi^{44}sən^{31}]

如果孕妇怀孕足月还未生产，须“催生”。旧时产妇临产前，婆婆或丈夫会拜催生娘娘，祈祷孩子平安诞生。娘家要送“催生礼”[ts^{h}uəi^{44}sən^{31}li^{11}]，有红糖、鸡蛋等。还有在催生礼中放筷子的习俗，以求快生快养。也可送小孩用的棉袄、棉裤、小棉被、尿布等。产妇临产前数日，每天蒸桂圆肉，给临产孕妇补气，减少分娩痛苦。

现代催生方法越来越科学，孕妇怀孕初期就去医院定期检查。亲朋好友也会准备好婴儿出生的必需品，如婴儿衣物和婴儿车等，赠予准爸爸、准妈妈。

分娩 [fən^{31}miɛ̃^{11}]

民国以前，南京产妇分娩须请“稳婆”[uən^{11}p^{h}o^{24}]（接生婆）接生。孕妇坐在“子孙桶”上，身穿特大围裙，稳婆双手伸进裙中接生，20 世纪 60 年代后，这种接生方法逐渐消失。

旧时产妇在分娩期间有禁忌：忌回娘家分娩，一是怕在路上舟车劳顿，二是怕有人将生下的孩子以女换男；忌在他人家中分娩，认为新生儿会带走主人家的福气；忌他人入产房，特别是男子，认为产妇不洁，会对他人不利，也怕男子阳盛对产妇及孩子不利。

现在都在医院生产，医疗设施可靠安全，很多禁忌随之消失。

散红喜蛋 [sã^{44}xoŋ^{24}ɕi^{11}tã^{44}]

南京婴儿出生后，散红喜蛋，告知亲朋好友喜讯。婴儿父亲给岳父岳母和其他至亲长辈送红喜蛋，亦称“送喜子”[soŋ^{44}ɕi^{24}tsɿ^{11}]。红喜蛋一般是五或七的倍数：五个寓意“五子登科”，七个寓意“七子团圆”。“送喜子”时，须告知对方新生儿“洗三朝”[ɕi^{11}sã^{44}tsɔ^{31}]或“洗十二朝”[ɕi^{11}tʂʅʔ^{5}er^{44}tsɔ^{31}]的日期，以便亲戚届时前来祝贺。亲友收红喜蛋后要回赠礼金，称为“洗儿钱”[ɕi^{11}er^{24}tɕ^{h}iɛ̃^{24}]。

图6－24 喜蛋

坐月子 [tso^{44}yɛʔ^{5}tsɿ^{0}]

产妇分娩后要“坐月子”，也称“月内”[yɛʔ^{5}ləi^{44}]。产妇坐月子期间，被称为“红人”[xoŋ^{24}zʅən^{24}]，在家卧床休息，调养身体，不能随意到邻家宅院走动。月子里不能吹风、洗澡，手脚尽量不碰冷水，着长衣长裤。同时加强营养，旧时娘家“送月餐”[soŋ^{44}yɛʔ^{5}ts^{h}ã^{31}]，包括猪肚、老母鸡、红枣等，民间有“坐月子要吃三只老母鸡”的说法。

三朝 [sã^{44}tsɔ^{31}]

婴儿出生第三天，请产婆或有经验的妇人替婴儿洗澡，意谓洗去胎气，也称“洗三”[ɕi^{11}sã^{31}]。旨在给新生儿祈福，希望孩子有神明保佑，受到亲友祝福，平安长大。旧时婴儿的洗澡水要放带有美好祝愿的物品，如花生、龙眼叶等，寓意健康长寿，生活美满；也有的放金银首饰，祝愿小孩日后生活富裕，不愁吃穿。洗三时要说“洗洗头，写写画画第一流；洗洗肩，千斤石担举上天”[ɕi^{24}ɕi^{11}t^{h}əɯ^{24}，ɕie^{24}ɕie^{11}xuɑ^{44}xuɑ^{44}ti^{44}iʔ^{5}liəɯ^{24}；ɕi^{24}ɕi^{11}tɕiɛ̃^{31}，tɕ^{h}iɛ̃^{44}tɕin^{31}tʂʅʔ^{5}tã^{44}tɕy^{11}sã^{44}t^{h}iɛ̃^{31}]等吉祥话。洗毕，将爽身粉擦在婴儿身上，主要关节处用艾条熏一熏。洗完澡后给新生儿穿衣服（一般是外婆送的新衣），将双腿并拢轻轻扎好，防止罗圈腿。

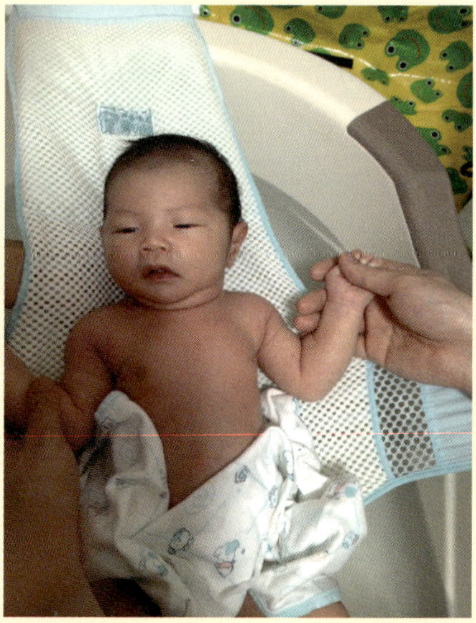

图6－25 洗三

满月 [mã^{11}yɛʔ^{5}]

新生儿出生满一个月，家人摆“满月酒”[mã^{11}yɛʔ^{5}tɕiəɯ^{11}]庆祝。酒席必备寓意健康长寿的“满月面”[mã^{11}yɛʔ^{5}miɛ̃^{44}]。

届时，爷爷奶奶、外公外婆都会参加。新生儿由爷爷奶奶抱着坐在上席，外公外婆送给新生儿摇窝、坐车（用竹材或木料制作的童车）、站桶等儿童用具。前来道贺的其他亲友带贺礼，有虎头帽、虎头鞋、红肚兜等衣物鞋帽，也有金银项圈、手镯、脚镯、小如意（刻“长命富贵”“状元及第”等）等饰品。

满月前产妇不能去别人家串门。满月后第二天，产妇可带着婴儿回娘家，称为“走满月”[tsəɯ^{24}mã^{11}yɛʔ^{5}]。

图6－26 肚兜

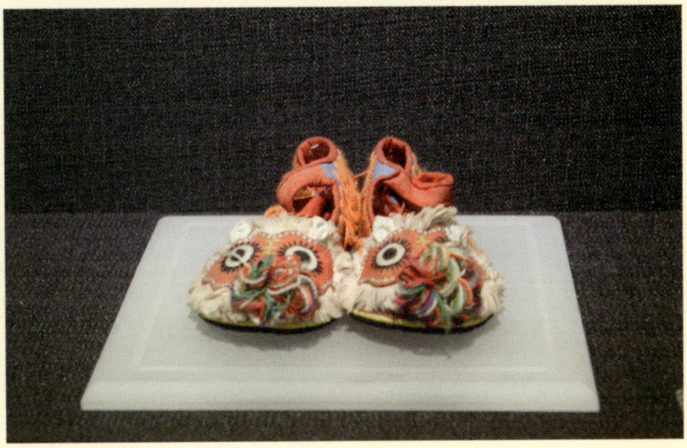

图6－27 虎头鞋

百岁 [pɛʔ^{5} suəi^{44}]

“百岁”是新生儿出生一百天时举行的庆祝仪式。旧时南京地区给新生儿过百日时，亲朋好友出份子钱，父母用这些钱给新生儿买衣物和锁片，称“百家衣”[pɛʔ^{5}tɕia^{44}i^{31}]、“百家锁”[pɛʔ^{5}tɕia^{31}so^{11}]。“百家衣”是用不同颜色的碎布缝制的衣物，“百家锁”是刻有“百家宝锁”“长命富贵”等吉利字样的锁，有辟邪之意。富裕人家宴请宾朋，给新生儿吃“百家饭”。新生儿吃“百家饭”，穿“百家衣”，谓“凑百岁”[tsʰəɯ^{44}pɛʔ^{5}suəi^{44}]。

图6－28 长命锁

图6－29 百家衣

剃喜头 [tʰi^{44}ɕi^{11}tʰəɯ^{24}]

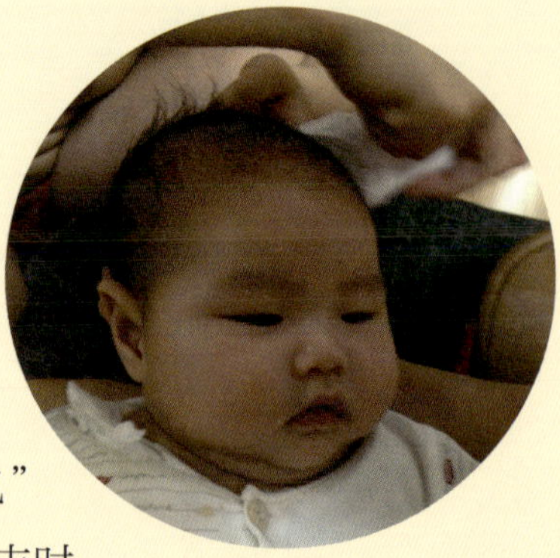

图6－30 剃喜头

新生儿满月或百天时剃第一次头，称“剃胎发”[tʰi^{44}tʰɛ^{31}fɑʔ^{5}]、“剃长命头”[tʰi^{44}tsʰã^{24}min^{44}tʰəɯ^{24}]。剃胎发很有讲究：洗头水放在银器中，因“银器”与“人气”谐音，洗过头后会有人气。旧时剃头前要查看黄历，找吉时。新生儿父母还要给剃头师傅下面条，放两三个鸡蛋，给双倍工钱。师傅边剃边说吉祥话，话说完，剃头也结束。剃喜头要连眉毛一并剃掉，因民间认为“眉高眼低”，小孩剃掉眉毛看人更清楚，寓意日后能够明辨是非。

剃喜头有时间禁忌，不能在三、五、七月剃头。民间认为三月剃头会生秃疮；五月是“毒月”，剃的是“毒头”[tuʔ^{5}tʰəɯ^{24}]；七月是“鬼月”，剃的是“鬼头”[kuəi^{11}tʰəɯ^{24}]。近年来，很多年轻父母将小孩的胎发做成胎毛笔，笔杆刻小孩的姓名、生辰、生肖等，留作纪念。

抓周 [tsuɑ^{44}tsəɯ^{31}]

“抓周”又称“试儿”[ʂʅ^{44}er^{24}]、“试周”[ʂʅ^{44}tsəɯ^{31}]，在小孩满一周岁时举行，民间认为抓周能预测前途、性情。

抓周时孩子着新衣，面前摆放各种物品，由小孩自己选择拿什么东西，如文房四宝、书籍、算盘、玩具、食品等。如果是女孩还要加上勺子、剪子、刺绣等。民间认为，如果抓文具，长大后即为儒生；如果抓乌纱帽，即能出仕；如果抓算盘，即为商贾。女孩若抓女红或炊具则预示长大善于持家。“抓周”表达了人们对孩子的美好祝愿。

南京俗语：“人的生日年年有，抓周、满月、百岁一次头。”[zən^{11}ti^{0}sən^{31}zʅ^{5}liɛ̃^{24}liɛ̃^{24}iəɯ^{11}，tsuɑ^{44}tsəɯ^{31}、mã^{11}yɛʔ^{5}、pɛʔ^{5}suəi^{44}iʔ^{5}tsʰʅ^{44}tʰəɯ^{24}]

图6－31 抓周物品

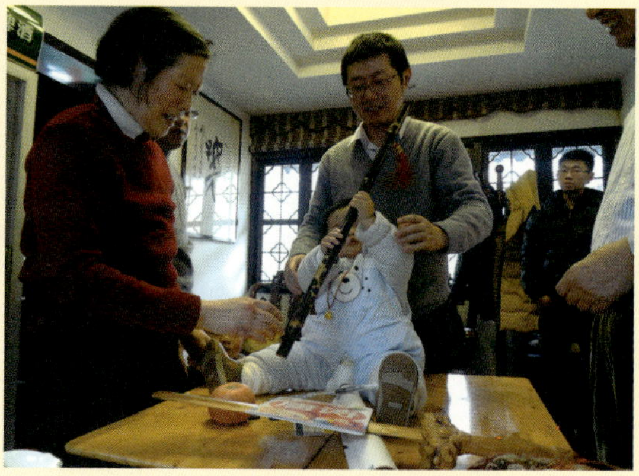

图6－32 抓周

图6－33 立夏称重

立夏称重 [liʔ^{5}ɕiɑ^{44}ts^{h}ən^{31}tsoŋ^{44}]

立夏给孩子称重是南京流传已久的育儿传统，一是希望孩子能够保持这一日的体重，二是在立秋那天再称一次，与之比较。南京地区立夏时节闷热潮湿，孩子常寝食难安，容易消瘦、生病，称“疰夏”[tsu^{44}ɕiɑ^{44}]。由于以前没有磅秤，人们就用一根粗麻绳把杆秤挂在房梁上，使其悬空，下方吊一个小板凳或大竹篮，让小孩坐进去称重。因此，南京有“时逢立夏出奇谈，巨秤高悬坐竹篮”[ʂʅ^{24}fən^{24}liʔ^{5}ɕiɑ^{44}ts^{h}uʔ^{5}tɕ^{h}i^{24}t^{h}ã^{24}，tɕy^{44}ts^{h}ən^{44}kɔ^{44}ɕyɛ̃^{24}tso^{44}tsuʔ^{5}lã^{24}]的说法。

成人礼 [ts^{h}ən^{24}zən^{24}li^{11}]

包括冠礼[kuã^{44}li^{11}]（男子成人礼）和笄礼[tɕi^{31}li^{11}]（女子成人礼）。

冠礼也称“成丁礼”[ts^{h}ən^{24}tin^{31}li^{11}]。六朝时南京男子在十五岁时行冠礼，明朝时十五至二十岁皆可。旧时，南京冠礼日期一般在农历二月二日（“龙抬头”日）举行，有三个步骤：“初加”[ts^{h}u^{44}tɕiɑ^{31}]、“再加”[tsɛ^{44}tɕiɑ^{31}]和“三加”[sã^{31}tɕiɑ^{31}]。“初加”戴黑麻布制成的冠，“再加”戴白鹿皮瓜皮帽，“三加”戴玄冠，即由葛布或丝帛制成的红中带黑的平顶帽。

旧时，笄礼多在女子十五岁时举行。行笄礼前，女子散发或束辫，不用修面、绞汗毛。行笄礼后，表示女子已成年，将长发挽成发髻。民国后，可根据刘海来判断女子是否成年。女童有刘海，南京人把她们称为“毛绫姑娘”[mɔ^{24}lin^{24}ku^{31}liã^{0}]。结婚后不留刘海，要绞掉额头上多余的毛发。南京俗语云：“风吹自然美，青春常驻童花头。”[fən^{44}ts^{h}uəi^{31}tsʅ^{44}zã̩^{24}məi^{11}，tɕ^{h}in^{44}ts^{h}uən^{31}ts^{h}ã^{24}tsu^{44}t^{h}oŋ^{24}xuɑ^{31}t^{h}əɯ^{24}] 笄礼一般在农历七月初七（“乞巧节”）举行，也可选择其他吉日，点红烛，摆各种供品，由母亲为女儿挽发。女子行笄礼后可婚嫁或参加社会活动。

现在南京依然举行成人礼，一般由学校统一举行，学生着正装参加。有的学校要求男生穿西服、系领带，女生穿白衬衫、黑短裙；有的学校要求学生穿校服。成人礼上校长、教师代表、家长代表、学生代表进行演讲，有时还邀请知名人士参加并发表演说。

送福 [soŋ^{44}fuʔ^{5}]

指女婿三十岁生日由岳父岳母为其庆祝。生日当天，岳父挑着鱼、肉、鸡和蛋糕等，到女婿家，表示祝贺（见图 6–1）。

做寿 [tso^{44}səɯ^{44}]

老人寿诞日，子女亲友前来祝贺，为老人祈福祈寿，谓之“做寿”。

图6－34 做寿

做寿前一天晚上，举行“暖寿”[luã^{11}səɯ^{44}]仪式。堂上悬挂“寿星图”或“寿”字匾，设香案，燃烛焚香。点的蜡烛也有讲究，所点红烛要称好重量，一般是一斤半或两斤半，因“半”与“伴”同音，取父母二人“相伴到老”之意。供桌上摆满糕点、水果等，用“寿茧”(一种用糯米粉做成的嵌有“寿”字的粑粑）层层码起“寿星塔”。寿星向“寿星图”行跪拜礼，户外燃放“高升”（又称“天地响”，一种长杆的爆竹，点燃后腾空而起）、炮仗，祝愿多福多寿。

第二天早上，前来贺寿的子女亲友吃寿面，谓之“合寿”[xoʔ^{5}səɯ^{44}]。上午举行拜寿仪式：寿星携配偶端坐堂前，子女亲属按辈分轮流上前跪拜，说祝福语。中午主家设寿筵招待前来祝贺的客人。

图6－35 拜寿

图6－36 寿筵

三　丧葬

南京人“去世”的说法很多，有“过世”[ko^{44}ʂʅ^{44}]、“归天”[kuəi^{31}tʰiɛ̃^{31}]、“不在了”[puʔ^{5}tsɛ^{44}le^{0}]，还有“翘辫子”[tɕʰiɔ^{44}piɛ̃^{44}tsʅ^{0}]等，后者带有戏谑意味。

家奠 [tɕia^{31}tiɛ̃^{44}]

死者家族的人举行的哀悼活动。南京人家奠按辈分行礼，亲疏、长幼有序，行礼也分轻重。子女辈、孙辈、曾孙辈、玄孙辈、侄辈等均行一跪三叩首的大礼；兄弟姊妹辈、姻亲亲属行三鞠躬礼。行礼次序为：血亲者在前（死者的子女最先行礼），旁亲、姻亲者在后；大礼者在前，小礼者在后；尊长者在前，卑幼者在后。如果姻亲社会地位较尊，行礼次序可适当提前，但不能超越死者的直系子孙辈。

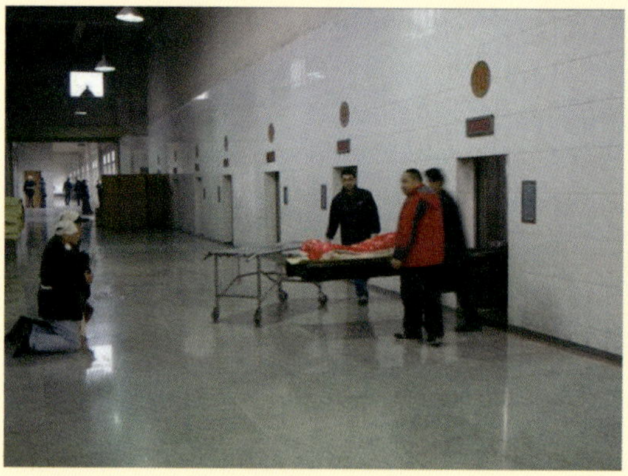

图6－37 火化炉前一跪三叩首

图6－38 告别仪式三鞠躬礼

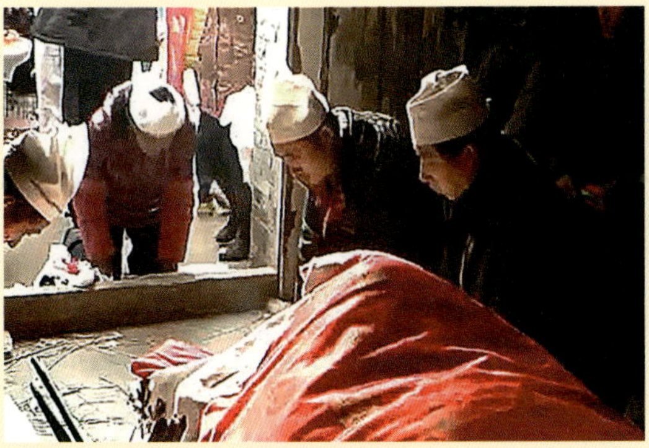

图6－39 做白事

图6－40 悬挂祭幛

做白事 [tso^{44}pɛʔ^{5}sɿ^{44}]

也说“办丧事”[pã^{44}sã^{31}ʂʅ^{44}]，指死者亲属设灵堂，让亲友前来吊唁。吊唁者一般要送祭幛，上面用别针别上“某某致”字样的纸条，挂于灵堂内。

司宾 [sɿ^{44}pin^{31}]

办丧事时，负责接待的人称“司宾”。唐代称掌管凶仪之事的官为司宾，流传至今，南京人仍然沿用。

图6－41 司宾

报丧 [pɔ^{44}sã^{31}]

报丧，又称“报孝”[pɔ^{44}ɕiɔ^{44}]，将死者逝世的消息告知亲友。报丧是人死后的第一个仪式，分向直系血亲报丧和向旁系亲属报丧两种。向直系血亲报丧由亡人的长子或长孙完成。即使有的人家已经知道消息，死者家属也要去报丧，这是必不可少的丧俗。

老衣 [lɔ^{24}i^{31}]

给死人穿的衣服，又称“寿衣”[səɯ^{44}i^{31}]或“殓衣”[liẽ^{11}i^{31}]。无论哪个季节去世，老衣必须是冬装。南京人做老衣有“五领三腰”[u^{24}lin^{11}sã^{44}iɔ^{31}]（五件上衣，三条裤子）的说法。一般来说，老衣至少要做三套，套数均要单数，忌双数。老衣的上衣与裤子要相差两件，如上七下五或上九下七，最多是上十一下九，即穿十一件上衣，九条裤子（女的可用裙子代替）。夭寿者（不到五十岁死的人），一般只能穿三件（三件上衣，一条裤子）。死者年龄越大，越可多穿，表示有福有寿。死者若为男性，老衣通常由儿子和女儿来料理；死者若为女性，则由女儿和儿媳来料理。未咽气时穿老衣不穿鞋，等到咽

图6－42 老衣上身

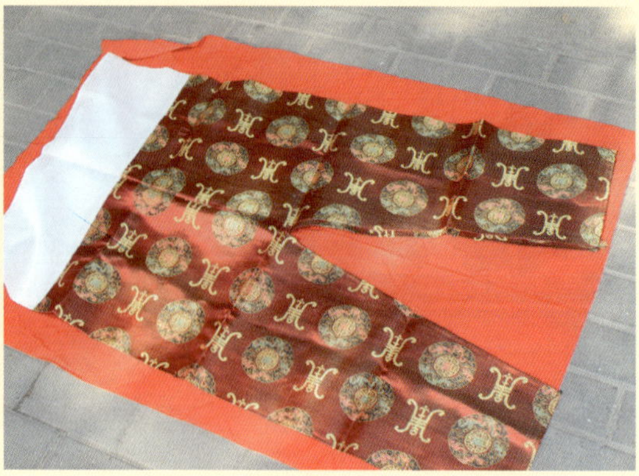

图6－43 老衣下身

气后才穿鞋。民间说法，人一穿鞋就“走了”。

做老衣不能用毛皮料，一般用绢布、棉布，取“眷恋”“缅怀”之意。无论内外衣，一律不用纽扣，只用布带系着。“带子”寓意为后世家族带来子孙，香火不绝。老衣不能是黑色或白色，一般为蓝色或紫色，年轻妇女用红、粉或葱白色。

老帽 [lɔ^{24}mɔ^{44}]

给死人戴的帽子，又称“寿冠”[səɯ^{44}kuã^{44}]。在南京，男性死者一般戴礼帽、便帽，也可戴传统的清朝瓜皮帽；女性，特别是老年妇女，常戴蚌壳式绒帽。男性老帽一般为蓝色，帽顶上用红布做成桃疙瘩。南京传统认为这样能驱除煞气，给子孙带来吉祥。

老鞋 [lɔ^{24}ɕiɛ^{24}]

给过世的人穿的鞋，又称“寿鞋”[səɯ^{44}ɕiɛ^{24}]。鞋底须为布底，贴莲花，表示脚登莲花，修成正果。南京俗谚“脚登莲，上西天”[tɕyoʔ^{5}tən^{31}liɛ̃^{24}，sã^{44}ɕi^{44}tʰiɛ̃^{31}]。

图6－44 老帽

图6－45 老鞋（男）

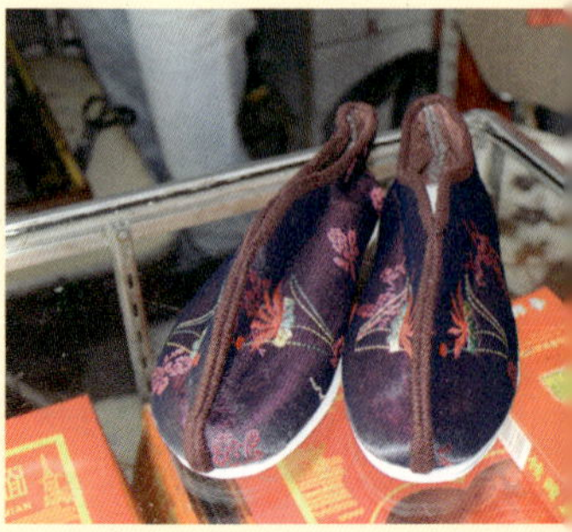

图6－46 老鞋（女）

图6－47 骨灰盒

图6－48 骨灰盒盖

骨灰盒 [kuʔ⁵xuəi³¹xoʔ⁵]

遗体火化后，放骨灰的木盒。

祭幛 [tɕi⁴⁴tsã⁴⁴]

祭奠用的幛子，表达对死者的追悼和敬意。南京人办丧事时，在灵堂里拉一根绳子，用于悬挂亲友送的祭幛。祭幛多为缎制，缎面上绣有各类图案，别着挽条。挽条分上下两条，右边为上联，常书“悼念某某某”“沉痛悼念某某某”或“某某某千古”；左边为下联，常书“某某某敬挽”“某某某泣挽”“某某某拜挽”，并写明吊唁者与死者的关系。一般来说，送祭幛以家庭为单位，一个家庭送一幅祭幛。

图6－49 祭幛

请孝 [tɕ^{h}in^{11}ɕiɔ^{44}]

已婚女子若想为娘家过世长辈戴孝，须得到公婆允许，谓“请孝”。

在堂 [tsɛ^{44}t^{h}ã^{24}]

指设灵堂后，死者家属跪在灵堂内接受亲友吊唁。每接待一批吊唁者，死者亲属们（多为女眷）就大哭一场。无论尊卑，吊唁者都必须跪拜死者。家属（多为长子长孙）对前来吊唁的人都要跪拜答谢，答礼次数与吊唁者的施礼次数相同。吊唁后，家属设宴款待吊唁者。

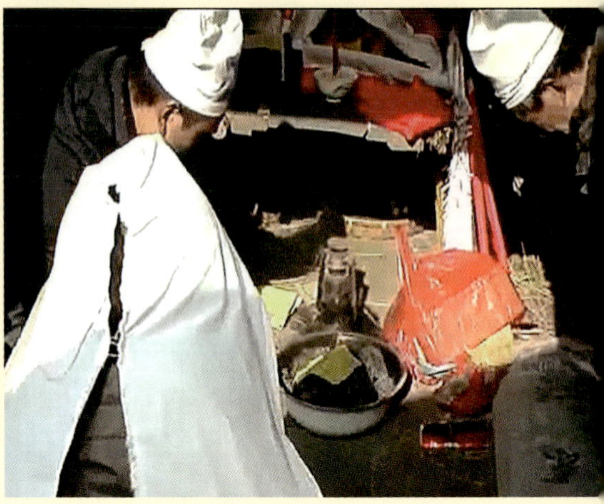
图6－50 在堂

门吹 [mən^{24}ts^{h}uəi^{31}]/**堂吹** [t^{h}ã^{24}ts^{h}uəi^{31}]

在南京，办丧事的人家从第一天起即请专门从事丧乐演奏的乐队在家门口吹奏丧乐，称“门吹”。在灵堂里的吹鼓乐队称“堂吹”。吹奏时，逝者的所有直系亲属均跪在灵堂里，表达对逝者的哀思。死者的亲属轮流进灵堂拜祭，吹鼓乐队变换曲目吹奏，往往通宵达旦。丧乐一般用唢呐吹奏，现在也用西方管弦乐器演奏。

图6－51 门吹

图6－52 倒头饭

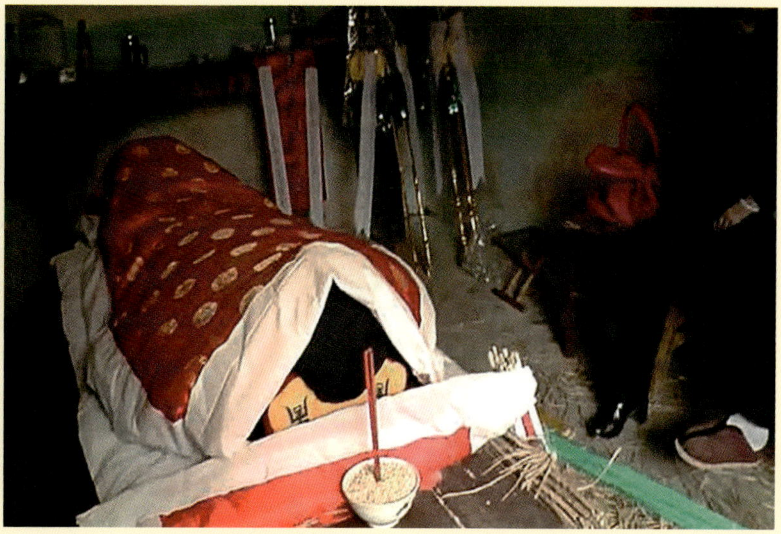

图6－53 倒头饭置于逝者头前

倒头饭 [tɔ^{11}tʰəɯ^{24}fã^{44}]

供在灵桌上的饭菜。人死后在家中设灵堂，置灵桌，供倒头饭。倒头饭只能用素菜做，不可有荤腥。倒头饭常见的形式，是在死者头前放一碗饭，插两根筷子。有的家庭比较讲究，用两碗米饭或面条，内各插一双筷子，献于灵前。也有的家庭煮一碗半生不熟的米饭，插上一双筷子，置于死者头前。旧时民间认为，供奉倒头饭，不会让死者成为饿死鬼。

倒头灯 [tɔ^{11}tʰəɯ^{24}tən^{31}]

灵堂尸体旁边点的灯。一般在头边和脚边各点一盏，叫“头灯”[tʰəɯ^{24}tən^{31}]和“脚灯”[tɕyoʔ^{5}tən^{31}]。旧时南京人认为，人死后，要点油灯为灵魂照明，在过阴间奈何桥时才不会跌入“血河池”，故又称“过桥灯”[ko^{44}tɕʰiɔ^{24}tən^{31}]、“引路灯”[in^{11}lu^{44}tən^{31}]。

倒头灯用粗碗装菜油，以灯草或棉花条作灯芯，昼夜不熄，直至出殡后，才翻扣在地。民间认为，倒头灯如果熄灭了，死者在通往阴间的路上就会摔倒。因此为使亲人的灵魂少受痛苦，在守灵时，死者亲属须认真看守倒头灯，使其不灭。现在倒头灯多以蜡烛代替，也有的家庭以电灯代替。

图6－54 倒头灯

装了 [tsuã^{31}liɔ^{11}]

“入殓”的俗称。入殓前，直系亲属将棺材布置好，由孝子（一般为死者的儿子或孙子）抱尸入棺。棺材底部垫厚厚的干草，两头用草纸（卫生纸）填实挤严，以防尸体腐烂，液体流出。干草上再铺褥子。入棺时，死者的脚要先进，仰面平放棺内。死者头枕鸡鸣枕（用白布缝制成公鸡形状的枕头，有鸡鸣天亮，大梦初醒之意），脚垫莲花枕，表示修成正果，赴西天极乐世界。

停材 [t^{h}in^{24}ts^{h}ɛ^{24}]

停放已入殓的棺材等待出殡。

哭丧 [k^{h}uʔ^{5}sã^{44}]

哭丧是南京人办丧事的必要程序，哭丧仪式贯穿丧葬的始终。亲属从死者气绝时开始哭丧，直到下葬。《礼记·檀弓上》：“父母之丧，哭无时。”所谓“无时”，即无时无刻不在哭，贯穿丧葬的整个过程，包括咽气、沐浴尸体、入殓、亲友吊唁、起灵、下葬等。尤其是出殡时，孝子孝女都要哭，否则被视为大逆不道。一般情况下，男子多为“泣”（不出声的哭），即使是哭，也没有词，不成调。女子哭时要唱，有歌词，带曲调。歌唱的内容很多，包括死者曾经如何勤俭持家，如何吃苦耐劳，如何抚育子女成人，如何待人接物等。

图6－55 打狗饼与纸钱

打狗饼 [tɑ^{24}kəɯ^{24}pin^{11}]

南京丧俗，死者入殓时，要在手中放一个面团，称为“打狗饼”。南京人认为这样可以引开死者灵魂去阴间途中遇到的拦路野狗。为死者沐浴更衣后，以面粉做球，用细线系于死者手腕。南京人常说人死后会经过“恶狗庄”，拿着打狗饼，可引开恶狗。

灵堂 [lin^{24}t^{h}ã^{24}]

停放灵柩、供人吊唁的屋子或大厅。灵堂上方悬挂死者遗像，下书“奠”或“悼”大字，左右两边高挂挽联，多少不一。南京丧俗，要将亲朋赠送的祭幛悬于两侧，越多越显得风光、有面子。现在许多亲属送花篮，为死者治丧。

灵堂前设供桌，供菜肴果品等祭物，两旁点白烛。灵柩置于供桌之后，灵堂的正中央。灵堂内一般还有门吹和守灵的人。灵堂门外左右两侧置长桌，一边为收礼处，一边为签到处。旧时民间认为，人死后，死者家属在家门口搭灵棚，或在厅堂内设灵堂，能够让死者灵魂有安息之处。现在，南京人多在殡仪馆租用灵堂。

图6－56 灵堂

灵桌 [lin^{11}tsuɛʔ^{5}]

供着牌位的桌子。灵桌分为传统三尺竹桌、四尺三宝灵桌等，也可根据家里空间大小定制。

牌位 [p^{h}ɛ^{24}uəi^{44}]

人死后于灵桌上放置牌位供人祭拜死者。南京丧俗，人死后，亲属要为其制作牌位，作为死者灵魂离开肉体后的安魂之所。牌位大小、形制无定例，一般为木制，长方形，下设底座，以便立于灵桌之上。旧时牌位多用老宋体（笔画竖粗横细）自上而下书写，现多采用正楷、隶书、魏碑等字体，以示庄重肃穆。随着社会的进步和发展，南京市民使用牌位祭奠的越来越少，一般是摆放或悬挂死者的照片、画像进行祭奠，或用大理石、玉石、塑料等材质的小型牌位代替老式木质牌位。

做七 [tso^{44}tɕʰiʔ^{5}]

指人死后家人于“头七”起，设灵桌，供牌位，每日哭拜，早晚祭拜，每七天做一次祭奠，至七七四十九天为止。如果死者有女儿且已出嫁，必于“六七”日（第四十二天）致祭，由女婿主持，南京俗语“‘六七’日不食自家饭”[loʔ^{5}tɕʰiʔ^{5}ʐʅ^{5}puʔ^{0}ʂʅʔ^{5}tsʅ^{44}tɕiɑ^{31} fã^{44}]。富家则请高僧礼忏念经，以求冥福。这一习俗从南北朝一直延续到今天，许多南京人家办丧事时仍须做七。

守孝 [ʂəɯ^{11}ɕiɔ^{44}]

家中亲人逝世后，子女（尤指儿子）在一定时期内要停止娱乐和交际活动，以示对长辈的哀悼，称为“守孝”。旧时守孝一般为期三年，严格的还要在坟边搭建简易小屋居住。现在南京民间的守孝制度已经没有严格限制，时间缩短为一年，但在守孝中不能婚娶，也不能参加喜庆活动。如必须婚娶，须在百日之内操办，称“借孝”[tɕie^{44}ɕiɔ^{44}]。

孝服 [ɕiɔ^{44}fuʔ^{5}]

亲人去世后，在治丧期间穿的服装，用白布制成。

戴孝 [tɛ^{44}ɕiɔ^{44}]

人死后，亲属穿孝服或戴其他表示哀悼的标志，如袖子上的黑纱、白腰带等。与死者的关系不同，穿的孝服就不同，戴的孝也不同。直系亲属如儿子儿媳均是重孝（最重的孝衣），即穿白色粗麻布做的不缉边孝衣，并将麻纰编成麻辫拴在腰间，称为戴白孝[tɛ^{44}pɛʔ^{5}ɕiɔ^{44}]；孙辈的人戴红孝[tɛ^{44}xoŋ^{24}ɕiɔ^{44}]，一般是穿白孝袍加红孝帽，现在改为黑袖章上缀一点红布或红绳；重孙辈的家属戴黄孝[tɛ^{44}xuã^{24}ɕiɔ^{44}]，一般是在红孝帽上加上黄边，现改为在黑袖章上缀一点黄布或黄绳。至亲以外的亲友要在腰间系上白布带。现代习俗化繁为简，许多人在胸口戴白花也称“戴孝”。

图6－57 着孝服祭拜

图6－58 戴孝

披麻 [p^{h}i^{31}mɑ^{24}]

旧时送葬的人要穿一身黑衣服，再用一块麻布做成披风样式，从头顶披到腰间，称为“披麻”。麻布因与死者的关系不同而有所区别：儿子儿媳用粗麻布，以示重孝；已出嫁的女儿及女婿用细麻布。现在南京虽多火葬，但仍保留披麻的习俗。

图6－59 披麻

发引 [fɑʔ^{5}in^{11}]

也称“送材”[soŋ^{44}ts^{h}ɛ^{24}]或“出棺材”[ts^{h}uʔ^{5}kuã^{31}ts^{h}ɛ^{0}]，现在年轻人多称之为“出殡”[ts^{h}uʔ^{5}pin^{44}]、“送葬”[soŋ^{44}tsã^{44}]。发引时排场大，礼仪多。发引前，孝子对死者遗体或遗像叩拜。叩拜后，直系亲属在前捧火盆，孝子在后捧死者遗像，其他亲属跟在孝子后面，依次出门。火盆出门见光后，捧火盆的人将火盆举过头顶，一次摔破，越破越好，然后孝子捧遗像上灵车。进入殡仪馆以后，孝子将遗像请下车，其他亲友将花圈拿下车，在死者子女的后面，依次进入告别厅向死者进行遗体告别，慰问死者家人，然后取下胸前白花。之后，遗体送去火葬，发引结束。告别仪式结束后，子女及直系亲属返回死者家中。进门前，须点燃发引前准备好的草纸和鞭炮，以示驱凶辟邪。

图6－60 发引

大出殡 [tɑ^{44}tsʰuʔ^{5}pin^{44}]

过程与发引相仿，但排场更大，人数更多，有乐队、仪仗队和较大的送葬队伍。旧时，大出殡的队伍有一定顺序。走在最前面的是鼓匠班，一般由五至七人组成，富裕人家雇两至三个鼓匠班。鼓匠班后面是“担浆水的”[tã^{44}tɕiã^{31}suəi^{11}ti^{0}]（多为乞丐），沿途抛撒纸钱，将供品、丧联、黄钱、奠香等物放在箩筐里，用扁担挑着，一头担箩筐，一头担浆桶。接着是纸火队，由外甥等怀抱纸扎童男女、宅院、摇钱树、金山银山等。纸火队之后是孝子孝孙。长子举哭丧棒，长孙捧遗像，肩扛白布缎带。灵柩排在最后。

哭丧棒 [kʰuʔ^{5}sã^{31}pã^{44}]

也称“孝杖”[ɕiɔ^{44}tsã^{44}]或“哀杖”[ɛ^{31}tsã^{44}]，是传统丧礼中孝子发引时举的棍子，棍子上缠纸条。旧时为父母发丧时，孝子要手扶一根“哭丧棒”，表示悲痛。一般取一米多长的植物秆茎做成，贴白纸条穗。现在，哭丧棒多由竹竿等制成。

图6－61 哭丧棒

烧轿马 [sɔ^{31}tɕiɔ^{44}mɑ^{11}]

发引时，死者亲属将事先买好的纸扎人、马、车、轿等物品送到坟前焚化，给死者在阴间享用。南京民间传说：从前有两个秀才，结拜为兄弟，一同进京赶考。由于大雪封山无法前行，只能躲在山洞里。数日后，干粮已尽，老大为了让老二进京赶考，脱下自己的衣服给老二后就跳下悬崖。后来，老二进京应试得中。有天夜里，老二梦到老大请他送些纸人、纸马、纸轿等物给他。第二天，老二便将纸人、纸马、纸轿等物抬到老大墓前焚烧。此后，每逢有人过世，南京的老百姓就烧纸马、纸轿子，称为“烧轿马”。

纸钱 [tʂʅ^{11}tɕʰiɛ̃^{24}]

也称“黄钱”[xuã^{24}tɕʰiɛ̃^{24}]（黄色的纸钱），是亲属烧给死去亲人或鬼神的纸。旧时纸钱有三种，第一种是最古老的打钱，用木槌和铁制的钱模把钱的形状打在土纸上；第二种是剪钱，把土纸裁为方块，贴上金银色的纸箔，折成元宝状；第三种是印钱，即仿现代纸币，印上“冥通银行”等字，有数种金额。南京办丧事的人家，发引时都会把纸钱撒在路上，称“买路钱”[mɛ^{11}lu^{44}tɕʰiɛ̃^{24}]。

图6－62 烧轿马

图6－63 纸钱

图6－64 复三供品

复三 [fuʔ^{5}sã^{31}]

又称“复山”或“望三朝”[uã^{44}sã^{44}tsɔ^{31}]，指死者下葬第三天，家人到墓地供奠。复三时，家属在坟前行圆坟礼，烧纸钱，上供品，死者的孙子、孙女要绕坟正转三圈，反转三圈，再叩响墓碑三下，称为“开门”[k^{h}ɛ^{31}mən^{24}]。供品摆单数（一般三个一盘），水果多为苹果、葡萄，取其“平平安安、甜甜蜜蜜”之意。祭拜后，供品多给小孩吃，寓意添福添寿。

图6－65 上坟

上坟 [sã^{44}fən^{24}]

到坟前祭奠死者，多在清明期间进行。

图6－66 南京铁石岗公墓

柒·岁时节令

图7－1 赛龙舟

岁时节令是南京人生活的重要组成部分，体现了人们对精神生活和物质生活的美好追求。其来源大体有三：第一起源于农业生产，与地理环境、气象、水源、农作物等自然条件相关，有明显的季节性；第二起源于祭祀、纪念活动，范围从原始信仰到世俗宗教、历史人物，有些以庙会的形式出现；第三来自国家法定节日。南京的岁时节庆包括以上三种，从传统节庆到祭祀纪念活动，再到法定节日都形成了自己的特点，吃、穿、用乃至娱乐都遵循一套历史悠久的“规矩”，自六朝以来逐渐形成了崇祥和、重礼仪、避浮华的淳厚民风。

一　春节

春节[tsʰuən^{31}tɕiɛʔ^{5}]，即“新年”，一年里最隆重的节日。南京人过春节放爆竹，拜年，送礼，贴“福”字、门神、春联等。不同于江苏其他城市，南京人有很多自己的习俗，如初一早晨吃面条，之后的五天里不煮米饭，吃年糕、馒头、面条。老南京有俗语：“二十二祭灶天，二十四写大字，二十五做豆腐，二十八把面发，二十九贴年画，三十晚上守一宿，初一早上满街走”[er^{44}ʂʅʔ^{0}er^{44}tɕi^{44}tsɔ^{44}tʰiɛ̃^{31}，er^{55}ʂʅʔ^{0}sɿ^{44}ɕiɛ^{11}tɑ^{44}tsɿ^{44}，er^{44}ʂʅʔ^{0}u^{11}tso^{44}təɯ^{44}fu^{0}，er^{44}ʂʅʔ^{0}pɑʔ^{5}pɑ^{11}miɛ̃^{44}fɑʔ^{5}，er^{55}ʂʅʔ^{0}tɕiəɯ^{11}tʰiɛʔ^{5}liɛ̃^{24}xuɑ^{44}，sã^{31}ʂʅʔ^{5}uã^{11}sã^{0}səɯ^{11}iʔ^{5}ɕiəɯ^{11}，tsʰu^{31}iʔ^{5}tsɔ^{11}sã^{0}mã^{11}tɕiɛ^{31}tsəɯ^{11}]，描绘的便是南京人整个春节前后的活动。随着时代的发展变迁，春节的民俗也在不断演变和发展。

年画 [liɛ̃^{24}xuɑ^{44}]

我国传统的水印木刻年画有着很高的文化艺术价值。明代南京是全国版刻中心，南京年画形成了自己的传统和特色：“金陵人家，大门之有门神者不多，概见惟后门贴钟馗。内室各门亦不一，其制：年老者用‘推车进宝’‘四季平安’，少年则‘麒麟送子’‘五子夺盔’‘冠带传流’等图；单扉则贴一圆形‘和合’，名曰‘一团和气’；亦有摹财神、仙官形象者，义取吉祥而已。其制以矾水浸纸，模印其上，施以五彩。水西门谢合泰作厂最工。”（潘宗鼎《金陵岁时记》）

1949年以后，水印木刻的传统年画逐渐消失，取而代之的是以现代印刷技术制成的“新年画”。

图7－2 年画

图7－3 门笺

门笺 [mən^{24}tɕiẽ^{31}]

门笺是一种独具特色的新年常见饰物。人们在红纸片上用刀刻出花纹、图案，以及“年年有余”“招财进宝”等吉祥语，每道门楣贴三至五张。随着人进人出，门笺飘荡起伏，彰显节日的喜庆气氛。

金陵糕点 [tɕin^{31}lin^{24}kɔ^{31}tiẽ^{11}]

一首词《江南好》描述了南京人春节期间的特色糕点：“江南好，最好是新年。福寿酥并鸡骨断，欢喜团泡马蹄糕，油炸大元宵。”其中“鸡骨断”[tɕi^{31}kuʔ^{5}tuã^{44}]指以饴糖裹白糖制成的“寸金糖”[tsʰuən^{44}tɕin^{31}tʰã^{24}]；“马蹄糕”[mɑ^{11}tʰi^{24}kɔ^{31}]即年糕，将糯米舂制成粉，加糖蒸熟，以其谐音寓意“年年高”。这几样金陵特色糕点充满了喜庆的味道，千百年来一直是南京人过年必不可少的食物。

十样菜 [ʂʅʔ^{5}iã^{44}tsʰɛ^{44}]

南京最具特色的年食是“十样菜”。送过灶神之后，南京人就开始准备年夜饭的食材，其中必炒制十样菜。“十样菜”也叫“什锦菜”[ʂʅʔ^{5}tɕin^{11}tsʰɛ^{44}]，包括荠菜、菠菜、胡萝卜、木耳、冬笋、白芹、酱油干、百叶（千张）、藕片、黄豆芽、金针菜、香干等。做法是将食材切成细丝，以油炒制。各家会根据自己的喜好和经济条件选取食材来制作这道菜。

图7－4 马蹄糕

图7－5 十样菜

屠苏酒 [tʰu^{24}su^{31}tɕiəɯ^{11}]

南京人自古就有初一早上喝屠苏酒的习俗。日升之时，面向东方“自少至长次第饮之”，寓意旭日东升、蒸蒸日上。相传屠苏酒由汉末神医华佗创制，将大黄、白术、桂枝、防风、花椒、乌头、附子等中药放入酒中浸制。这种药酒益气温阳、祛风散寒、避除疫疠。唐代医圣孙思邈将这种药酒发扬光大。每年腊月，他总是分送给乡亲一包药，要他们以药泡酒，除夕进饮，以此防瘟疫。因孙思邈的屋子名为“屠苏屋”，此酒即称“屠苏酒”。经过历代相传，饮屠苏酒渐渐成为过年的风俗。现在这一风俗已逐渐被淡忘，喝屠苏酒的人也越来越少。

大鲢鱼 [tɑ^{44}liẽ^{24}y^{24}]

南京人年夜菜不可缺少的是大鲢鱼。三十晚上烧两条鲢鱼、两条鲫鱼，要过了小年（元宵节）才能吃。此外，每家至少还要买八条活鲫鱼养起来。因为“鱼”“余”同音，预示着年年有余。

图7－6 大鲢鱼

图7－7 活鲫鱼

福寿汤 [fuʔ^{5}səɯ^{44}tʰã^{31}]

又叫“洪福汤”[xoŋ^{11}fuʔ^{5}tʰã^{31}]。大年夜，南京人全家团聚共饮福寿汤。福寿汤用红枣、莲子、荸荠、野菱等一锅炖煮，取意“洪福齐天”。

图7－8 福寿汤

图7－9 传统祭灶

图7－10 现代祭灶

祭灶 [tɕi^{44}tsɔ^{31}]

又称“送灶神”[soŋ^{44}tsɔ^{44}sən^{24}]。腊月二十三，南京家家户户举行祭灶仪式，在灶台上供灶王爷，点上香，一家人进行祭拜。南京俗称“二十三祭灶天”。供奉一碟粘灶糖，将糖融化涂在灶王爷的嘴上，粘住嘴让他不能告状；一小碟剪成半寸长的稻草拌料豆，作为灶王爷坐骑的饲料；然后，将灶王爷的交通工具“灶马”——用草编的马焚烧，许愿祈福，希望他“上天言好事，下界保平安”。除夕那天，人们还要再举行祭礼把灶神从天上接回人间，叫“接灶神”[tɕiɛʔ^{5}tsɔ^{44}sən^{24}]。祭灶结束后，大人把灶糖分给小孩。现在，祭灶仪式在一些农村还保留着，但在城里已逐渐简化以至消失。

掸尘 [tã^{11}ts^{h}ən^{24}]

南京人过节前要对家中全部居室进行彻底大扫除，称“掸尘”。“尘”与“陈”谐音，新春扫尘有“除陈布新，把晦气扫出门”的含义。“于腊月择历书中宜扫除之日行之。妇女率仆媪以巾裹头，长竿缚帚，自仰尘迄堂坳，无弗洁清。窗棂易糊新纸。”（夏仁虎《岁华忆语》）

图7－11 掸尘

二十七八，砖头瓦渣 [er^{44}ʂʅʔ^{0}tɕ^{h}iʔ^{5}pɑʔ^{5}，tsuã^{31}t^{h}əɯ^{24}uɑ^{11}tsɑ^{31}]

腊月二十七、二十八，南京家家户户都要为过大年作准备。因为这几天要做的事情特别多，大人们都很忙，因此常常嘱咐小孩子要听话，不要闹，衍生出一个顺口溜“二十七八，砖头瓦渣”，意思是在这段时间连砖头和瓦渣都忙起来了，用来形容过年时南京人的忙碌，十分生动。

辞年 [ts^{h}ɿ^{24}liẽ^{24}]

年夜饭后，开始“辞年”。堂上供奉“纸马”[tʂʅ^{24}mɑ^{11}]，在红纸上写“答谢天地”。生炭火盆，点红烛炉香，全家三拜九叩，求神保佑“一岁平安”。人丁兴旺的家族，各房亲戚之间互相往来答拜。民间传说除夕夜老鼠要嫁女儿，送它一份礼物，可免一年鼠患，所以南京人在床下、屋角等处撒米团、纸花，叫作“嫁鼠女”[tɕiɑ^{44}su^{24}ly^{11}]。小孩子要在床头拜“床公床母”[ts^{h}uã^{24}koŋ^{31}ts^{h}uã^{24}mu^{11}]，以求安眠。从这时起直到正月初四，家中不能扫地、动刀尺，连茶水都不能倒出去，而要倒在准备好的盆桶里面，叫作“聚财”[tɕy^{44}ts^{h}ɛ^{24}]。全家人围炉谈笑到晚上十二点整，就算是“辞年”了。然后就是一夜不眠的“守岁”[səɯ^{11}suəi^{44}]。南京人喜欢在除夕夜点一对红烛，称为“守岁烛”[səɯ^{11}suəi^{44}tsuʔ^{5}]。守岁时，长辈将“压岁钱”置晚辈枕下；已自立的男子要敬献长辈红包，称“百岁钱”[pɛʔ^{5}suəi^{44}t^{h}iẽ^{24}]。当夜，南京人还要喝“洪福汤”。

图7－12 守岁烛

图7－13 送百岁钱

图7－14 吃年夜饭

放炮仗 [fã^{44}p^{h}ɔ^{44}tsã^{44}]

南京人在年夜饭前都会放爆竹，俗称“闭门炮仗”[pi^{44}mən^{24}p^{h}ɔ^{44}tsã^{0}]。放完炮仗后关上大门，一家人喜气洋洋地坐在一起，饮酒谈笑，辞岁迎新。到了子时，更是鞭炮大作，满天震响，人们用热烈的爆竹声祈求生活幸福美满。

大年初一也会开门燃放爆竹，叫作“开门炮仗”[k^{h}ɛ^{31}mən^{24}p^{h}ɔ^{44}tsã^{0}]，放三响叫“连中三元”[liẽ^{24}tsoŋ^{44}sã^{31}yẽ^{24}]，四响叫“福禄寿禧”[fuʔ^{5}lu^{44}səɯ^{44}ɕi^{11}]，六响叫“六六大顺”[loʔ^{5}loʔ^{5}tɑ^{44}suən^{44}]，连放一串叫“百子爆”[pɛʔ^{5}tsɿ^{11}pɔ^{44}]。放完后鞭炮纸屑覆盖自家门前，称为“满地金钱”[mã^{11}ti^{44}tɕin^{31}tɕ^{h}iẽ^{24}]。

图7－15 开门炮仗

图7－16 闭门炮仗

拜年 [pɛ^{44}liẽ^{24}]

新年第一次出门，人们向“喜神”方向作揖，并朝此方向走几百步，称“兜喜神方”[təɯ^{31}ɕi^{11}sən^{24}fã^{31}]，也有接着走“财神”“福神”方位的。出门拜年，第一家要去姓氏吉利、口彩好的人家，如高、万、傅、桂、荣、华，一般不去姓吴、王的人家，桑、贾等姓更要回避。有一定社会地位者及有生意关系者使用帖子拜年，也有遣送名帖的，叫“飞帖”[fəi^{31}tʰiɛʔ^{5}]。

事事如意 [sʅ^{44}sʅ^{44}zʮ^{24}i^{44}]

南京人的拜年礼品一般有四样，南京方言“四”“事”同音，寓意“事事如意”。拜年的礼品有一定成规，可为桂圆、蜜枣、洋糖、核桃仁；或寸金糖、浇切片、花生糖、董糖这“四色糖”[sʅ^{44}sɛʔ^{5}tʰã^{24}]；也有万字糕、糖年糕和荤油年糕，加上金陵特产板鸭或盐水鸭。

图7－17 事事如意

进元宝 [tɕin^{44}yɛ̃^{24}pɔ^{11}]

初一上午，亲朋好友互相拜访祝贺新年。客人来时，主人双手合揖，并以茶点相待，献二枚元宝蛋，称“进元宝”。现在人们过年相见，互祝“恭喜发财”，并敬递茶烟，以时尚糕点招待。

观果 [kuã^{31}ko^{11}]

南京人迎新春，大多选购吉利喜庆、可供观赏的盆栽作为春节清供，称为“观果”。讲究一点的用红纸、金箔纸箍扎在观果的枝叶上，作为吉祥福瑞的象征，寄托“长青”“永禄”的美好意愿。传统迎新清供的观果有万年青、吉祥草、虎刺和天竹。这四种植物价格不贵，生命力强，好养易活。

图7－18 观果

迎财神 [in^{24}ts^{h}ε^{24}sən^{24}]

正月初五，南京民间有“迎财神”的习俗，高淳区尤为热闹。通贤街锣鼓喧天，阳江的板龙表演热闹非凡，沿街商家纷纷祈愿财源滚滚。南京其他地区也会于初五子时燃放鞭炮，喜迎财神。

送穷 [soŋ^{44}tɕ^{h}ioŋ^{24}]

正月最后一天是“送穷”日。南京人打扫房间，把尘土、垃圾丢入水中。送穷就是把“穷神”送走，之所以定这个日子，是因为穷神死在这一天。民间传说穷神身材瘦小，喜欢穿破衣烂衫，喝稀粥，即使给他做了新衣服，也要用火烧破了才肯穿。送穷风俗的流行，表达了南京人希望摆脱贫穷困苦，过上富裕日子的美好愿望。

湾北小马灯 [uã^{31}pεʔ^{5}ɕiɔ^{24}mɑ^{11}tən^{31}]

六合区湾北小马灯又叫“串马灯”[ts^{h}uã^{44}mɑ^{11}tən^{31}]、“跑马灯”[p^{h}ɔ^{24}mɑ^{11}tən^{31}]，它的起源与古代驻军有关。此地宋代设忠勇军寨，有牧马场；明代设有留左、横海等卫所。军民往来密切，情谊深厚，同庆同乐，共同创造民间音乐和民间舞蹈。小马灯即是在这样的历史背景下产生的。

图7－19 小马灯

小马灯从古到今，传承未断，沿革有序。表演形式有两种，分“闹场”和“静场”。闹场有三个套路：奔腾式，套链子，串8字。静场是在舞台式的场地表演，其套路是以“数字”连演成趣，如“一马当先”“二马窜宫”等。明清以降，只传承了“闹场”的三个套路，静场的套路惜已失传。

东坝大马灯 [toŋ^{31}pɑ^{44}tɑ^{44}mɑ^{11}tən^{31}]

高淳区东坝镇是江南古镇，文化底蕴深厚。东坝大马灯起源于唐，盛行于宋。当时东坝商贸繁荣，商贾云集，每年农历三月、五月、七月都有隆重的庙会活动。一些儒商认为当地百姓看惯了船帆，很少见到车马，受汉代“骆驼载乐”的启发，兴起竹制“大马灯”，在春节、元宵节期间舞玩。由于大马灯须有较多固定的人参加，以汤姓为主体的东坝村大马灯应运而生，世代相传，成为百姓喜闻乐见的民间舞蹈。

东坝大马灯是一项模仿战马造型的民间舞蹈，用竹子制“马架”，绒布制“马皮”，饰以马鞍、缰绳、铜铃等，形神兼备。大马灯一般由七匹“马”组成，表演时模仿真马动作奔跃。扮演刘备、关羽、张飞等三国人物的小演员飞身跃马出征，在鼓点的指挥下，配以民间器乐，马队交替布阵。最后按“天下太平”四字笔画走阵收场，场面壮观。表演者都是东坝村村民，老少同台表演，世代相传。

图7－20 东坝大马灯

东坝大马灯具有重要的历史价值和人文价值，蕴含传统道德理念，体现了高淳人民崇尚“忠义”的思想，表达了对“天下太平”的追求和向往。2007 年东坝大马灯被江苏省人民政府列入首批江苏省非物质文化遗产名录，2008 年被国务院列入第二批国家级非物质文化遗产名录。

茶山会 [tsʰɑ^{24}sã^{31}xuəi^{44}]

也称“采茶灯舞”[tsʰɛ^{11}tsʰɑ^{24}tən^{31}u^{11}]，是南京浦口区汤泉镇特有的民间歌舞，清末民初时流行。民国六年（1917），汤泉沙地（现泰来村）的私塾先生丁月汉为采茶灯舞编词并教唱多年。采茶灯舞是每年新春必演曲目，既有舞台表演，又有走村串户表演。

1953年冬，采茶灯舞经改编和加工整理，更名为“茶山会”。茶山会演员共十三人，一男子为“灯丑”，其余十二名女子为“茶婆”。表演时，在锣鼓点的配合下，边歌边舞，所唱内容多为赞颂劳动人民的辛勤、智慧以及描述青年男女的爱情生活。

跳当当 [tʰiɔ^{44}tã^{44}tã^{31}]

民间祭祀舞蹈形式，主要流行于南京溧水县和句容县。当地地势低洼，水灾频发，为祈求风调雨顺，生产丰收，村民常举办各种敬神祭祀活动。逢年过节或庙会期间，周边村落都要组织当当队，参与庙会祭祀活动或巡游表演。跳当当分布范围较窄、地域性强，保留了很多古老元素，如“收草”“留草”“带草”等仪式，历史研究价值很高。

骨牌灯 [kuʔ^{5}pʰɛ^{24}tən^{31}]

图7－21 骨牌灯

骨牌灯是一种精制的长方形灯，灯的一面是骨牌的图案，另一面是字或画。每组骨牌灯由三十二盏牌灯组成，外形模仿民间游艺的三十二只骨牌，分别代表《水浒传》梁山好汉。例如：天牌代表晁盖、宋江，地牌代表吴用、公孙胜，人牌代表关胜、呼延灼。骨牌灯长期流传于六合区龙袍镇。

舞骨牌灯时，三十二位灯手穿戴各自的好汉服饰，带上道具，在令旗指挥下，变换队形。队形变换多达数十种，如“地地丁”“人人红”“一字长蛇”“二龙出水”等。队列整齐，场面壮观。扮作反面人物戴宗和时迁的是两只板凳牌，表示小丑，他们穿插在各种套路组合里戏闹逗趣，平添几分诙谐和热闹。最有名的骨牌灯队伍是由龙袍地区划子口街道徐广生、姜祥兴和沿江一带艺人王义山、胡国章等人牵头组建的，每年灯会都会和各路彩灯在会场汇集，热闹非凡。在流传过程中，骨牌灯不断改进和创新，充分显示出朴实的民俗性、独特的技巧性和精美的艺术性，2007年被南京市人民政府列入首批南京市非物质文化遗产名录。

高台狮子舞 [kɔ^{31}tʰɛ^{24}ʂʅ^{31}tsʅ^{0}u^{11}]

流行于江宁区禄口街道的铜山及周边地区，除常见狮子舞动作外，还会在三张桌子高度的“高台”上表演，难度大，比较惊险，因此被称为“高台狮子舞”。

高台狮子舞历史悠久。南宋年间，铜山一带即有舞狮习俗。清光绪年间，铜山地区民不聊生，疾病四起，民间再兴舞狮之风，以求人口平安、六畜兴旺。现在，铜山曹村、彭福村、沈庄等地均有群众自发成立的舞狮队。沈庄艺人沈庆年等不断创新，将高台由一张桌子增加到三张桌子，创造出“海底捞月”等惊险动作，形成独具特色的铜山高台狮子舞。

图7－22 高台狮子舞

铜山高台狮子舞技艺高超，以“武”为主，兼有“文”招。“文”的有搔痒、理毛、张望、打招，情态可掬；“武”的有跳跃、跌打、翻滚、登高等，动作细腻。整套狮舞分为地滚、高台两部分。表演时腾、闪、跃、扑、滚，活灵活现地表现出狮子喜怒哀乐、咆哮嘶吼、逗乐打趣的情态。2007年，铜山高台狮子舞列入首批南京市非物质文化遗产名录。

二　元宵节

正月十五是元宵节，这一天是一元复始、大地回春后的第一个月圆之夜，又是三官中天官的生日，道教称“上元节”[sã^{44}yɛ̃^{11}tɕiɛʔ^{5}]。元宵之夜，必定赏灯，故又称“灯节”[tən^{31}tɕiɛʔ^{5}]。

观灯 [kuã^{44}tən^{31}]

元宵节观灯是南京的传统习俗之一。自明代开始，规模宏大，万人空巷，非常热闹。南京俗谚云：“过年不到夫子庙观灯，等于没有过年；到夫子庙不买张灯，等于没过好年。”[ko^{44}liɛ̃^{24}puʔ^{5}tɔ^{44}fu^{31}tsʅ^{11}miɔ^{44}kuã^{44}tən^{31}，tən^{11}y^{24}məi^{24}iəɯ^{11}ko^{44}liɛ̃^{24}；tɔ^{44}fu^{31}tsʅ^{11}miɔ^{44}puʔ^{5}mɛ^{11}tsã^{31}tən^{31}，tən^{11}y^{24}məi^{24}ko^{44}xɔ^{11}liɛ̃^{24}] 每年农历大年三十至正月十八，夫子庙都会举办大型灯彩展览会，有扎灯、张灯、赏灯、玩灯、闹灯等各种活动。

图7－23 兔儿灯

图7－24 花灯

图7－25 走马灯

走马灯 [tsəɯ^{24}mɑ^{11}tən^{31}]

南京花灯名目繁多，有花果灯、百族灯、人物灯等。其中有一种由南京人首创的“走马灯”，外罩灯笼，内点蜡烛，样式独特。走马灯利用空气热胀上升，带动灯面转动，灯面上画着各种姿势的骏马，转动时灯影绰绰，宛如万马奔腾。

爬城头 [p^{h}ɑ^{24}ts^{h}ən^{24}t^{h}əɯ^{24}]

南京新年风俗。正月十六，和家人或三五好友登城览胜，俗话叫“走百病，踏太平”[tsəɯ^{11}pɛʔ^{5}pin^{44}，t^{h}ɑʔ^{5}t^{h}ɛ^{44}p^{h}in^{24}]。清甘熙《白下琐言》卷四对此有描述：“岁正月既望，城头游人如蚁，箫鼓爆竹之声，远近相闻，谓之‘走百病’，又云‘踏太平’。聚宝、三山、石城、通济四门为尤盛。”

“爬城头”源于明代“走三桥”。“走三桥”者必须在正月十五的夜晚连续走过三座桥，用以祛灾。明代妇女不允许彻夜不归，所以改为第二日赶早，由男子携家带口登四城门。这里的“爬城”就是“走桥”，因为这几座城门都有三道瓮城，有护城河环绕，而城门洞恰似桥孔，故“爬城头”便成了象征性的“走三桥”。旧时每到正月十六，南京的城墙上人头攒动，热闹非凡。人们在城墙上散步、放风筝，放松心情之外，更借此祈求在新的一年里“更上一层楼”。

图7－26 中华门城墙

图7－27 爬城头

图7－28 栖霞龙舞

栖霞龙舞 [tɕʰi^{31}ɕia^{24}loŋ^{24}u^{11}]

明代栖霞就有龙舞活动，主要集中在栖霞山东南的龙王山周围。每到元宵节期间，社社都要上龙王山出会，祭拜龙王，形成玩龙灯的习俗，流传至今。

2001年，栖霞区文化馆推出新的民间龙舞——“龙凤呈祥”。采用一龙二凤的组合，龙舞舞姿精湛，表现阳刚之美；凤舞轻柔飘逸，展现阴柔之丽。配以喜庆的民族乐曲，艳丽的服饰道具，具有强烈的民族感和鲜明的时代感，充满朝气与活力。“龙凤呈祥”一亮相便受到观众的喜爱，获得很多国际大奖。2007年，栖霞龙舞列入首批南京市非物质文化遗产名录。

三 清明与立夏

清明这天，家家户户门前插柳枝，称“明眼”[min^{24}iɛ^{11}]。俗以清明、中元、下元为“鬼节”，须祭祀祖先，称“过节”[ko^{44}tɕiɛʔ^{5}]。南京祭菜一般为两荤一素，菜上必放木耳，盛菜的竹盒叫“春山”[ts^{h}uən^{44}sã^{31}]，另备一块肥猪肉，用于祭祀山神。各宗祠由族长主持春祭，祭毕吃“祠堂酒”[ts^{h}ʅ^{24}t^{h}ã^{24}tɕiəɯ^{11}]。清明到亲人墓地祭奠，先是挂纸或“压纸”[iɑʔ^{5}tʂʅ^{11}]，将长方形的五色纸挂或压在祖先墓上，然后放祭品正式祭拜。如三年内新丧，还要点上香烛，焚烧纸钱。

寒食节 [xã^{11}ʂʅʔ^{5}tɕiɛʔ^{5}]

清明前一二日为“寒食节”，相传为纪念春秋时期晋国贤士介子推，此日不举火，吃冷食，后世相沿。

清明踏青 [tɕ^{h}in^{31}min^{24}tɑʔ^{5}tɕ^{h}in^{31}]

清明节南京人到郊外牛首山、雨花台、梅花山，携酒游山，谓之“踏青”。有谚云“春游牛首”[ts^{h}uən^{31}iəɯ^{24}liəɯ^{24}səɯ^{11}]。近十年来，梅花山造万亩梅园，还举办国际梅花节。每到清明前后，暗香浮动，人们摩肩接踵，流连忘返。

图7－29 梅花山踏青

立夏尝三新 [liʔ^{5}ɕiɑ^{44}ts^{h}ã^{24}sã^{44}ɕin^{31}]

图7－30 樱桃和青梅

农历四月初，天气日渐暖和，樱桃、青梅、枇杷等鲜果陆续上市，各种菜蔬也应时而生，南京便有“立夏尝三新”的习俗。“三新”指樱桃、青梅、鲥鱼。樱桃又名“含桃”[xã^{24}t^{h}ɔ^{24}]，有朱樱、紫樱两种，味甘美，调中益脾。古时常用以祀宗庙、作贡品，朝廷亦用以赐百官。青梅，指未成熟的梅，味酸而脆，可与蜜糖相拌食用。鲥鱼是长江名贵鱼类，每年春夏之交从沿海水域上溯到江中产卵，鱼肉鲜嫩肥美。

送夏 [soŋ^{44}ɕiɑ^{44}]

图7－31 豌豆糕

进入夏季，天气转热，有的人消化力减弱，不思饭食，即所谓“疰夏”[tsu^{44}ɕiɑ^{44}]。南京风俗有“送夏”（父母给出嫁的女儿送凉枕、羽毛扇、夏服）、称体重（据说立夏时称过体重之后便不会疰夏）。南京人还喜欢在立夏时吃豌豆糕，《金陵岁时记》载：“立夏，使小儿骑坐门槛，啖豌豆糕，谓之不疰夏。”

“蚕月”闭户 [ts^{h}ã^{11}yɛʔ^{5}pi^{44}xu^{44}]

江南人称农历四月为“蚕月”，因此时正逢蚕儿上蔟作茧。南京郊县的养蚕人家，为免除蚕儿疾病，立夏期间家家闭户，忌讳往来，有“蚕家忌客门门闭”之俗。

四　端午节

五月节 [u^{11}yɛʔ^{5} tɕiɛʔ^{5}]

即端午节。在农历五月初五，又称“端阳节”[tuã^{31}iã^{11}tɕiɛʔ^{5}]，南京人大多谓之“五月节”。这一天，吃粽子、绿豆糕、苋菜、雄黄豆、“炒五毒”[ts^{h}ɔ^{24}u^{11}tuʔ^{5}]（将银鱼、韭菜、茭白、虾米、豆腐干杂炒变黑），吃“五红”[u^{11}xoŋ^{24}]（红苋菜、烧鸭、黄鱼、鸭蛋黄及蒜头烧黄鳝），饮雄黄菖蒲酒，以免灾祸。喝剩下的雄黄酒兑水，生疔疮或被虫咬时可用来敷搽。人们还准备清水一盅，放入少许雄黄和两枚鹅眼钱，全家人用此水洗眼，谓之“破火眼”[p^{h}o^{44}xo^{24}iɛ̃^{11}]，可免一年眼疾。大家小户均悬挂钟馗像及方士刻印的五毒（蟾蜍、毒蛇、蝎子、蜈蚣、壁虎）图，以驱鬼辟邪；还用菖蒲、艾叶蘸水洒地，而后高悬门楣，用以禳灾。这天，儿童颈挂五色丝络，络中装咸鸭蛋；臂系五色丝绦，名“长命缕”[ts^{h}ã^{24}min^{44}ly^{11}]；脚穿虎头鞋，肩背虎头披，额上还用雄黄酒画上“王”字，据说如此便可抵御邪气侵犯。妇女在鬓边插五彩老虎花。

图7－32 端午蛋

图7－33 五月节点王

图7－34 莫愁湖龙舟

金陵龙舟帮 [tɕin^{31}lin^{24}loŋ^{24}tsəɯ^{44}pã^{31}]

端午节午饭后，南京人喜欢全家同往夫子庙观看秦淮河龙舟竞渡。过去金陵龙舟分为三帮，秦淮河船户为“河帮”[xo^{24}pã^{31}]，外江入城船户为“江帮”[tɕiã^{44}pã^{31}]，而上新河一带的木商船户为“木帮”[muʔ^{5}pã^{31}]。南京有民谣曰：“五月五，划龙舟，过端午。”[u^{11}yɛʔ^{5}u^{11}，xuɑ^{24}loŋ^{24}tsəɯ^{31}，ko^{44}tuã^{31}u^{11}]

三帮龙船均精心装饰，置放彩亭，造型各异，首尾插缤纷彩旗，选貌美可爱孩童扮演戏剧人物坐于其中，四至六人敲打锣鼓助兴。立于船头身着艳妆、手持长杆的“梢头”，更是各帮选出的撑船高手。每当船经过时，两岸观众将银角、铜元投向自己喜爱的船只。期间，向河中投放活鸭，由各帮龙舟争相捕捉，称之为“夺标”[toʔ^{5}piɔ^{31}]，精彩有趣，观众最为喜爱。从1995年开始，南京莫愁湖每年端午节也会举行龙舟赛，渐渐成为南京人端午节的一项重要活动。

五　中秋节

圆月 [yɛ̃^{11}yɛʔ^{5}]

中秋夜，南京人欢坐一堂，聚饮赏月，称“庆团圆”[tɕʰin^{44}tʰuã^{24}yɛ̃^{24}]。同吃团圆饭，叫“圆月”。如有家人未归，席上必置杯筷，寓意合家团圆。

女不祭灶，男不拜月 [ly^{11}puʔ^{5}tɕi^{44}tso^{44}，lã^{24}puʔ^{5}pɛ^{44}yɛʔ^{5}]

南京中秋节有“女不祭灶，男不拜月”的俗规。摆供、撤供、烧香、烧纸、分食供品等均由家中主妇动手，男性陪祭。担任主祭的女性还要穿上新衣裙和花鞋，以讨月神欢喜，祈求全家团聚平安。

图7－35 拜月（南京民俗博物馆提供）

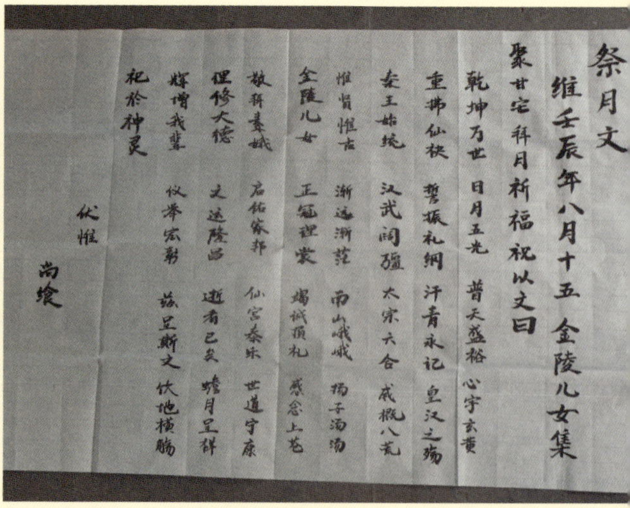

祭月文
维壬辰年八月十五 金陵儿女集
聚廿宅拜月祈福祝以文曰
乾坤万世 日月五光 普天盈裕 心宇玄黄
重拂仙袂 誓振礼纲 汗青永记 皇汉之殇
秦王始皇 汉武阔疆 太宗六合 威慨八荒
惟贤惟古 渐远渐茫 南山峨峨 扬子汤汤
金陵儿女 正冠理裳 竭诚顶礼 感念上苍
敬拜姮娥 启佑家邦 仙宫泰乐 世道宁康
理修大德 文运隆昌 逝者已矣 瞻月呈祥
辉增我辈 仪举宏彰 兹呈斯文 伏地横觞
祀於神灵
伏惟
尚飨

图7－36 祭月文（南京民俗博物馆提供）

走月 [tsəɯ^{11}yɛʔ^{5}]

南京中秋节特色活动之一，即在月色之下散步游玩。人们或流连街市，或泛舟秦淮，或登楼赏月，谈笑风生。明代南京建有望月楼、玩月桥，清代狮子山下有朝月楼，都是当年“走月”胜地。后来莫愁湖公园兴建抱月楼，成为市民赏月的新景点。旧时南京人“走月”还另有意味：求子的妇女只需去夫子庙，跨过玩月桥，即可有“梦熊之喜”。中华门外窑湾街上的码头有“涧子桥”，中秋之夜，尚无子女的男子会来这里往桥下摔瓦罐，以期使妻子怀孕。因此这座桥也被人们称为“见子桥”[tɕiɛ̃^{44}tsɿ^{11}tɕ^{h}iɔ^{24}]。

图7－37 抱月楼

图7－38 抱月楼对面的长廊

图7－39 叠成塔状的月饼

图7－40 供月水果

拜月 [pɛ⁴⁴yɛʔ⁵]

南京有中秋节拜月的习俗，在月圆之时祈祷亲人团圆，生活美满。在家里摆供桌，点盘香，将月饼堆成塔状，最多可堆十六层。供桌上插桂花和菊花，桂花寓意“富贵”，菊花寓意“财富”。由于南京水港湖汊很多，桌上的供果也体现出水乡特色，秋果一般有鲜藕、柿子、石榴、佛手等，熟食包括菱角、糖芋头、酸梅等，桂花酒也必不可少。

供月 [koŋ⁴⁴yɛʔ⁵]

“供月”是指南京人在中秋节供奉月亮神。供品包括象征“团圆”的西瓜，象征“子孙满堂”的石榴，象征“吉祥如意”的柿子，象征“早生贵子”的枣子，象征子孙早日“成家立业”的栗子等。供品也有禁忌，如“甜梨不供月”，因“梨”谐音“离”，与中秋团圆相悖。

六　重阳节

九月初九，因月日皆为阳数，故称重阳。旧时南京人这天登雨花台、北极阁饮酒，赏菊，吃螃蟹、重阳糕，祝福平安快乐。许多人家还制重阳旗，中嵌“令”字，插门头或给儿童玩耍。如这一天适逢嫁女，母家必送重阳旗及时鲜盒，称“重阳节盒”[tsʰoŋ^{24}iã^{24}tɕiɛʔ^{5}xoʔ^{5}]。

重阳糕 [tsʰoŋ^{24}iã^{24}kɔ^{31}]

重阳节常吃的一种糕点。这一天家家户户蒸重阳糕，有的还加枣、栗，称“枣栗糕”[tsɔ^{11}liʔ^{5}kɔ^{31}]，取“早日自立高升”之意。

图7－41 重阳糕

重阳登高会 [tsʰoŋ^{24}iã^{24}tən^{44}kɔ^{31}xuəi^{44}]

南京有重阳登高之风，称之为“登高会”。此俗源于一个古怪离奇的辟邪传说，南朝梁吴均《续齐谐记》中有详细记载。魏晋南北朝至明清，建康重阳风俗尤盛。时人城南登雨花台，城中登北极阁，城北登幕府山，其中以幕府山最为著名。此山汉时建有一亭，晋元帝渡江时传说“马化为龙”，遂名此亭为“化龙亭”。山侧有梁达摩古洞，游者甚众，形成“幕府登高”之俗。清嘉庆十年(1805)，由胡兰川太守(江宁知府)等府县官员和社会知名人士发起，由制军、抚军主其事，在山上建“望江楼”，夜间点燃灯火，既为导航灯塔，又可观览胜景，远近百姓誉为善事。

重阳旗 [ts^{h}oŋ^{24}iã^{24}tɕ^{h}i^{24}]

图7－42 重阳旗

重阳旗的制作很讲究，旗面一般用红绿纸剪成等腰直角三角形，切出牙边，旗面刻上水浪、云丝等各色花样，中央粘一片圆形金纸，以竹篾制作旗杆。重阳糕上插重阳旗，鲜艳醒目，最受小孩喜爱，上街必缠着大人买，吃完糕还会将小旗留着把玩。

南京城南的纸店和香烛店有做好的重阳旗出售，大小不等。在细竹竿上端贴纸套，纸套上贴六面小旗，连缀成大三角形，每边三面小旗，也有每边五面、七面小旗的做法，最正宗的是每边九面小旗，共四十五面小旗，象征“九九重阳”。这些旗子中间镶一个“令”字，人们买回家后常常插在门楣上。

菊花会 [tɕyʔ^{5}xuɑ^{31}xuəi^{44}]

重阳节期间，南京有赏菊的风俗。南朝时南京人就培育出了白菊，宋朝时又培育出一种高大的“菊楼”，清代及近代在鸡鸣山后开辟“艺菊园”，菊艺远近闻名。重阳节前后，千畦万圃，灿若锦绣。赏花之人，终日不绝，形成盛况空前的“菊花会”。在此期间，几乎所有酒楼门前和天井内都陈列菊花，层层叠叠，蔚为壮观，称为“菊山”。不少人家以菊熏酒，叫“菊酒”[tɕyʔ^{5}tɕiəɯ^{11}]，香味醇和，别有风味。

图7－43 赏菊花

七　其他节日

新春 [$\text{ɕin}^{44}\text{ts}^{h}\text{uən}^{31}$]

即立春，农历新年中的第一个节气，南京人习惯称之为“新春”。因老百姓对其重视程度不亚于过年，故有“新春大似年”之说。为表敬意，立春时要拜谒长辈，称“拜春”[$\text{pɛ}^{44}\text{ts}^{h}\text{uən}^{31}$]；全家团坐吃春饼、春卷，祈求家庭和睦，叫“咬春”[$\text{iɔ}^{11}\text{ts}^{h}\text{uən}^{31}$]。明代初年，南京还流行一种“村田乐”的娱乐活动，称“唱春”[$\text{ts}^{h}\text{ã}^{44}\text{ts}^{h}\text{uən}^{31}$]。唱春队伍由二至四人组成，身背腰鼓，手打铜锣，走村串户，说几句吉利话，后发展为“长调”“短调”等十余种曲调。

图7－44 做春卷

图7－45 擀面条

图7－46 龙须面

人胜节 [zə̧n^{24}sən^{44}tɕiɛʔ^{5}]

正月二十七为“人胜节”，意即“人类的生日”。民间传说女娲造人时，前六天分别造出了鸡、狗、羊、猪、牛、马，第七日造出了人，因此正月初七是人的生日，又叫“人胜日”[zə̧n^{24}sən^{44}zʅʔ^{5}]、“人庆”[zə̧n^{24}tɕ^{h}in^{44}]等。北方正月初七、十七、二十七分别是小孩、中年人、老年人的生日，要吃面条，寓意用面条缠住岁月的双腿，取长寿之意。有些地方如江苏如皋，“人胜节”为正月初七。南京人只过正月二十七，在这一天要把面条擀得又细又长，祝福家人身体健康，福寿绵长。

龙抬头日 [loŋ^{24}t^{h}ɛ^{24}t^{h}əɯ^{24}zʅʔ^{5}]

二月二，古为“中和节”，俗称“龙抬头日”。旧时南京郊县的农民，为求龙神保佑风调雨顺、庄稼丰收，在二月初二举行崇龙仪式。这天的食品都带“龙”字：水饺叫“龙耳”，春饼叫“龙鳞”[loŋ^{24}lin^{24}]，米饭叫“龙子”[loŋ^{24}tsɿ^{11}]，面条叫“龙须”[loŋ^{24}ɕy^{31}]（龙须面现为一种特别的细面）。妇女在这天停针线，怕刺伤龙目。《金陵岁时记》载：“吾乡女子新嫁者率于是日归宁。谚语：‘二月二，家家接女儿。’途中香舆往来如织，随载朱漆提盒，以贮馈赠之品。”夫妇正月不空房，二月二都要回娘家。这一天还是土地公生日，南京有在土地庙抢灯求子的风俗。

百花生日 [pɛʔ^{5}xuɑ^{31}sən^{31}zʅ^{0}]

农历二月十二日为“花朝节”，俗称“百花生日”。这天，人们将红布或红纸剪成长条，缠绕在花木枝干上或插在盆中，为花庆贺生日，称“赏红”[sã^{11}xoŋ^{24}]。花农们到南郊花神庙烧香礼拜，祈求花神保佑花业昌盛。妇女们精心梳妆打扮，至花神庙许愿还愿，非常虔诚。现在花神庙地区花神庙已不复存在，但种花的传统还在，花卉市场生意兴旺。这里的路还以花为名，路牙、桥墩、桥栏杆、桥身上都雕刻着鲜花图案。在花神渡桥上，还有四位婀娜多姿的“四季花神”分列两侧。

图7－47 赏红

上巳节 [tsã^{44}sɿ^{44}tɕiɛʔ^{5}]

农历三月初三，古称上巳节。《金陵杂志·时令俗例志》载：“初三日为荠菜花生日，妇女均摘荠花，插于鬓边，以为纪念。谚云：‘三月三，荠菜花赛牡丹，女人不插无钱用，女人一插粮满仓。’”现在，每逢农历三月初三，人们依然去野外采摘或购买荠菜，与鸡蛋同煮，可治疗头痛、头晕症。

跌跤跤 [tiɛʔ^{5}tɕiɔ^{31}tɕiɔ^{0}]

每年农历三月十二至十八日，南京江宁区湖熟镇各村选派青壮年三十至五十人到杏村寺请神、祭神，以祈丰收。祈福后扛大旗边跑边跌跤，摔、跌、滚、翻，称“跌跤跤”。

啃秋 [k^{h}ən^{11}tɕiəɯ^{31}]

立秋为夏秋交替之际，南京俗谚“早立秋冷飕飕，晚立秋热死牛”[tsɔ^{11}liʔ^{5}tɕ^{h}iəɯ^{31}lən^{11}səɯ^{44}səɯ^{31}，uã^{11}liʔ^{5}tɕ^{h}iəɯ^{31}zɛʔ^{5}sɿ^{11}liəɯ^{24}]，意谓立秋时间越早，便越快送走夏火，天气开始转凉。立秋当日，南京每家每户都要吃西瓜，意谓将“秋老虎”食下肚，谓之“啃秋”，此民俗相沿至今。

图7－48 荠菜悬门

图7－49 啃秋

荷花生日 [xo^{24}xuɑ^{31}sən^{31}ʐʅʔ^{0}]

农历六月初四，南京民俗定为荷花生日。此日晚上点燃纸制河灯（内有蜡烛），放入秦淮河或自家附近池塘，称“放河灯”[fã^{31}xo^{24}tən^{31}]，以求平安多福。

六月六 [loʔ^{5}yɛʔ^{5}loʔ^{5}]

农历六月初六，南京民间认为此日龙王之子回家探母，泪飞成雨，因而这天多风多雨。如若这天晴朗，则要抢晒衣服、打扫屋顶等。南京高淳区此日举办赛龙舟活动，持续七天。

七夕乞巧 [tɕiʔ^{5}ɕi^{31}tɕ^{h}i^{24}tɕ^{h}iɔ^{11}]

图7－50 巧果

七月七日为七夕，称“少女节”[sɔ^{44}ly^{11}tɕiɛʔ^{5}]或“女儿节”[ly^{11}er^{11}tɕiɛʔ^{5}]。每逢七夕，南京女子以“赛巧”[sɛ^{44}tɕ^{h}iɔ^{11}]为乐，将面粉和成面团，炸成各种颜色的点心，即为“巧果”[tɕ^{h}iɔ^{24}ko^{11}]。吃巧果就叫“吃巧”[tʂ^{h}ʅʔ^{5}tɕ^{h}iɔ^{11}]。有的女子在前一天晚上装一盆水，一夜过去后水面会有一层薄膜，轻轻将绣花针（或以蟋蟀草剪为针状）放在水面上，使之漂浮，观察其水下影状，叫作“卜巧”[p^{h}u^{24}tɕ^{h}iɔ^{11}]。入夜之后，女子会面朝明月引线穿针，向织女求艺，叫“乞巧”。

图7－51 青菜豆腐肉圆汤

冬至 [toŋ^{31}tʂʅ^{44}]

每年12月21或22日为冬至，南京人对此十分重视，有“冬至大如年”[toŋ^{31}tʂʅ^{44}tɑ^{44}ʐu^{24}liɛ̃^{24}]的说法。南京民俗，冬至要吃“大葱炖豆腐”“青菜豆腐”等豆腐菜，寓意多福平安。

图7－52 夫子庙文德桥

秦淮分月 [tɕʰin^{24}xuɛ^{24}fən^{31}yɛʔ^{5}]

农历十一月十五日，南京人有赏“秦淮分月”（金陵四十八景之一）的习俗。此日子夜，南京夫子庙文德桥正南北向在日晷上处于子午线时刻，游人在文德桥俯瞰月亮在桥下秦淮河中的倒影，左右各半，称“半边月”[pã^{44}piɛ̃^{31}yɛʔ^{5}]。

捌·游戏娱乐

图8-1 南京白局

游戏和娱乐活动是人们生产生活之余不可缺少的一部分。南京历史悠久，很多游戏和娱乐活动是历史文化传统的延续；地处南方、北方之间，南北游戏兼备。既有智力游戏，如七巧板、撕撕咬咬等；又有活动性游戏，如捉瞎猫、斗鸡等。既有集体游戏，如编花篮、老鹰捉小鸡等；又有个人游戏，如竹蜻蜓、打天子等。多样的游戏和娱乐活动是南京人多彩生活的体现。

南京是六朝古都，文化昌盛，自古戏曲盛行，如京剧、昆曲、淮剧、越剧、扬剧等，其中昆曲尤甚。明清两代昆曲盛极一时，乾隆年间花部乱弹兴起，雅部昆腔在南京依然流行。昆曲清唱之风流传至今。

一　游戏

挤油渣渣 [tɕi^{11}iəɯ^{24}tsɑ^{31}tsɑ^{0}]

挤油渣渣是冬天玩的一种角抵游戏。参加者按力量及人数分成两拨，用双腿和膀子向对方挤。有些孩子在挤的时候会齐声高喊："冰冻冰冻你上墙，我吃冰冻你来抢，挤油挤油渣渣，挤出油来烫巴巴。"[pin^{31}toŋ^{44} piŋ^{31}toŋ^{44}li^{11}sã^{44}tɕ^{h}iã^{24}，o^{11}tʂ^{h}ʅʔ^{5}pin^{31}toŋ^{44}li^{11}lɛ^{24}tɕ^{h}iã^{11}，tɕi^{11}iəɯ^{24}tɕi^{11}iəɯ^{24}tsɑ^{31}tsɑ^{0}，tɕi^{11}ts^{h}uʔ^{5}iəɯ^{24}lɛ^{24}t^{h}ã^{44}pɑ^{31}pɑ^{0}] 被挤出者出局，角抵双方后撤的一方为负。挤油渣渣时，块头最大的人须站在最前面。冬天，这种游戏既能取暖又锻炼身体，对场地要求不高，是孩子们最常玩的游戏之一。

骑驼子 [tɕ^{h}i^{24}t^{h}o^{11}tsʅ^{0}]

骑驼子类似跳鞍马。参加者先通过"手心手背"选出一人做驼子，"驼子"身体前屈，双手摸脚，呈鞍马状，其他人依次从驼子背上跳过。若都能跳过，驼子高度增加，从摸脚到摸膝、抱臂、抱颈，直至抱头；若有人不能跳过，改换该人做驼子，游戏重新开始。

图8－2 挤油渣渣

图8－3 骑驼子

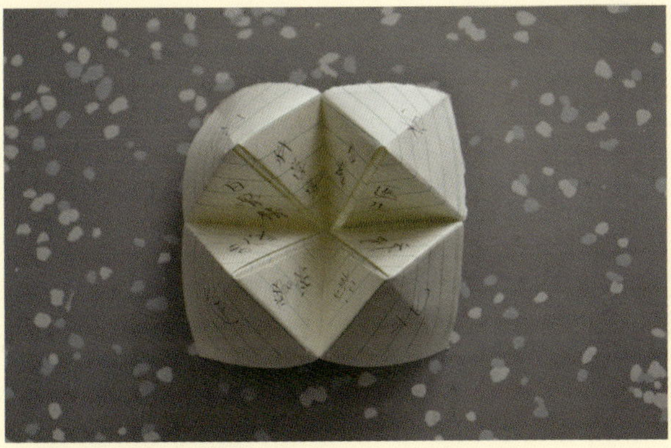

图8－4 东南西北内侧

图8－5 东南西北

东南西北 [toŋ^{31}lã^{24}ɕi^{31}pəi^{11}]

东南西北是一种猜射类游戏。取一张边长 15 到 20 厘米的正方形纸，先四角向内折叠，再反面四角向内折叠，然后对折，双手捏住折痕两端向中间挤，使正方形的四个顶角聚拢在一起，松手后形成内外都是四面八角的形状。内面分别写上教师、医生、工人、农民、男人、女人、好人、坏蛋等角色。游戏者捏住有字的内面，让他人选择其中一面的角色。若不幸选中坏蛋或性别不一致的角色，就会被周围的同伴取笑。这个游戏除运气外，也考验人的观察力和记忆力。

打弹子 [tɑ^{11}tã^{44}tsɿ^{11}]

打弹子又叫“弹玻璃球”[tʰã^{24}po^{31}li^{24}tɕʰiəɯ^{24}]，一般两人以上玩。参加者各出数枚玻璃球，赢者可获得所有玻璃球。常见的玩法有“出纲”[tsʰuʔ^{5}kã^{31}]、“打老虎洞”[tɑ^{11}lɔ^{24}xu^{11}toŋ^{44}]和“打龙洞”[tɑ^{11}loŋ^{24}toŋ^{44}]。

“出纲”是在地上画线为界，玻璃球被打出界者输。“打老虎洞”是在地上挖五个直径七八厘米、深二三厘米的小洞，中间一个称老虎洞，周围四个分别为一洞、二洞、三洞、四洞，最先打完五个洞者胜。“打龙洞”是竖排挖九个洞，倒数第二个为“虎洞”，最后一个为“龙洞”。游戏者将弹子按次序打入洞中，进洞可连打，也可攻击对手的弹子，使其出洞，被击出者须从起点重新开始。进入“虎洞”后，连续被击出两次才会回到起点。最先进入龙洞者胜。

图8－6 弹子

图8－7 打弹子

图8－8 瞎猫

图8－9 躲猫猫

图8－10 被“猫”抓

躲猫猫 [to^{11}mɔ^{31}mɔ^{0}]

游戏者围成圈，圈内一人蒙眼扮瞎猫，其他人扮鼠。扮鼠者一边呼唤猫，一边变换位置，不让猫抓住。有的游戏者为限制鼠的灵活性，要求扮鼠者活动时一只手须按在腿上，或用带子绑在腿上。瞎猫很难抓到老鼠，一旦抓到，被抓的人变为瞎猫，开始抓老鼠。

跳牛皮筋 [tʰiɔ^{44}liəɯ^{24}pʰi^{24}tɕin^{31}]

参加者多为女孩，分单人跳和集体跳两种。单人跳由二人分站两端，拉着三四米长的皮筋，皮筋中间一个人跳或多人依次轮流跳。集体跳是将皮筋拉成各种图案，如三角形、四方形等，多人同时参加。皮筋高度从脚踝处开始到膝盖、腰、胸、肩、耳朵、头顶，直至“小举”（手臂上举弯曲）、“大举”（手臂上举伸直），难度越来

图8－11 跳牛皮筋

越大。人数不够时，也可将皮筋绑在不同高度的家具上。跳牛皮筋有点、勾、踩、跨、踢、转、碰、绕、掏、压等十余种腿部基本动作，只许用脚，不许用手，顺利完成规定动作者胜，中途跳错或没勾好皮筋即换另一人跳。

格房子 [koʔ^{5}fã^{11}tsɿ^{0}]

用粉笔在地上画若干方格，游戏者一人拿一片瓦片或瓷碗片，站在方格底线往远处格子扔，扔得越远排序越靠前，落在顶线或格子外的人叫“呆子”，排在最后。

格房子玩法多样，最常见是在地上画 2 列 8 格靠在一起的方格，从下到上顺时针方向分别编号 1 至 8，顶端画一个半圆，里面写上“天空”。先将瓷片投到 1 格，然后依次投（单脚跳并带走瓦片）2 至 8 格，投至格外或压线即被淘汰。其中 1，2，3，6 及半圆格为单脚跳，4，5，7，8 为双脚落地，分别落在两格内。游戏中手不能扶地，脚不能踩线，否则为输。顺利将所有格子跳完后，即可“盖屋”。游戏者背向格子，将瓦片从头顶丢向格子，丢进则盖屋成功。再跳时，可在盖屋的格内休息（双足可落地），其他人不可跳入。“盖屋”多者胜。

图8－12 格房子

图8－13 玩格房子

图8－14 叠老宝

图8－15 老宝

图8－16 儿童掼老宝

图8－17 成人掼老宝

掼老宝 [kuã^{44}lɔ^{24}pɔ^{11}]

南京人在物质资源匮乏的年代发明出来的游戏。把废弃的作业纸、课本等叠成厚厚的正方形，即为“老宝”。用“石头剪刀布”确定顺序，排序最后的人把自己的老宝放在地上，排序第一的人将手中老宝用力掼到地上，产生的风力如果将别人的老宝翻了身（原先朝上的一面朝下），两个老宝都归掼老宝者所有，输者还须继续摊老宝。如果没有翻身，由排序第二的人掼，排序第一的人掼下的老宝不能拾起，以此类推。为了不让自己的老宝轻易被人赢走，参与者做老宝时都尽量选用又厚又重的纸，增加老宝的分量。

图8－18 洋画

图8－19 拍洋画

拍洋画 [pʰɛʔ^{5}iã^{24}xuɑ^{44}]

洋画是一种质地坚硬的彩色小画片，长约四厘米，宽约三厘米，上面印着各式各样的花鸟虫鱼、古代仕女或历史人物。电子游戏盛行前，洋画和弹子、竹枪等被孩子们视为“宝物”，随身携带。

拍洋画时，参加者各出数张洋画，摆在地上，然后轮流用手掌去拍，或用多余的洋画去拍，拍翻即可拿走。有时以拍翻最后一张洋画者为胜，胜者可获得所有洋画。拍洋画不仅要比技巧，还要比智谋。比如在自己胜利无望的情况下，把已拍翻的洋画再拍回去，以免下家取胜。在技巧上，除“拍”外，还有“搧”和“吸”。“搧”是快速挥动手掌，利用产生的风力将洋画翻面，一次可以掀翻很多张洋画，但很难准确锁定目标。“吸”是将手心拱起，贴在洋画上，然后迅速拔起，产生的吸力可以让洋画翻身。

斗鸡 [təɯ^{44}tɕi^{31}]

参加者一般为两人。双方各抬起一条腿置于另一条腿的膝盖处，双手抓住踝关节不使抬起的腿落地，单脚跳跃行走，用膝盖攻击对方，攻击方向不限，但不允许利用头、手臂、肘关节等部位攻击。使对方抬起的腿着地或身体倒地为获胜。

图8－20 斗鸡

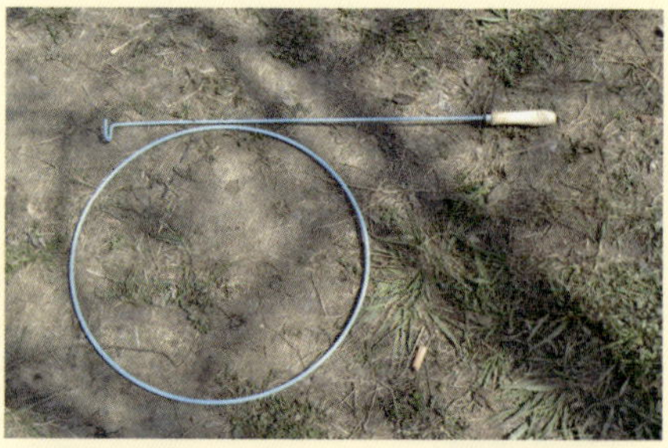

图8－21 铁圈

图8－22 滚铁圈

滚铁圈 [kuən^{11}t^{h}iɛʔ^{5}tɕ^{h}yɛ̃^{31}]

用一个铁圈和一根铁钩进行游戏。游戏时，用铁钩钩住铁圈，通过向铁钩使力让铁圈滚动，游戏者跟着铁圈或跑或走。滚铁圈看似简单，做起来并不容易，需要很好的平衡能力。技术好的不仅可以自由控制铁圈方向，直走、倒走、转弯，甚至还能让铁圈跳起不倒。铁圈可自制，但用来做铁圈的铁丝要有韧性、便于弯曲、不能太软。铁丝太硬，难以弯成圈；太软则极易变形。铁钩的要求不多，够坚硬就行，甚至可以用树枝代替。

刷地陀 [suɑʔ^{5}ti^{44}t^{h}o^{24}]

图8－23 陀螺

图8－24 刷地陀

刷地陀也叫“转陀螺”[tsuã^{44}t^{h}o^{24}lo^{24}]，比较受男孩们欢迎。陀螺外形一般呈圆锥形或梨形，底部有一个尖，以此在地上旋转。转陀螺时，将鞭子顺时针方向缠在陀螺上（左撇子则相反），用力拉鞭子，使其直立旋转，不时用鞭子抽打陀螺，陀螺旋转时间长者胜。或者指定一个目的地，像赛跑一样，陀螺最先到终点者胜。

陀螺可自制。截一段小木头或粗一点的树枝，去皮，依据直径大小做一个比例相协、外表光滑的圆柱体，像削铅笔一样将圆柱体的一端削尖，能够转起来且有平衡性即可。取一根树枝，一端系上绳子或布条，长度根据陀螺的大小而定，50 厘米到 120 厘米不等，即为鞭子。为延长陀螺的使用寿命，使陀螺旋转时更具平衡性，可在陀螺尖部镶入大头针或小钢珠。

还有一种手捻陀螺，形状小，分量轻，用大拇指和食指一捻就能转起来。手捻陀螺不需要鞭子，上部顺着轴心延伸出一个柄，手指就捏在此处。手捻陀螺的玩法除持久战外，还有对抗战，将两个旋转的陀螺对碰，停下的一方为输。

图8－25 抛天子

图8－26 接天子

打天子 [tɑ^{11}tʰiɛ̃^{31}tsɿ^{11}]

打天子是南京地区儿童常玩的一种游戏。找五颗石子，任拣一颗抛起，用手背接住；再抛起，抓起地上的一颗石子，并接住落下来的石子；接着把两颗石子一起抛起，再抓起地上的一颗石子，并接住落下来的两颗。依次增加抛起石子的数量，最后将五颗石子一起抛起，用手背接住，再用手背抛起，在空中抓住。最先全部完成者胜。还有一种类似的游戏，称为“拾子”[ʂʅʔ^{5}tsɿ^{11}]，可用米包、沙包、麻将牌或涂上颜色的木块玩。

编花篮 [piɛ̃^{31}xuɑ^{31}lã^{24}]

游戏者沿同一方向围成一个圈，抬起小腿搁在后一人的小腿上，一边向前跳一边拍手唱：“编，编，编花篮，花篮里面有小孩，小孩的名字叫花篮。蹲下起不来，坐下起不来。”[piɛ̃^{31}, piɛ̃^{31}, piɛ̃^{31}xuɑ^{31}lã^{24}, xuɑ^{31}lã^{24}li^{11}miã^{0}iəɯ^{24}ɕiɔ^{11}xɛ^{24}, ɕiɔ^{11}xɛ^{24}ti^{0}min^{11}tsɿ^{0}tɕiɔ^{44}xua^{31}lã^{24}。tuən^{31}ɕiɑ^{44}tɕʰi^{11}puʔ^{0}lɛ^{24}, tso^{44}ɕiɑ^{44} tɕʰi^{11}puʔ^{0}lɛ^{24}] 若有人摔倒或脚脱钩，游戏就结束。

图8－27 幼儿编花篮

图8－28 成人编花篮

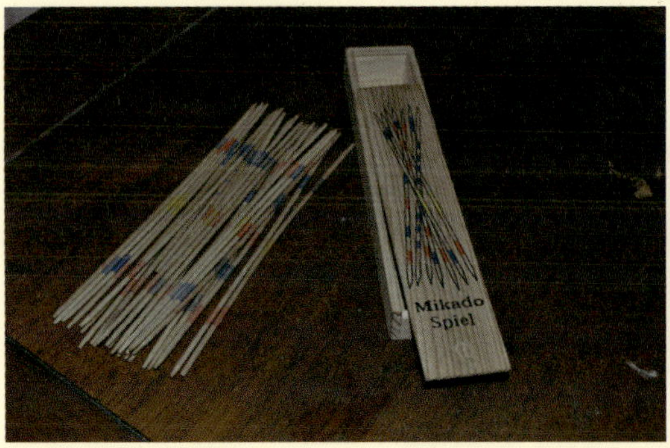

图8－29 金银棒

图8－30 挑金银棒

挑金银棒 [t^{h}iɔ^{11}tɕin^{31}in^{24}pã^{44}]

金银棒一般为塑料或木制。挑金银棒时，把所有金银棒抓在手中，垂直立于桌上，放手。金银棒撒开后，与其他棒没有接触的棒可直接拿走，纠缠在一起的须仔细观察后，从上到下，一根根挑开来，不能触动别的小棒，否则为失手，换下一人挑，如此循环。最后根据手中的小棒算分数（不同颜色的小棒有不同的分值），分数高者胜。

贴烧饼 [t^{h}iɛʔ^{5}sɔ^{31}pin^{11}]

贴烧饼是一种集体游戏，需要多人参加。两人一组前后站立，再由这些两人小组围成一个大圈，即“烧饼”。选出一组人一个追一个逃，被追逐者可在任何时候“贴”在一组人前，这时，该组末尾的人成为新的被追逐者。如果未能贴上“烧饼”就会被逮到，双方角色互换。

图8－31 贴烧饼

砸沙包 [tsɑʔ^{5}sɑ^{44}pɔ^{11}]

沙包代表武器，被击中者即“战死”。参加游戏者分成两组，在规定场地内，每组各派一名投手用沙包投击对方，被击中者罚下场；若接住对方的沙包，则此人可以增加“一条命”，或让一个已“阵亡”的战友重新上场。

图8－32 沙包

图8－33 砸沙包

图8－34 水枪

图8－35 自制水枪

图8－36 打水枪

打水枪 [tɑ^{24}suəi^{11}tɕ^{h}iã^{31}]

打水枪没有固定的玩法，基本规则是射击别人而自己不被射中。在此基础上，追加其他规则。常见玩法有三种：一是“练枪法”，先画定一条横线，让作靶子的人站在四五米外，射击者射中“靶子”鼻子为胜，然后角色互换；二是“追逐法”，两至三人互相追逐射击，中“枪”最多者为败；三是“两派对射”，五至六人参与游戏，水先射完者败。

上世纪六七十年代的水枪多为自制。将竹筒一头留下竹节疤，在竹节疤上烫几个小眼作为出水口，再将一根竹筷子一头扎紧布条做塞子，放进竹筒里。打水枪时，塞子向后拉，将竹筒灌满水，再把塞子向前推，水就从竹筒里喷出来。

吹泡泡 [ts^{h}uəi^{31}p^{h}ɔ^{44}p^{h}ɔ^{44}]

吹泡泡深受儿童喜爱，尤其是女孩子。肥皂泡在阳光下闪耀着七彩光芒，令人产生无限遐想。上世纪五六十年代，家长把肥皂掰一小块溶在水里，制成吹泡泡用的肥皂水。肥皂与水的比例须特别注意，太稀吹不出泡泡，太多则肥皂无法全部溶解，会结成块，吹出来的泡泡容易破裂。吹管用废弃的圆珠笔芯制成，一端剪成喇叭状。后来有人用洗洁精代替肥皂，用吸管代替笔芯。现在的孩子多在商店购买玩具，极少自制。

图8－37 吹泡泡

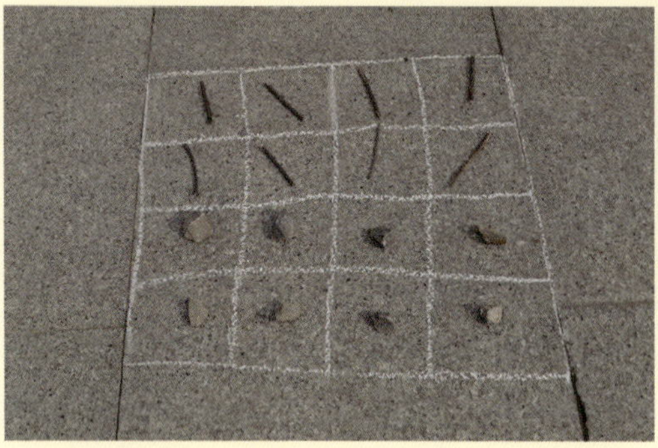

图8－38 石棒棋

图8－39 顶指顶锅

石棒棋 [ʂʅʔ^{5}pã^{44}tɕ^{h}i^{24}]

石棒棋是用石子和木棒作棋子的一种棋类游戏。游戏时，画一个十六格的棋格，一方摆八颗石子，另一方摆八根木棒。纵横方向上，两颗己方的棋子可以吃掉一颗对方的棋子。游戏开始后，双方各取对方两子，移动厮杀，直到一方棋子被吃光，游戏结束。

顶指顶锅 [tin^{24}tʂʅ^{11}tin^{11}ko^{31}]

顶指顶锅是一个简单有趣的游戏，至今仍受儿童喜爱。一人张开手掌，手心朝下做锅，其他人将自己的食指顶住锅心，然后齐唱："顶指顶锅，虾米下锅，一把抓住哪一个，嘿嘿！淘米咯，洗菜咯，一把抓着老太咯！"[tin^{24}tʂʅ^{11}tin^{11}ko^{31}，ɕiɑ^{31}mi^{11}ɕiɑ^{44}ko^{31}，iʔ^{5}pɑ^{11}tsuɑ^{31}tsu^{44}lɑ^{11}iʔ^{5}ko^{44}，xəi^{44}xəi^{31}！ t^{h}ɔ^{24}mi^{11}lɔ^{0}，ɕi^{11}ts^{h}ɛ^{44}lɔ^{0}，iʔ^{5}pɑ^{11}tsuɑ^{31}tsoʔ^{51}lɔ^{11}t^{h}ɛ^{44}lɔ^{0}]唱到最后一个字时，做锅人迅速合拢手掌，顶锅人立即缩回食指，被抓到者为输。这个游戏很考验人的反应能力。

一二三到下关 [iʔ^{5}er^{44}sã^{31}tɔ^{44}ɕiɑ^{44}kuã^{31}]

"下关"是南京的地名，"一二三到下关"是老南京人耳熟能详的游戏。游戏者一人做"鬼"，背对大家喊"一二三到下关"，其他人从十米开外的地方逐渐靠近，"关"字喊完就不能再动。即使抬着脚、叉着手也必须保持姿势，否则为输。"鬼"此时可回头查看，时间一久，姿势奇怪的人就定不住了。只要有一人成功碰到"鬼"，"鬼"即为输，下一轮继续当"鬼"。

图8－40 一二三到下关

草编蚱蜢 [ts^{h}ɔ^{11}piɛ̃^{31}tsɑ^{44}mən^{0}]

草编蚱蜢是农村里常见的游戏。大人们就地取材，用草或叶子编成一些有趣的造型，给孩子们作玩具。现在，会这项工艺的只有极少数民间艺人。在南京夫子庙一带，不时可见卖草编蚱蜢的艺人。他们编织的草蚱蜢形态逼真，惟妙惟肖。

老鹰捉小鸡 [lɔ^{11}in^{31}tsuɛʔ^{5}ɕiɔ^{11}tɕi^{31}]

也叫“黄鼠狼吃鸡”[xuã^{24}su^{11}lã^{24}tʂ^{h}ʅʔ^{5}tɕi^{31}]，是南京儿童喜爱的游戏，须多人参加。游戏开始时，参加者以猜拳分角色，决定一人当“母鸡”，一人当“老鹰”，其余的当“小鸡”。母鸡张开双臂，护住小鸡，小鸡们在母鸡身后排成一队，“老鹰”须突破“母鸡”的防线，捉住小鸡。小鸡全部被捉，则老鹰胜，游戏重新开始。

图8－41 草编蚱蜢

踢毽子 [t^{h}iʔ^{5}tɕiẽ^{44}tsɿ^{0}]

踢毽子是南京流行的体育活动。旧时人们自制毽子，有鸡毛毽、皮毛毽、纸条毽、绒线毽等。踢毽子有踢、盘、拐等方法：用单脚内侧踢为“踢”，用双脚内侧轮流踢为“盘”，用脚外侧踢为“拐”。踢毽子能够运动全身，不需要专门场地和设施，老少咸宜，因此受到南京人民的喜爱。

跳大绳 [t^{h}iɔ^{44}tɑ^{44}sən^{24}]

跳大绳是南京市民喜爱的一项跳绳运动。可以多人跳，也可以单人跳、双人跳、三人跳等，花样繁多。跳大绳需要两人摇大绳，如果有人掉队，则罚下场摇大绳。现在，南京许多学校定期举办跳大绳比赛，以丰富孩子们的课余生活。

图8－42 踢毽子

图8－43 跳大绳

二　娱乐

放风筝 [fã^{44}fən^{31}tsən^{0}]

南京俗谚云："杨柳生，放风筝；杨柳死，踢毽子。"[iã^{24}liəɯ^{11}sən^{31}，fã^{44}fən^{31}tsən^{0}；iã^{24}liəɯ^{24}sɿ^{11}，t^{h}i^{31}tɕiɛ̃^{44}tsɿ^{0}] 春天最适合放风筝，每年三四月份，玄武湖公园、明故宫公园、台城城头、白马公园、中华门城堡等广场，到处可见色彩缤纷的风筝翱翔在天空中。

风筝种类繁多，有硬翅、软翅、板子、串子、立体等。图案各式各样，有燕子、鹰鹞、蝴蝶、蜈蚣、鲤鱼、金鱼、美人、寿星等。有的风筝上有各种巧妙的机关，如会吐烟的"长龙"、会唱歌的"燕子"等。2011 年南京杨增福老人放飞了南京最大的风筝——"如来佛祖"软体风筝，受风面积九十平方米。

南京民间艺人首创软骨架、无骨架、软体伞翼型风筝，涂料由水彩、水粉、国画颜料发展为化学墨水和合成染料，并融入了剪纸、粘贴、刺绣、编织、喷塑等现代工艺。

图8－44 放风筝

图8－45 现代风筝

图8－46 传统风筝

南京城南夫子庙一带，有许多风筝世家，他们扎的风筝自成流派，各具特色。街头巷尾常见的风筝多是组装式的，便于携带和储藏。一些市民喜欢自己制作简易风筝，以塑料袋、竹签和胶带为材料，取长短适中的竹签当骨架，将塑料袋剪成自己喜欢的形状，用胶带将竹签和塑料薄膜粘起来，保持风筝两端平衡。这样的风筝小巧轻盈，容易放飞。

荡秋千 [tã^{31}tɕ^{h}iəɯ^{31}tɕ^{h}iɛ̃^{0}]

秋千在南北朝时传到南京，明清时期开始流行，大人、小孩都喜欢。荡秋千形式简便，可坐可立，时间可长可短，可一人荡，也可两人荡。玩双人秋千时，两人面对面站在秋千板上，协同用力，让秋千荡起来。如今，南京很多公园都置有秋千架，一些住宅小区也装有供居民健身娱乐的秋千。

图8－47 木秋千

图8－48 金属秋千

抖嗡 [təɯ^{11}uən^{31}]

抖嗡即抖空竹[təɯ^{11}k^{h}oŋ^{31}tsuʔ^{5}]，又叫“抖空钟”[təɯ^{11}k^{h}oŋ^{44}tsoŋ^{31}]、“抖空筝”[təɯ^{11}k^{h}oŋ^{44}tsən^{31}]、“抖嗡子”[təɯ^{11}uən^{31}tsɿ^{0}]，因快速旋转发出“嗡嗡”声而得名。空竹由陀螺演变而来，分单轮(木轴一端有一圆盘)和双轮(木轴两端各有一圆盘)两种。圆盘中空，四周有哨口，因此旋转时能发声。旧时空竹轴、轮、轮面均为木制，轮圈为竹制，声音悦耳，但易摔坏。现在空竹种类繁多，按材料可分为竹制、木制、塑料、金属及橡皮空竹等。

玩空竹时，双手各拿一根两尺长的小竹棍，竹棍顶端用一根长约五尺的棉线连起来，将线绕空竹轴一至两圈，然后一手提一手送，拽拉抖动使之旋转。空竹玩法多样，上肢提、拉、抖、盘、抛、接，下肢走、跳、绕、骗、落、蹬，眼瞄、追，腰扭、随，头俯、仰、转，著名的有“鹞子翻身”“飞燕入云”“响鸽铃”“攀十字架”“扔高”“张飞骗马”“猴爬竿”等。

抖嗡作为一种强身健体的游戏，深受南京人尤其是中老年人喜爱，南京市曾多次举办抖嗡大赛。

图8－49 双轮空竹

图8－50 单轮空竹

图8－51 抖嗡

图8－52 下棋

图8－53 寒风中下棋

下棋 [ɕiɑ^{44}tɕʰi^{24}]

南京人下棋，多为象棋。下棋能够健脑防衰，受到中老年人尤其是退休老人的喜爱。下棋是一种“斗智不斗力”的游戏，充满乐趣，韵味无穷。有些人下棋如痴如醉，废寝忘食。

养鸟 [iã^{24}liɔ^{11}]

南京爱鸟人士特别多，家里常养两三只小鸟，多的养百只左右。每天清晨至公园遛鸟，三五成群聚在一起聊鸟，交换心得。南京爱鸟人士年龄跨度比较大，从二十多岁到七八十岁都有，常养的品种有绿绣眼、白头翁、画眉和鹦鹉等。南京夫子庙有花鸟市场供爱鸟人士交易。

图8－54 夫子庙的养鸟人

打麻将 [tɑ^{11}mɑ^{24}tɕiã^{44}]

南京的棋牌室很多，多为打麻将之所，南京人称“麻将当”[mɑ^{24}tɕiã^{44}tã^{31}]。南京麻将有自己的玩法和规则：可碰，可杠，不可吃。和牌方式有屁胡（小胡）[pʰi^{44}xu^{24}]、混一色[xuən^{24}i^{0}səʔ^{5}]、清一色[tɕʰin^{31}i^{0}səʔ^{5}]、对对胡[tuəi^{44}tuəi^{44}xu^{24}]、全球独钓[tɕʰyɛ̃^{24}tɕʰiəɯ^{24}tuʔ^{5}tiɔ^{44}]、七对[tɕʰiʔ^{5}tuəi^{44}]、双七对[suã^{31}tɕʰiʔ^{5}tuəi^{44}]等。

图8－55 打麻将

赏梅 [sã^{11}məi^{24}]

图8－56 赏梅

梅花是南京市花，象征“五福”（幸福、快乐、长寿、顺利与和平）。南京人赏梅之俗始于明代，钟山脚下、灵谷寺以东的梅花坞是赏梅胜地。明代梅花茂盛，不下千株。清以后，梅花坞为棉田所占，逐渐湮没。太平天国天京保卫战中，钟山成为太平军和清军争夺的战场，梅花坞的梅树化为灰烬。1932 年，吴王坟（今梅花山）规划为春季观梅景区。1949 年后，南京植梅更加普遍，原吴王坟观梅区范围扩大，增植梅花。自 1996 年南京首次举行“梅花节”后，每年春季来南京赏梅的中外游客络绎不绝。如今梅花山仍是最主要的赏梅去处，玄武湖、雨花台、古林公园、阅江楼也都是不错的选择。

南京梅花品种越来越丰富，常见的有绿萼梅、朱砂梅、宫粉梅、美人梅、玉蝶梅、黄香梅、江梅、杏梅、直枝梅、垂枝梅、龙游梅等。每当梅花盛开之季，与家人、朋友一起出游赏梅，已成为南京人必不可少的娱乐活动。

栖霞赏枫 [tɕ^{h}i^{31}ɕiɑ^{24}sã^{11}fən^{31}]

南京有“春游牛首，秋游栖霞”[ts^{h}uən^{31}iəɯ^{24}liəɯ^{24}səɯ^{11}，tɕ^{h}iəɯ^{31}iəɯ^{24}tɕ^{h}i^{31}ɕiɑ^{24}]的说法，栖霞山是南京人秋游的首选。栖霞山又名摄山，因南朝时山中建有栖霞精舍而得名。栖霞山植被茂盛，枫树、栎树、槭树等尤多。每逢深秋时节，山上色彩斑斓，美不胜收，令人陶醉。

图8－57 栖霞赏枫

图8－58 秋游栖霞

三　戏剧曲艺

南京白局 [lã^{24}tɕin^{31}pɛʔ^{5}tɕyʔ^{5}]

南京白局是南京方言说唱艺术，是南京土生土长的古老曲种。白局的产生与南京特产云锦密不可分。云锦织造工艺繁琐，须两人配合操作。为调剂枯燥的机房生活，工人们用方言唱曲，一唱一和，自娱自乐，后逐渐发展成一种曲艺。旧时，白局艺人多在茶馆演出，也在热闹场合助兴，每唱一次称“摆一局”，因不收酬劳，故称“白局”。后来有些艺人下海卖艺，组班收徒，走商业经营之路，叫“红局”或“戏局”。

白局又叫“数板”“新闻腔”，古腔本调可追溯到元曲“南京调”。现存曲调有《满江红》《银纽丝》《穿心调》《数板》《梳妆台》《剪剪花》《下河调》《汉阳调》等，广为传唱的《茉莉花》出自白局《鲜花调》。道光年间，白局发展为曲牌连缀的完整曲艺形式。

演唱白局，少则一两人，多则三五人，用南京方言唱时兴曲调，以二胡、三弦、琵琶、檀板等伴奏，通俗易懂，生动诙谐。经典曲目有《机房苦》《采仙桃》《金陵四十八景》《十二月花名》等，质朴淳厚，多反映现实生活，表达老百姓的喜怒哀乐。

白局的兴衰与织锦业的兴衰紧密相关。明清时期，南京织锦业兴盛，白局发展至鼎盛，创造出许多经典曲目。清灭亡后，云锦市场渐趋凋零，白局随之衰落。抗日战争时期，南京织锦业再受重创，白

图8－59 白局表演所用的鼓和檀板

局也受到沉重打击。1960 年，南京市工会成立南京白局剧团，请一些老艺人出山，教授弟子，整理曲目，改良曲调，编写新曲目，如《毛老头配茶壶把儿》《巧相逢》《友谊颂》《母女会》等，将白局重新搬上舞台。1966 年“文革”爆发，白局再度凋零。如今，南京白局只剩下徐春华、周慧琴、黄玲玲等几位传人，她们至今仍在坚持演唱、教授白局。

南京白话 [lã^{24}tɕin^{31}pɛʔ^{5}xuɑ^{44}]

也叫“南京相声”[lã^{24}tɕin^{31}ɕiã^{44}sən^{31}]，是用南京方言表演的相声，流行于南京及周边地区。南京相声源于北方相声，不过北方相声主要采用第三人称，南京相声则采用第一人称，表演者就是剧中人，演重于说，戏剧性强，听众易感到亲切。经典曲目有《老相识》《包您满意》《人情债》《庙上风情》《商业新风》等，表现南京的风土人情、历史典故。表演者多着长衫，有时也穿中山装或西装。

相声在民国初年传入南京，由于方言因素，没有引起南京人的热烈反响，于是一些相声演员开始对北方相声进行改造。1930 年，评书艺人钱天笑、周凤鸣模仿北方相声，凭借其说评书的功底，改用南京方言说学逗唱，受到南京市民的欢迎。经典曲目《学杂唱》由传统相声改编，将京剧改为南京听众熟悉的扬剧、白局中的曲子。钱天笑等人奠定了南京白话的基础，但由于门户之见，没有得到当时相声艺人的认同。1959 年，南京曲艺艺人李宗翰、梁汉辰用南京方言创作《老相识》，讲述南京人自己的生活，受到南京人的热烈欢迎，南京白话正式诞生。

如今，南京相声常在电台、电视台演出，深受南京人喜爱。

图8－60 南京白话表演

南京评话 [lã^{24}tɕin^{31}pʰin^{24}xuɑ^{44}]

南京评话是用南京方言表演的评话，主要流行于南京及周边地区，也叫“讲评词”[tɕiã^{11}pʰin^{24}tsʰɿ^{24}]，与苏州评话、扬州清曲并称为江苏传统说书艺术的三大流派。

南京评话以长篇讲史为主，主要剧目有《三国》《隋唐》《水浒》《岳飞传》等，其中穿插赞美河山、感慨兴亡的诗词歌赋。表演中还别具特色地植入口技，模仿各种声音。南京评话说演并重，具有“全凭一张嘴，风雷满台吼”的艺术魅力，在清末民初盛极一时。

明代南京艺人柳敬亭说书技艺高超，经常在勾栏瓦肆演出。南京评话由明清之交的“说善书”发展而来，产生于乾隆年间。清末民初，南京评话十分繁荣，产生许多名家高手。抗日战争时期，评话盛行，不亚于唱戏。现在南京评话已经没落。最后一位评话艺人孔幼平整理、编辑了一本评书底稿《乾隆皇帝下江南》。

南京评话已被列入第二批江苏省非物质文化遗产名录。

留左大鼓 [liəɯ^{24}tso^{11}tɑ^{44}ku^{11}]

留左是南京市六合区长芦镇下辖的一个村。长芦北临长江，是江北通往南京的交通要道，自古为兵家必争之地。隋朝末年，大将罗成曾驻军于此。罗成骁勇善战，体恤百姓，深受当地百姓爱戴。每当军队凯旋，老百姓杀猪宰羊犒劳将士，士兵擂鼓奏乐以示感谢。这种军鼓乐是留左大鼓的源头，后人将其整理为《大曲》《小曲》。军乐与民乐融合，形成留左吹打乐。留左大鼓节奏欢腾劲健，舞蹈场面气势恢宏。《点将上位》《杀四门》《单枪》《双枪》《三锤半》《迎军归》等曲目，仍有当年军乐遗韵。

《茉莉花》是现在留左大鼓经常表演的曲目，由四十八面梅花锣齐奏，节奏欢快。《龙狮会》《一网盖》融合各种击鼓技巧，动作繁复。《普天乐》气势恢弘，经留左大鼓第六代传人曾先文搜集、整理，中国民族打击乐学会副会长裴德义再创作后重新上演，

图8－61 留左大鼓

图8－62 表演用的鼓和钹

共分四曲，由 112 件打击乐器轮番演奏，其中一面大鼓直径 2.2 米、高 1.8 米、重 340 千克，赢得“金陵第一鼓”的美誉。

昆曲 [k^{h}uən^{31}tɕ^{h}y^{11}]

图8－63 昆剧

图8－64 江苏省昆剧院

昆曲源于元末的昆山地区，最初称“昆山腔”“昆腔”。昆曲细腻婉转，优雅动听，明清时期极为盛行。南京地处南北交通要冲，自古为仕商汇集、文人荟萃之地，经济繁荣，文化昌盛，为昆曲的盛行奠定了基础。昆曲深受文人喜爱，清唱之风从未断绝，一直延续至今。

明初昆曲就在南京城流行开来。嘉靖年间，昆曲大家魏良辅融合当时流行的海盐、余姚、弋阳诸腔以及北曲，革新昆山腔的曲律和唱法，称“水磨腔”，深受文人雅士推崇。据顾起元《客座赘语》所记，昆曲“较海盐又为清柔而婉折，一字之长，延至数息，士大夫禀心房之精，靡然从好，见海盐等腔已白日欲睡，至院本北曲，不啻吹篪击缶，甚且厌而唾之矣”。

明清两代，南京昆曲盛行，不仅有职业昆班，如“兴化部”“华林部”等，还有家庭昆班，演艺水平不亚于职业昆班。当年秦淮河畔歌台舞榭林立，夜夜笙箫，多唱昆曲，秦淮八妓皆精通昆腔。清吴敬梓《儒林外史》中的莫愁湖高会上，名士歌妓聚集湖亭演戏唱曲、品评高低，即为当年盛况的生动描述。

嘉庆、道光年间，花部乱弹的地方戏兴起，雅部昆曲逐渐衰落，但是秦淮歌场依然流行昆曲，维持着昆腔的地位。此时画舫清唱也称为“清音小部”。

民国以后，昆曲退出秦淮歌场，成为文人雅士的业余清唱。当年名士吴梅、甘贡三等人就组织过“紫霞曲社”。现在南京依然有不少曲社，如“南京乐社昆曲组”（1998 年更名为“南京昆曲社”）。曲学大师吴梅曾在东南大学、中央大学、金陵大学等学校教授昆曲，南京大学至今依然保留这一传统。

1977 年，南京成立江苏省昆剧院，整理近百出剧目，新编创演十数台大戏，培养了一大批昆剧演员。该院的演艺本色当行，被公认为南昆艺术正宗。

高淳民歌 [kɔ^{31}tsʰuən^{24}min^{24}ko^{31}]

图8－65 高淳民歌

高淳民歌历史悠久，自古就有“出门山歌进门戏”的传统，至今仍保留唱民歌的习俗。《晋书·乐志下》:“吴歌杂曲，并出江南，东晋以来，稍有增广。”唐李白《姑孰十咏·丹阳湖》:“龟游莲叶上，鸟宿芦花里。少女棹轻舟，歌声逐流水”，赞美的正是高淳女子采莲唱曲的旖旎风景。

高淳民歌曲调多样，调式丰富，多为角调和羽调，如《一粒种子一棵秧》即采用角调，在民歌中较为特别。演唱时可一人独唱，可两人对唱或重唱，也可一人领唱众人和唱。高淳民歌以民间小调为主，内容丰富，多表现老百姓劳动、生活的喜怒哀乐，淳朴自然。

高淳阳腔目连戏 [kɔ^{31}tsʰuən^{24}iã^{24}tɕʰiã^{31}muʔ^{5}liɛ̃^{24}ɕi^{44}]

也叫“太平戏”[tʰɛ^{44}pʰin^{24}ɕi^{44}]，是中国古老的剧种，至今已有六百多年历史。

与其他目连戏一样，阳腔目连戏与佛道两教的流传密不可分。目连戏主要讲述目连救母的故事，宣扬因果报应，宗教色彩浓厚。旧时和尚道士开道场做法事时，多演唱目连戏，后来目连戏逐渐被搬上舞台。据毛礼镁《高淳阳腔目连戏辨》，高淳阳腔目连戏源于元末明初传入江苏的江西南戏目连戏。江西龙虎山为道教圣地，自元代以后掌管南方道教事宜，江西南戏目连戏东传与道教的流行不无关联，至今高淳阳腔目连戏中依然保留一些古朴的道士腔。

目连戏在高淳十分盛行。每逢婚丧喜庆、年节祭祀、宗教节日或庙会等，人们常唱戏酬神。阳腔目连戏就是经常上演的剧目，多在野外搭建临时戏台（称“草台”）演出。高淳现仍保留许多戏台，可见当年唱戏盛况。如今保存完好的戏台有刘家陇戏楼、东坝戏楼、沧溪戏楼等，其中刘家陇戏楼又称“万寿戏台”，始建于元朝延祐元年（1314），已有七百年历史。

目连戏唱腔分东路腔和西路腔，东路腔称“水阳腔”，西路腔称“南陵腔”。高淳阳腔目连戏属水阳腔，“一唱众和，锣鼓节音，不被管弦”，调少腔简，节奏紧，速度快。施文楠《高腔新说》认为，高淳阳腔目连戏“是古老弋阳腔的遗响”，因“‘弋阳’二字声母相同，念时快读简称‘阳腔’”。目连戏在东传时，保留道士腔，又吸取高淳当地丰富的民歌曲调，渐渐演变为今天的唱腔。

高淳阳腔目连戏角色行当分为生、旦、净、末、丑、外。后受徽剧影响，吸收民间武术和杂技，称“武场”，动作难度较大。专门演武场的演员称“武行”。

现今高淳阳腔目连戏最完整的本子为清末僧人超轮的《阳腔目连戏》108 折抄本。

图8－66 沧溪戏楼

图8－67 东坝戏楼

图8－68 刘家陇万寿台戏楼

图8－69 翻新中的刘家陇戏台

图8－70 跳五猖

跳五猖 [tʰiɔ^{44}u^{11}tsʰã^{31}]

又称五猖会[u^{11}tsʰã^{31}xuəi^{44}]或跳菩萨[tʰiɔ^{44}pʰu^{11}sɑʔ^{5}]，流行于南京高淳区胥河两岸。旧时，跳五猖是为了歌颂西汉张渤开凿长兴荆溪河，引流至广德的功绩。

跳五猖历史悠久，文化内涵丰富，宗教色彩浓厚。表演道具涂以红、蓝、黄、黑、白五色，分别代表东、南、西、北、中五方天帝，又含木、火、金、水、土五行。表演者由五个身着铠甲、头戴花色面具的壮汉组成，手持双刀，表演舞蹈。有“天下太平”等阵式，祈求吉祥和平。跳五猖持续近两个小时，有送神、接神、贺神、暖神、摆坛、祈愿等仪式。

跳五猖前有许多禁忌，如表演者和祈福者需沐浴净身，不能说污言秽语，夫妇不得行房事等。

打五件 [tɑ^{24}u^{11}tɕiɛ̃^{44}]

打五件是一种流传于南京溧水的曲艺，由一个人同时敲奏五种乐器——大锣、小锣、镲、鼓和云牙子，因此得名。五件乐器放在高脚凳的不同部位以方便演奏。打五件多由男子表演，表演者身着彩衣绣鞋，边敲边唱，曲调以黄梅调、皖南花鼓戏为主。

打五件的艺人一般在冬末农闲和春节时“拜门子”，即背着绑缚乐器的木凳挨家挨户登门演唱。他们根据主人家的家庭状况和自己的所见所闻，即兴编词唱曲。这种创作方式被形象地称为“望风采柳”。

打五件所唱内容为吉祥喜庆之语，如：“笑盈盈喜盈盈，东家门口一棵椿，往年椿树结椿籽，今年椿树结金银。三天不扫堂前地，银子落地几尺深。吃不了用不尽，东家是个发财的人”，恭祝主人家富贵发财。这种演出方式叫“见花开”。另一种演出方式是“打场地”，根据需要，表演者增至二三人。打场地时，在村中空地上围起一个场子，演员扮不同角色表演地方小戏。听众可以点段子，多为一些经典曲目，如《婆媳和》《劝姑》《百忍堂》《花魁女》《恨双脚》《赶潘》《花墙会》等。

打五件源于乞讨，前身为河南的地灯子和湖北的花鼓戏。旧时灾民逃荒时为避免乞讨难堪，采用这种形式登门演唱。后来随着生活条件的改善，打五件慢慢淡出人们视野，如今打五件艺人已经很少。

麻雀蹦 [mɑ^{11}tɕʰyoʔ^{5}pən^{44}]

麻雀蹦为南京江宁区方山一带的民间舞蹈，因舞蹈动作似麻雀蹦跳而得名。又因流行于南京方山一带，故称“方山大鼓”[fɑ̃^{44}sɑ̃^{31}tɑ^{44}ku^{11}]。道具为锣鼓，表演者边击鼓边模仿麻雀的各种姿势，如展翅、啄稻、亮翅、抱窝等。麻雀蹦节奏鲜明，形象生动，深受群众喜爱。

玖·宗教信仰

图9－1 鸡鸣寺法会

南京作为六朝都会，有佛教、道教、伊斯兰教、天主教、基督教五大宗教，宗教文化繁荣发达，相互间往来频繁。在中西兼容、新旧并包的基础上，形成了拜忏、乌饭、香期、封斋、圣餐等独具特色的宗教民俗和佛成道节、浴佛节、宰牲节、开斋节、中元节等风格多样的宗教节日。这些节日活动都在特定的宗教场所进行，如鸡鸣寺、栖霞寺、天妃宫、净觉寺、石鼓路堂、莫愁路堂等。

南京的佛教和伊斯兰教文化尤为发达。佛教文化源远流长，至梁朝盛极一时，成为“国教”，梁武帝四度舍身出家，诗曰：“南朝四百八十寺，多少楼台烟雨中”。伊斯兰教在南京传播也很早，培养了著名的的儒回，形成了“金陵学派”。现在，金陵刻经技艺、妈祖庙会、蒋王庙会等成为非物质文化遗产，天妃宫碑、净觉寺等也是文物保护对象。

一　佛教

南京的佛教文化源远流长，始于东汉。三国时建业有建初寺，信佛之风极盛。汉末，北方高僧常来金陵讲经。唐贞观年间，法融禅师在金陵牛首山创牛头宗。五代文益禅师在金陵清凉院创法眼宗。明万历年间，古心和尚在南京古林庵弘扬南山律宗，派弟子赴全国弘律。清末，杨仁山创办金陵刻经处和佛学研究会。民国时期，太虚、圆瑛等人在上海创办中国佛学会，后会址从上海移至南京毗卢寺。南京现存寺庙香火鼎盛，每逢重大节日，信徒参拜，络绎不绝。

鸡鸣寺 [tɕi^{31}min^{24}sɿ^{44}]

位于南京城内鸡笼山东侧，西晋时创立道场。后梁武帝兴建同泰寺，四度“舍身”出家于此（人称“皇帝菩萨”），群臣耗费巨资将他赎出。寺院得到巨款，不断扩大规制，一度为“南朝四百八十寺”之首刹。此后历经发展逐渐形成香火道场，今改为尼众道场。

图9－2 鸡鸣寺

图9－3 药师佛塔

鸡鸣寺有大雄宝殿、药师佛塔、藏经楼、观音楼等建筑。观音楼内的观音北向倒坐，与众不同，楹联上批“问菩萨为何倒坐，叹众生不肯回头”。寺内香火极盛，每逢观音圣诞，更是盛况空前。

栖霞寺 [tɕ^{h}i^{31}ɕia^{24}sɿ^{44}]

南京重要佛寺之一，位于南京城北栖霞山。南齐隐士明僧绍初建，后成为江南“三论宗”祖庭。今栖霞寺以中国佛学院栖霞山分院为依托，讲学与研究相结合是其特色。

寺内有千佛岩和舍利塔。无量寿佛为千佛岩中最大雕像。舍利塔为隋杨坚所造，塔内供奉佛骨舍利。

图9－4 栖霞寺

图9－5 烧香

图9－6 许愿结

图9－7 千佛岩

图9－8 千佛岩佛像

图9－9 舍利塔

灵谷寺 [lin^{24}ku^{11}sɿ^{44}]

始建于梁天监十三年（514），名开善精舍，后称开善寺。明洪武十四年（1381），朱元璋修建其庙宇，赐额“灵谷寺”，题“第一禅林”。清康熙南巡时，题“灵谷禅寺”匾额。

灵谷寺寺院两侧松阴夹道，苍翠如沐，称“灵谷深松”，为金陵四十八景之一。寺内建筑宏伟，殿宇鳞次栉比，为南京三大寺（灵谷寺、报恩寺、天界寺）之一。

毗卢寺 [p^{h}i^{24}lu^{24}sɿ^{44}]

位于南京市汉府街 4 号。始建于清同治三年（1864），名毗卢庵。光绪六年（1880）扩建。现存山门、天王殿、大雄宝殿、观音殿、万佛楼、藏经楼、毗卢殿等建筑。

图9－10 灵谷寺

图9－11 灵谷深松

图9－12 毗卢寺

图9－13 毗卢寺大雄宝殿

图9－14 静海寺

图9－15 静海寺牌坊

图9－16 静海寺石碑

静海寺 [tɕin^{44}xɛ^{11}sɿ^{44}]

位于南京市仪凤门外狮子山西南麓。明永乐九年（1411），明成祖朱棣为纪念郑和下西洋平安归来而建，赐额“静海”。清政府与英国签订《南京条约》时，曾多次在寺中谈判。

大报恩寺 [tɑ^{44}pɔ^{44}ən^{31}sɿ^{44}]

大报恩寺，原位于南京城南长干里。该寺原址有建于吴赤乌三年（240）的长干寺及阿育王塔，曾与灵谷寺、天界寺并称为江南三大寺。明代初期遭兵火破坏。永乐十年（1412），明成祖依照皇宫大内的建筑规制重建寺院，使之成为全国最大的讲寺，是包容各派的佛教义学讲堂，并一度成为管理全国佛教事务的僧录司所在地。

图9－17 金陵刻经处

图9－18 雕版

图9－19 分页

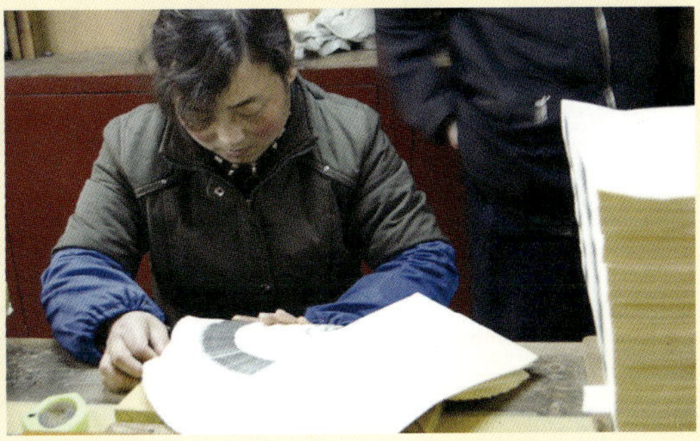

图9－20 装订

报恩寺内有座近一百米高的琉璃塔。全塔上下有上万座佛像，每一尊佛像都由数十块琉璃砖组成。塔顶设篝灯 146 盏，即所谓“长明灯”。太平天国时期被毁。

2008 年南京发掘大报恩寺地宫，在 1942 年出土玄奘大师顶骨舍利的地方，发现宋长干寺地宫遗址，出土了石函等物。石函北壁上刻有《金陵长干寺真身塔舍利石函记》，碑文记载“长干寺葬佛顶骨舍利”。阿育王塔和佛祖顶骨舍利惊现于世。

金陵刻经处 [tɕin^{31}lin^{24}k^{h}oʔ^{5}tɕin^{31}ts^{h}u^{44}]

清末杨仁山居士发起创办，位于南京市淮海路 35 号，是刻印、流通、研究、讲习佛经的重要场所。金陵刻经处选本严、刻印精、校勘细，所出本皆被赞为“金陵本”。2009 年，金陵刻经处独特的雕版印刷技艺，被列入世界非物质文化遗产名录。

图9－21 观音会祝诞普佛（顾觉　摄）

观音会 [kuã^{44}in^{31}xuəi^{44}]

佛教徒祭祀观音菩萨的庙会。每年农历二月十九、六月十九、九月十九，分别为观音菩萨的诞生日、成道日和出家日，并称“观音菩萨圣诞”。魏晋南北朝时战乱频繁，人们饱受苦难，寄希望于救苦救难的观世音。逢此三节，鸡鸣寺和石观音寺都会举行“大士香火”。善男信女或烧拜香（凳上插香，手端

图9－22 香汤浴佛（顾觉　摄）

图9－23 浴佛（雨花精舍提供）

小凳，几步一磕头），或烧肉香（香炉吊挂皮肉），拜至山门。至午时，享寺内流动斋席，饮白鹤井水，以求平安吉祥。

从观音圣诞前一日，虔诚的香客便开始等待，争燃头炷香。信徒还须守“观音斋”，在家茹素。

浴佛节 [y^{31}foʔ^{5}tɕiɛʔ^{5}]

农历四月初八是释迦牟尼诞辰日，这一天由此成为佛教的浴佛节，南京各寺院举行浴佛仪式以示纪念。南京将阴阳五行的观念融入浴佛仪式，开始以“五色香汤”（都梁香为青色水，郁金香为赤色水，丘隆香为白色水，附子香为黄色水，安息香为黑色水）浴佛。后又增设放生大会，由于有当日救一命能抵十万功德之说，人们都购买鱼鳖放生。现在的浴佛香汤多以薄荷、桂枝等中药材煮就，信众装入小瓶带回家饮用，可以防病祛邪。

盂兰盆会 [y^{24}lã^{24}p^{h}ən^{24}xuəi^{44}]

每年农历七月十五日为佛教盂兰盆会，又称“盂兰盆节”[y^{24}lã^{24}p^{h}ən^{11}tɕiɛʔ^{5}]，是佛教徒祭祀、超度祖先的重要节日，与佛经“目连救母”的故事有关。是日，南京各寺院均举行盛大的宗教仪式。据王景琳《中国古代寺院生活》记载，是日清晨，寺院僧尼搭兰盆坛，设五行桌，供盂饭、盂兰盆、净水、荷花与香案。众僧诵《盂兰盆经》和《大悲咒》，施主上兰盆供毕，即离坛受食。寺院准备斋饭供众僧就餐，即“斋僧”[tsɛ^{44}sən^{31}]。

图9－24 兰盆供（顾觉　摄）

图9－25 放焰口（顾觉　摄）

图9－26 拜忏（顾觉　摄）

普通民众当天则备齐祭品祭奠祖先，“茄饼”作为其中一道极富江南特色的节日食品，为南京人喜爱。

放焰口 [fã^{44}iɛ̃^{44}k^{h}əɯ^{11}]

焰口为佛教中恶鬼，放焰口即诵经咒、施食恶鬼以超度亡灵。由于放焰口有追荐亡灵、沟通僧俗两界的特殊意义，因此受到佛教徒的追捧，固定成为一种民俗。

放焰口一般在盂兰盆节的黄昏或夜间进行，从开坛、诵唱、召请文到斋主顶礼、仪式完毕，需四个小时以上。整场法事以唱为主，音声悦耳，具有很强的观赏性。因此，放焰口既是庄严的佛教法事，又是带有浓厚娱乐气氛的民间集会。

拜忏 [pɛ^{44}ts^{h}ã^{44}]

拜忏是盂兰盆会的一项重要仪式，又称“礼忏”[li^{11}ts^{h}ã^{44}]，即代人礼佛念经、忏悔罪业。拜忏始于南朝梁武帝，相传他在郗皇后死后，集录佛经语句为《梁皇宝忏》十卷，命僧众拜诵祈祷。南京盂兰盆会常用的忏法除《梁皇忏》外，还有《大悲忏》《净土忏》《三昧水忏》等。

地藏篷 [ti^{44}tsã^{44}p^{h}ən^{24}]

农历七月三十，为地藏菩萨诞辰。地藏菩萨因“众生度尽，方为菩提，地狱未空，誓不成佛”之愿，宣传因果轮回，劝度大众行善，信徒众多。南京城西清凉山供奉地藏菩萨，每至农历七月，朝山敬香者盛。三十日子时，由于传说地藏菩萨一年到头把眼闭着，只有这一夜才睁开眼，人人争燃头香。烧香后，还要“回香得福”，让亲友同沾佛

图9－27 素斋

图9－28 鸡鸣寺素面

图9－29 斋饭

佑。进香途中，游人如织，茶篷林立，内悬地藏王像，形成“地藏篷”。

吃斋 [tʂʰʅʔ^{5}tsɛ^{31}]

指只吃素食，不饮酒，不吃鱼肉等荤腥食品，也不食五辛（一说蒜、葱、兴渠、韭、薤）。梁武帝在同泰寺（鸡鸣寺前身）颁布的《断酒肉文》，是大乘佛教素食之始。

佛成道节 [foʔ^{5}tsʰən^{24}tɔ^{44}tɕiɛʔ^{5}]

农历十二月初八是佛教徒的“佛成道节”。这个节日的由来与释迦牟尼有关。释迦牟尼在修行时被一牧羊女所救，在吃过牧女煮的乳糜后，他潜心悟道成佛。初八早晨，新收获的香谷、果实等被制成腊八粥供佛，僧尼礼佛完毕后分食腊八粥。旧时南京卧佛寺僧众还会沿街化缘，次日熬粥施舍信众。因此，腊八粥也被佛教徒称为“佛粥”。陆游《十二月八日步至西村》云：“今朝佛粥更相馈，更觉江村节物新。”如今，南京栖霞寺、鸡鸣寺等寺庙依然会精心准备佛粥，人们争相讨食，以结佛缘。

水陆道场 [suəi^{11}luʔ^{5}tɔ^{44}tsʰã^{11}]

一种重大的佛事活动，与“皇帝菩萨”梁武帝相关，是在《梁皇宝忏》和冥道无遮大斋基础上形成的一套完整的水陆亡灵超度仪式。水陆道场有独性、众性之分，共有内坛、大坛（需多名僧侣一起唱念）、楞严坛、诸经坛等七个坛口，一般历时七天。2011年南京灵谷寺曾设纪念辛亥革命百年超荐阵亡将士水陆法会，千余信众净身吃斋，礼佛拜忏，祈祷法惠。

讲经 [tɕiã^{11}tɕin^{31}]

周末或特殊日子，南京寺院请僧人宣讲经典，一般为半天至一天。每逢盛大讲经法会，仪式隆重，听众甚多，多宣讲《阿弥陀经》《心经》《法华经》《金刚经》《楞严经》《地藏经》等。

图9－30 送圣（顾觉　摄）

图9－31 内坛佛事（顾觉　摄）

图9－32 制作阿弥饭

图9－33 阿弥饭

阿弥饭 [oʔ^{5}mi^{24}fã^{44}]

即"乌饭"[u^{31}fã^{44}]。南京寺院在浴佛节时煮之供佛。《金陵岁时记》载："吾乡每届是日，沿途争卖，以当点心。"现今，南京人闲暇之余依旧煮乌饭，乌饭成为一道独特的江南小点。

居士林 [tɕy^{31}ʂʅ^{44}lin^{24}]

居士指不出家的男信徒。他们遵守特定的佛门戒律（"五戒""十善"），过清静有节制的生活。居士们组成的学佛团体便是"居士林"，参与者在一起研习佛经，讨论佛法。

传戒 [tsʰuã^{24}tɕiɛ^{44}]

佛教通过授法将居家教徒变为正式僧尼的活动，称为"传戒"，也称"开戒"[kʰɛ^{31}tɕie^{44}]。

图9－34 传戒（顾觉　摄）

观音诞辰 [kuã^{44}in^{31}tã^{44}ts^{h}ən^{24}]

农历二月十九为观音诞辰，须举行庙会庆贺。鸡鸣寺为南京重要寺庙，内有观音阁，供奉观音菩萨塑像，每逢观音菩萨农历二月十九生日、六月十九成道日、九月十九涅槃日皆举行盛大庙会。《金陵岁时记》载："二月十九日，南城蟒蛇仓之石观音，北城鸡鸣寺之观音楼，香火极盛。沿街设茶篷以供香客。有烧拜香者，披发跣足，持小香儿，一步一拜或三步一拜；亦有烧肉香者，以盘香钩挂臂膊，叉手而行。"

鸡鸣寺观音诞辰庙会热闹非凡。旧时售卖香烛的商铺，从鸡鸣寺大门一直延伸至成贤街。当时女子拜观音十分虔诚：在观音像前供长幡帷幔以求子；在观音莲花座下的泥娃娃身上拴红线，象征送子观音送来娇儿；有孩子的母亲在莲花座下寄名，祈盼孩子健康活泼，长命百岁。

图9－35 鸡鸣寺观音像

二　道教

南京道教，历史悠久，神仙方术及黄老思想根基深厚。每年农历十二月二十四日至次年农历三月十八日为香期。旧时凡遇香期，南京信众肩负神龛鼓乐至天妃宫等处礼香祈福。现在，南京道教时常举办庙会，以农贸交易为主，伴有杂耍和文艺娱乐活动。

天妃宫 [t^{h}iẽ^{44}fəi^{44}koŋ^{31}]

天妃，又称妈祖[mɑ^{31}tsu^{11}]，为道教传说中航海者的保护神。南京天妃宫位于下关狮子山麓，始建于明永乐五年（1407）。民国时期成为道教徒举行宗教仪式和活动的重要场所，香火旺盛。尤其是农历三月二十三天妃诞辰，信众齐集，祭祀妈祖，祈求全家平安。2007 年，妈祖庙会列入江苏省非物质文化遗产名录，主要内容包括谒祖进香、祈福三献礼大典、送神礼等。

图9－36 天妃宫

图9－37 天妃宫碑

图9－38 天后宫

图9－39 天后宫大殿

天妃宫碑，是现存最大的郑和下西洋记事刻石。立碑于天妃宫，祈祷郑和海上之行平安无虞。南京俗语“三月二十三，乌龟爬下关”[sã^{31}yɛʔ^{5}er^{44}tʂʅʔ^{5}sã^{3}，u^{44}kuəi^{31}p^{h}ɑ^{24}ɕiɑ^{44}k^{h}uã^{31}]，便是说此碑。

天后宫 [t^{h}iẽ^{31}xəɯ^{44}koŋ^{31}]

位于南京市秦淮区升州路 488 号，清乾隆二十三年（1758），由江宁知府金蒲蔡长云及福建仕商等人捐建，为祭祀天后之所。现存天后主殿及财神殿、慈航殿、元辰阁、祖师堂等配殿。供奉天后圣母、真武大帝、文昌帝君、慈航真人、财神真君、黄大仙、神医华佗、护法王灵官等神像。天后主殿北墙有碑文“敕封天后宫”，刻有修建年号。两厢配殿西墙亦有两块碑文，一块是乾隆二十三年（1758）立，刻有从羊皮巷老会馆拆迁至水西门内的事因经过，另一块是嘉庆十七年（1812）立，刻有“敕封天后圣母宫”等碑文。每逢农历初一、十五或道教的重要节日，天后宫举办庙会或道场，如道教弟子皈依仪式、做法事等。

朝天宫 [tsʰɔ^{24}tʰiɛ̃^{44}koŋ^{31}]

位于南京市水西门内莫愁路东侧，始建于东晋，初名冶城寺。明太祖洪武十七年（1384）建大通明殿、三清殿等，赐额“朝天宫”。现归南京博物馆使用，有照壁墙、棂星门、大成门、大成殿、崇圣殿、飞云阁等建筑。

图9－40 朝天宫“万仞宫墙”

图9－41 “德配天地”门楼

图9－43 “文武官员军民人等至此下马”碑

图9－42 “道贯古今”门楼

图9－44 朝天宫古玩市场

中元节 [tsoŋ^{31}yɛ̃^{11}tɕiɛʔ^{5}]

道教重要节日，为每年农历七月十五。道家信众这一天皆清净身心，设斋祭神，祈福消灾，到夜里则会燃放荷花灯。《岁华忆语》云："以纸糊灯作莲花状，荷叶托之，中燃小烛，顺河流放之，曰河灯，云以照渡溺魂。夜间推河窗观之，数星明灭，忽聚忽散，殊有幽趣。"南京人称之为"斋河孤"[tsɛ^{31}xo^{24}ku^{31}]。

香期 [ɕiã^{44}tɕ^{h}i^{31}]

道教重要节日（"三元"[sã^{31}yɛ̃^{24}]、"三清"[sã^{44}tɕ^{h}in^{31}]、"五腊"[u^{11}lɑʔ^{5}]等）信众朝山进香，形成进香高峰期，称"香期"，又称"香汛"[ɕiã^{31}ɕyən^{44}]。"三元"即上元节（正月十五求天官赐福）、中元节（七月十五祭祖斋鬼）、下元节（十月十五祭水官，祈丰收）；"三清"即二月十五太清道德天尊圣诞、夏至上清灵宝天尊圣诞、冬至玉清元始天尊圣诞；"五腊"即天腊（正月初一）、地腊（五月初五）、道德腊（七月初七）、民岁腊（十月初一）、王侯腊（十二月初八）。

图9－45 荷花灯

三　伊斯兰教

南京伊斯兰教始于宋代。最早的清真寺位于南京新街口，名“一棵松清真寺”。元代，许多穆斯林官员居住在建康，建寺并过宗教生活。明代，南京穆斯林人口大增。万历年间，南京开始经学教育，既教文化又讲经学，培养阿訇人才。至民国时期，南京有33座清真寺，10万穆斯林。南京是以儒诠经的发祥地，清代著名伊斯兰教学者王岱舆、刘智在净觉寺著书立说，创立以儒诠经的金陵学派，影响深远。

净觉寺 [tɕin^{44}tɕyɛʔ^{5}sɿ^{44}]

南京穆斯林礼拜寺，位于南京市升州路，东依夫子庙，西临七家湾。净觉寺初建于明洪武年间，至明末该寺成为南方伊斯兰教传播的重要场所，培养了王岱舆等著名“儒回”。他们将儒家文化融入伊斯兰教精神，形成“金陵学派”[tɕin^{31}lin^{24}ɕyɛʔ^{5}p^{h}ɛ^{44}]。

净觉寺现由砖雕牌坊、新月楼、南北讲堂、礼拜大殿等构成。最具历史价值的是“仪门”，旧时称“花门楼”[xuɑ^{31}mən^{24}ləɯ^{24}]，是一座四柱三间三牌楼砖雕牌坊，毁于“文革”，后依照原样复建。

图9－46 净觉寺

起经名 [tɕʰi^{11}tɕin^{31}min^{24}]

在穆斯林家庭，婴儿出生后除取汉名外，出生第三天或第七天还需请教长或阿訇来家中（或将婴儿抱至清真寺），给婴儿另取一阿拉伯名字，以表明其穆斯林身份。这一习俗称为“起经名”，又称“起回名”[tɕʰi^{11}xuəi^{24}min^{24}]。经名大体分三类：表示从属于安拉的，如“阿卜拉”（安拉之仆）；先知及其他贤哲名，如男婴以“穆罕默德”、女婴以“赫蒂彻”（圣妻）为名；寄托希望的，如“赡思丁”（宗教的太阳）。南京地区伊斯兰教信仰坚定的穆斯林家族都有为婴儿取回名的习俗。

图9－47 新月楼

圣纪 [sən^{44}tɕi^{44}]

伊斯兰教始祖穆罕默德诞生和逝世纪念日。因穆罕默德出生和逝世都在三月十二日，穆斯林便选定每年伊斯兰教历的三月十二日为“圣纪”和“圣忌”纪念日。旧时南京的圣纪活动非常热闹，节日当天，穆斯林沐浴更衣，前往清真寺聚会礼拜，听阿訇宣讲穆罕默德的事迹和功德，体会其艰苦奋斗精神，然后共食油香，参加乡老集资的会餐。

做讨白 [tso^{44}tʰɔ^{11}pɛʔ^{5}]

讨白，阿拉伯语音译，意为忏悔，穆斯林在感到罪恶及未履行功课时，多举行此仪礼。仪礼由阿訇主持，内容为诵念忏悔辞。斋月内的盖德尔夜（教历九月的第二十七个夜晚），常由伊玛目领导集体做讨白。南京地区还常见穆斯林在临终前举行，以求真主对其一生罪过的饶恕。

开斋节 [kʰɛ^{44}tsɛ^{31}tɕieʔ^{5}]

伊斯兰教重要节日，又称“肉孜节”[ẓəɯ^{44}tsɿ^{31}tɕieʔ^{5}]，为伊斯兰教历九月封斋后的第三十天或三十一天（如第二十九日晚见新月，次日为开斋节；若未见月，则再封一日）。这一天，南京穆斯林须交五块钱“麦子钱”参加会礼。会礼上阿訇讲授开斋节意义。会社毕，众人互道“色俩目”（平安）。有些穆斯林家庭还会请阿訇赴家作客，尽享节日欢乐。

宰牲节 [tsɛ^{11}sən^{31}tɕiɛʔ^{5}]

又叫“古尔邦节”[ku^{24}er^{11}pã^{31}tɕiɛʔ^{5}]，为每年伊斯兰教历十二月十日。此节的由来与易卜拉欣有关。易卜拉欣遵从安拉的旨意欲将儿子作为祭礼，安拉感受到他的忠诚，派黑绵羊代替。后穆斯林把这一天定为宰牲节。节日一早，成年男性穆斯林前往清真寺参加会礼。会礼后在寺内统一宰牲，将所宰的牲皮施舍给贫困者或交给阿訇，其骨掩埋掉，其肉分成三份，一份自食，一份散给贫民，一份馈赠亲友。之后，穆斯林还会登门互串，赠送馓子、油香等节日食品，传达祝福。

割礼 [koʔ^{5}li^{11}]

即割掉男性生殖器官过长的包皮，教法认为是“圣行”，是防止积垢致病的卫生措施。南京穆斯林习惯以阿拉伯语“圣行”音译此俗为“逊奈”。一般在男孩七至十二岁左右施行，无故延至成年后是“可憎的行为”。割礼多选冬季，术者及受术者均口诵“台斯密”，术后请阿訇宣讲割礼的意义，诵《古兰经》为其祝福。

礼 [li^{11}]

指穆斯林面向麦加天房的礼，是穆斯林日常修行的五功之一，包括每日五次的五番拜（即邦达、撇申、底盖勒、沙目、虎夫坦）和每周五一次的主麻拜。礼拜时面朝西方（天房克尔白的方向），在清真寺或家中均可进行，但前方须选定一障碍物，表面不能有人或动物的图像。日出、日中、日落三个时辰禁止礼拜，以避免沾上拜物——拜太阳的嫌疑。

伊斯兰教规定周五为穆斯林的聚礼日，南京穆斯林习惯以阿拉伯语称之为“主麻日”。礼由伊玛目宣讲，带领信众学习《古兰经》、圣训和做人的道理。

走坟 [tsəɯ^{11}fən^{24}]

南京穆斯林家庭一直坚持走坟（又称“游坟”[iəɯ^{24}fən^{24}]）传统，一般在已故亲人的周年、生死忌日或重大节日前往墓地祭祀悼念，以此寄托哀思、求主宽恕并参悟人生。

南京穆斯林十分重视走坟。旧时父母病故，孝子要走三五天坟，有的连续走七天。走坟时一般邀约家属两三人，请一位阿訇同到坟前诵读《古兰经》为亡人祈祷。

四　天主教

南京天主教始于明代。明万历二十三年（1595），意大利天主教传教士利玛窦来南京传教，万历二十七年（1599）在南京创建教堂、天主教会学校，著有《利玛窦中国札记》。南京天主教信众众多，定期聚会，举行宗教活动。

石鼓路天主教堂 [ʂʅʔ^{5}ku^{11}lu^{44}t^{h}iɛ̃^{31}tsu^{11}tɕiɔ^{44}t^{h}ã^{24}]

位于南京建邺区石鼓路，是南京主城区唯一的天主教堂。建于清同治九年（1870），后被毁，1928年重建，1982年被列为省级文物保护单位。2005年被评选为新金陵四十八景之一。

图9－48 石鼓路天主教堂

图9－49 石鼓路天主教堂夜景

图9－50 九中

九中 [tɕiəɯ^{11}tsoŋ^{31}]

天主教教会学校，原名南京弘光中学[lã^{24}tɕin^{31}xoŋ^{24}kuã^{31}tsoŋ^{31}ɕyeʔ^{5}]，现为南京市第九中学。1925 年由意大利天主教传教士瞿光朝创办，教师由天主教神职人员兼任。1933 年，改为南京震旦中学。1952 年，南京市人民政府定名为南京市第九中学。

五　基督教

南京基督教始于清同治年间。最早的教堂建于同治十三年（1874），由美国基督教北长老会牧师韦理和李满在南京莫愁路建造。南京莫愁路堂、圣保罗堂、江苏路堂为历史悠久的著名教堂。中国基督教最高学府金陵协和神学院设在南京大铜银巷 13 号。

莫愁路堂 [moʔ^{5}ts^{h}əɯ^{24}lu^{44}t^{h}ã^{24}]

又名“四根杆子礼拜堂”[sɿ^{44}kən^{31}kã^{11}tsɿ^{0}li^{11}pɛ^{44}t^{h}ã^{24}]，位于白下区莫愁路，是南京基督教举行宗教仪式的重要场所。最早由美国基督教长老会创立，抗日战争中庇佑很多难民。现在的莫愁路堂在礼拜、圣餐外，还开展唱诗、识字、青年聚会等活动。

图9－51 莫愁路堂

图9－52 莫愁路堂内部

图9－53 圣保罗堂

圣保罗堂 [sən^{44}pɔ^{11}lo^{24}t^{h}ã^{24}]

位于南京市太平南路396号，为中华圣公会江苏教区在南京建造的教堂。现存大小教堂各一座。大堂为哥特式建筑，小堂供小型宗教活动使用，另有休息室和钟楼。圣保罗堂为南京市基督教重要教堂之一，每周日举行宗教活动。

江苏路堂 [tɕiã^{44}su^{31}lu^{44}t^{h}ã^{24}]

位于南京鼓楼区山西路67号世贸中心大厦内，为南京三大基督教教堂之一。周末及重要基督教节日均举行宗教活动。

礼拜 [li^{11}pɛ^{44}]

今人常说的“礼拜天”即源自基督教的礼拜。南京基督教的礼拜活动每周两次，主要内容有宣召、唱赞美诗、祷告、读经、证道、祝福等。

圣餐 [sən^{44}ts^{h}ã^{31}]

南京基督教会在每月第二个主日举行圣餐礼，主要仪式有擘饼和分杯。

图9－54 江苏路堂

六　其他信仰

城隍 [tsʰən^{24}xuã^{24}]

城隍是民间供奉的地方神，被视为一县父母官，如南京城隍文天祥、溧水城隍白季康。明太祖朱元璋召封天下城隍神，南京城隍被封为“皇帝”，城隍庙会是南京信众的重要节日。

蒋王神 [tɕiã^{11}uã^{24}sən^{24}]

南京民间蒋王信仰极为兴盛，南京蒋王庙可谓“白马千年系庙门，炉烟浮动衮龙昏。阖棺漫说荣枯定，青骨犹当履至尊”（曾极《金陵百咏·蒋帝庙》）。传说蒋王能够平定祸乱、赐福平安，原钟山的蒋王庙便成了供奉蒋王之地。旧时常有法会道场，香火不熄，现已形成热闹的庙会。蒋王庙会 2007 年被列入首批南京市非物质文化遗产名录。

紫姑 [tsɿ^{11}ku^{44}]

紫姑为厕神，又叫“三姑”[sã^{31}ku^{44}]。旧时每年正月十五晚，南京妇女站在厕所、猪圈或厨房旁迎接厕神。用稻草、布头等扎成真人大小，饰以钗环、花朵。设供案点烛焚香，对之行礼，认为这样能给她们带来好运。

潘宗鼎《金陵岁时记》记载：“正月望，迎厕姑人家闺秀以香楮往迎厕上，果闻粪窖中有声，知为神降之征。迎入内室，铺米于盘，两人对执小粪箕，立一箸于中，其箸自动，能从盘上画米如问事者。有吉兆，则书为字或画如意、双钱种种吉祥形式，凶则否。”

花神 [xuɑ³¹sən²⁴]

农历二月十二为“花神节”，南京人有敬花神的习俗。朱元璋定都南京后，征花匠种植花草以供皇室，修建花神庙。大殿供奉牡丹花王，十二间配殿供奉司花之神，分别掌管正月梅花、二月杏花、三月桃花、四月蔷薇花、五月榴花、六月荷花、七月秋海棠、八月桂花、九月菊花、十月芙蓉、十一月山茶花、十二月蜡梅花。

旧时二月十二日，南京花农须在自家的花树上挂红布条，为百花仙子贺寿；或用红纸裁成纸条，贴在树上或系于小木棍插在花盆里，称“护花符”[xu⁴⁴xuɑ³¹fu²⁴]。清甘熙《白下琐言》卷二记载：“每岁花朝，卖花之家，各以花供献，凡牡丹、芍药、海棠、碧桃之属竞秀争妍，备极其胜，谓之花神会。”

〔 南京方言音系 〕

1. 声母（21个）

p	布比抱	pʰ	坡劈盘	m	米妈目	f	飞风服
t	带低洞	tʰ	铁他桶	l	拿捏落		
ts	组争	tsʰ	词初层	s	送瘦四		
tʂ	纸者	tʂʰ	车迟	ʂ	师蛇	ʐ	绕人
tɕ	机家近	tɕʰ	起区权	ɕ	喜下学		
k	孤惯搞	kʰ	苦宽开	x	祸胡获		
ø	衣岸物						

说明：南京有些年轻人已经能区分[n][l]。

2. 韵母（46个）

ɿ	字瓷丝	i	批米气	u	牡路猪	y	女据玉
ʅ	纸迟是						
ɑ	爬大沙	iɑ	加夏牙	uɑ	瓜垮话		
o	破多哥科						
e	车蛇	ie	爹谢爷			ye	瘸茄靴
ɛ	牌代海	iɛ	街鞋	uɛ	帅乖怀		
əi	杯梅飞			uəi	雷追桂		
ɔ	桃早高	iɔ	标桥咬				
əɯ	楼走沟	iəɯ	丢求有				

er	儿耳二						
ã	帮兰旱	iã	两响阳	uã	团窗广		
		iɛ̃	天剪现			yɛ̃	全劝远
ən	冯深很	in	兵琴定	uən	吨嫩浑	yən	均训云
oŋ	农总弓	ioŋ	穷胸容				
ʅʔ	直吃日	iʔ	劈力吸	uʔ	读触狱	yʔ	律局
ɑʔ	拔法擦	iɑʔ	甲瞎鸭	uɑʔ	刮滑袜		
ɛʔ	北麦特	iɛʔ	撇结噎	uɛʔ	拙国或	yɛʔ	绝缺血
oʔ	泼盒渴					yoʔ	脚钥药

说明：

（1）[ɑ][iɑ][uɑ]中的[ɑ]，很多老年人及郊区的人读为圆唇[ɒ]。

（2）大部分年轻人没有[e]音位。[e]韵的一些字，年轻人读[ə]，如“车蛇”，老年人读[tʂʰe^{31}][ʂe^{24}]，年轻人读[tʂʰə^{31}][ʂə^{24}]。

（3）[in][uən][yən]中的[n]实际音值为[ɴ]，这里记为[n]。[uən][yən]中的[ə]为时长很短的滑音。

（4）[ɛʔ][uɛʔ]年轻人已读为[əʔ][uəʔ]，[oʔ]的部分字也有年轻人读为[əʔ]，如“渴喝盒客”等。

3. 声调（5个）

阴平 31　高知天边婚飞安英

阳平 24　穷陈唐平鹅难文云

上声 11　古比丑体买暖五有

去声 44　盖帐汉近淡阵让用

入声 5　急秃桌纳局叠舌药

说明：南京话声调平分阴阳，全浊上归去，入声合流。入声有向舒声演变的趋势，如“粥[tsəɯ^{31}]、膜[mo^{24}]、肉[zəɯ^{44}]”等。

4. 二字组连读变调

（1）阴平 31 在阴平前变 44，与去声同调。（香烟）

（2）阳平 24 在入声前变 11，与上声同调。（堂屋、毛竹、房屋）

（3）上声 11 在上声前变 24，与阳平同调。（美酒、炒米）

（4）阳平 24 在轻声前变 11，与上声同调。（眉毛、胡子）

〔 参考文献 〕

[1]（明）杨循吉．金陵杂志．南京：共和书局，1918．

[2]（明）郎　瑛．七修类稿．北京：中华书局，1959．

[3]《建筑师》编辑部．古建筑游览指南．北京：中国建筑工业出版社，1981．

[4] 石三友．金陵野史．南京：江苏文艺出版社，1985．

[5]（明）陈耀文，天中记．上海：上海古籍出版社，1991．

[6]（元）张　铉．至正金陵新志．南京：南京出版社，1991．

[7] 毛礼镁．高淳阳腔目连戏考．艺术百家，1991（2）．

[8] 施文楠．高腔新说．黄梅戏艺，1991（3）．

[9] 申士垚，傅美琳．中国风俗大辞典．北京：中国和平出版社，1994．

[10] 侯精一．平遥方言民俗语汇．北京：语文出版社，1995．

[11] 南京雕塑家建筑家协会．南京古今建筑．广州：岭南美术出版社，1995．

[12] 陶思炎．“打棱”游戏溯源．紫金岁月，1996（2）．

[13] 南京市地方志编纂委员会，南京文物志编纂委员会．南京文物志．北京：方志出版社，1997．

[14] 李　荣．南京方言词典．南京：江苏教育出版社，1998．

[15] 伍贻业．南京回族伊斯兰教史稿．南京伊斯兰教协会，2000．

[16] 江苏省地方志编纂委员会．江苏省志：建筑志．南京：江苏古籍出版社，2001．

[17] 潘贵玉．中华生育文化导论．北京：中国人口出版社，2001．

[18] 江苏省地方志编纂委员会．江苏省志：民俗志．南京：江苏人民出版社，2002．

[19] 江苏省地方志编纂委员会．江苏省志：宗教志．南京：江苏人民出版社，2002．

[20] 王景琳．中国古代寺院生活．西安：陕西人民出版社，2002．

[21] 张承宗．六朝民俗．南京：南京出版社，2002．

[22]（明）陈作霖．金陵物产风土志．扬州：广陵书社，2003．

[23] 陈济民，蒋永才．南京民俗志．北京：方志出版社，2003．

[24] 南京市地方志办公室．南京民俗志．北京：方志出版社，2003．

[25] 张　宏，曹玉洁，杨永生．中国古建筑文化之旅．北京：知识产权出版社，2003．

[26] 鸿　宇．中国民俗文化：婚嫁．北京：宗教出版社，2004．

[27]（日）中川忠英．清俗纪闻．北京：中华书局，2006．

[28] 潘宗鼎，夏仁虎．金陵岁时记；岁华忆语．南京：南京出版社，2006．

[29]（清）甘　熙．白下琐言．南京：南京出版社，2007．

[30] 齐　涛．中国民俗通志：服饰志．济南：山东教育出版社，2007．

[31] 许亚洲．"老南京"过年的那些喜事儿．雨花石，2007（4）．

[32]（明）张　岱．陶庵梦忆．北京：中华书局，2008．

[33] 王能伟．鸡鸣寺史话．南京：南京出版社，2008．

[34] 许廷长，濮小南．栖霞寺史话．南京：南京出版社，2008．

[35]（明）吴应箕．留都见闻录；金陵特征录．南京：南京出版社，2009．

[36]（宋）周应合．景定建康志．南京：南京出版社，2009．

[37] 李　沅，张筱萱，祈　喆．亦新亦醇南京年．美城，2009（第1，2期合刊）．

[38] 徐龙梅．鼓楼风俗．南京：东南大学出版社，2009．

[39]（清）袁　枚．随园食单．北京：中华书局，2010．

[40] 徐　路，冯亚军．秦淮文物史迹录．南京：江苏美术出版社，2010．

[41] 徐龙梅．古代南京的女性信仰．江苏地方志，2010（2）．

[42] 俞允尧．秦淮古今大观．北京：世界图书出版公司，2010．

[43] 郑孝清．南京市民俗博物馆．北京：文物出版社，2010．

[44] 仲富兰．水清土润：江南民俗．上海：上海人民出版社，2010．

[45] 胡朴安．中华全国风俗志．上海：上海科学技术文献出版社，2011．

〔发音人概况〕

姓名	性别	年龄	居住区域	采访、拍摄内容
高人宝	男	83	高淳区	农工百艺
李功父	男	83	下关区（现并入鼓楼区）	房舍建筑
孔三美	女	78	高淳区	岁时节令
严桂珍	女	78	下关区（现并入鼓楼区）	日常用具
时盛麟	男	77	建邺区	服饰穿戴
汪美玉	女	63	秦淮区	婚育丧葬
宋鹤红	女	60	玄武区	日常用具
徐富强	男	59	江宁区	日常用具
汪传东	男	58	玄武区	饮食起居
李　萍	女	54	下关区（现并入鼓楼区）	婚育丧葬
李　红	女	49	鼓楼区	服饰穿戴
祁玉萍	女	48	建邺区	宗教信仰
顾晨磊	男	25	玄武区	饮食起居
俞　文	男	25	江宁区	农工百艺
窦　瑞	男	24	玄武区	游戏娱乐
龚苏筱	女	24	玄武区	饮食起居
李　静	女	24	栖霞区	服饰穿戴

陆裕峰	男	24	玄武区	游戏娱乐
王贵红	女	24	玄武区	游戏娱乐
王　磊	男	24	栖霞区	岁时节令
殷　昊	男	24	玄武区	游戏娱乐
李　蕊	女	23	建邺区	日常用具

〔索 引〕

一 词条索引

二　图片索引

壹　房舍建筑

贰　日常用具

叁　服饰穿戴

肆　饮食起居

伍　农工百艺

陆　婚育丧葬

柒 岁时节令

捌 游戏娱乐

玖　宗教信仰

〔后 记〕

南京与北京、西安、洛阳并称中国“四大古都”。先后有东吴、东晋、南朝的宋齐梁陈以及南唐、明、太平天国、民国在此建都，史称“六朝古都，十朝都会”，素有“江南佳丽地，金陵帝王州”之美誉。

公元229年，三国东吴孙权筑石头城，建都南京。此后，南京多次作为全国的政治经济文化中心，是重要的物资（粮食、茶、酒、盐、丝绸等）和人员集散地。明朝的南京城是当时全世界最大的城市。明太祖朱元璋用28年的时间修筑南京城墙，长达35.267公里，是目前世界上最长的保存完好的城墙。

南京方言和民俗体现了南京悠久的历史。南京方言本为吴语，由于历史上多次北人南下（特别是4世纪永嘉之乱），充实江淮间，同时又多次作为中国首都，南京方言渐次改变其吴语性质，演变为江淮官话。南京民俗新旧并存，南北融合，中西合璧，形成独特的江南古都民俗文化。

本书将南京民俗与方言结合起来，以民俗为调查重点，从南京人民的日常生活入手，展开实地调查，拍摄照片，直观地展现南京人过去的、现在的日常生产生活状态，反映其物质生活条件和精神面貌的改变，体现他们的审美情趣。

本书从着手调查到完稿，历时四年，经过多次核查，不断增补、修改。在此期间，我们深切体会到南京作为古都的韵味，以及南京人热情、大度的性格。拍照工作繁琐量大，但每个人都十分乐意配合我们调查、拍照，没有一个人表现出不满或不愿。有的在调查结束后，还经常致电询问是否还需要他们的帮助，要不要再去拍照；有的还主动提供照片和相关资料，令人感动。在此向他们表示衷心感谢！

杨思源、瞿晗晔、唐玄、营蓓蒂、汪莹、李蔚、李文静、吴正水、张月、高红梅、葛舒菲、吴璐、张志凌等参与了图典的拍照和编纂工作。他们查阅大量资料，走街串巷采访当地百姓，拍摄照片。每周一次例会，交流心得，讨论存在的问题并及时解决。谨致谢忱！

顾　黔

2014 年 1 月于南大仙林